retrato desnatural

evando nascimento

retrato desnatural
(diários – 2004 a 2007)

ficção

EDITORA RECORD
RIO DE JANEIRO • SÃO PAULO
2008

Cip-Brasil. Catalogação-na-fonte
Sindicato Nacional dos Editores de Livros, RJ.

N193r Nascimento, Evando, 1960-
      Retrato desnatural: (diários – 2004 a 2007) /
      Evando Nascimento. – Rio de Janeiro : Record,
      2008.

      ISBN 978-85-01-08230-5

        1. Ficção brasileira. I. Título.

                      CDD 869.93
08-2483   CDU 821.134.3(81)-3

Copyright © Evando Nascimento, 2008

Projeto gráfico: Regina Ferraz

Todos os direitos reservados.
Proibida a reprodução, armazenamento ou transmissão de partes deste livro, através de quaisquer meios, sem prévia autorização por escrito.

Direitos exclusivos desta edição reservados pela
EDITORA RECORD LTDA.
Rua Argentina 171 – Rio de Janeiro, RJ – 20921-380 – Tel.: 2585-2000

Impresso no Brasil

ISBN 978-85-01-08230-5

PEDIDOS PELO REEMBOLSO POSTAL
Caixa Postal 23.052
Rio de Janeiro, RJ – 20922-970

EDITORA AFILIADA

pedaços
talvez de uma
vida que se faz de
instantâneos

(snapshots)

...car c'est moi que je peins
michel de montaigne, essais

à memória
de meus pais

à grande, difícil
arte da amizade

aos leitores,
com todo o afeto

1- escrevendo no escuro	11
2- pedaços	81
3- *interversões*	109
4- respirações	143
5- microensaios	233
6- restos	355

1- escrevendo no escuro

*pois se tornou
imperativamente necessário
escrever na primeira pessoa, mas
sem ingenuidades, com todos os disfarces*

o a(u)tor

epígrafe
(infante)

uma vez
o menino não falava
fez-se aniverbal
pois de palavras
carece e unhas
crescem pêlos cabelos
a bordo da grande rede
singelo manipulava
o lápis de cor: um sol
uma árvore uma casa
tudo aprende tudo
quer saber de cor
de coração

toca acordeão
sai de beco em beco
adentra a pobreza
da cidadezinha o cerne o oco
aos oito anos à grande cidade
metáfora do mundo
viaja com a família
e não quer voltar:
medo sonho
vontade

tempos depois
tão e tonto investe
o corpo transveste
de comovida beleza;
para trás os barracos
as vielas o limbo
agora noutro espaço

a favela o morro
o zinco

a tela é micro
o mundo é macro
entre uma e outro
a desmedida
de vida & arte
um marco

(09.XI.04)

arquivo
(confidencial)

corpo fichário de deleites
suores dissabores humores

alma fichário de centopéia
andorinha estrelas-do-mar

o corpo é prático ou útil
a alma perversa e indócil

vivo em lépido trânsito
passando da alma que voa
ao corpo que corre

                    alado

(11.XI.04)

da imitação
(elogio da inveja)

> *when I do go and see something which is amazing,*
> *then I'm filled with a great sense of envy and jealousy*
> *peter greenaway, interview*

imitar os pássaros que têm o mundo como gaiola dando giros
na esfera (globo da vida & da morte) e retornando incontinente
ao solo
imitar as aranhas que se alimentam de si vivem de si habitam a
casa de si invadindo em torno
imitar as mulheres quando têm a delicadeza a sabedoria o vício
inocente da serpente
imitar enfim os que não têm religião, ou arte, outra senão estar
vivo e fazer viver –
a quinta o jardim a chácara a roça a granja o sítio enfim alheios
dão sempre o melhor pomo

(13.XI.04)

realismo
(snapshots)

ao contrário do dito
a vida não é sonho
nem teatro a vida
a vida no duro é real
teatro sonho delírios
são atos numa vera
seqüência i-material:

(s/d)

**dever de casa
(a dupla vida)**

*faze de ti um duplo ser guardado;
e que ninguém, que veja e fite, possa
saber mais que um jardim de quem tu és –
um jardim ostensivo e reservado,
por trás do qual a flor nativa roça
a erva tão pobre que nem tu a vês...*

fernando pessoa, "conselho"

cópia ou ditado:
não dê na vista
rezava o vizinho
faça escondido
as coisas incertas
a regra de etiqueta
é deixar invisível
o que implica
ambígua feição
isso e/ou aquilo
na escola no mato
código assimilado
assim toda a vida
bem-te-vi malmequer
com cópia oculta
como se duas fossem
uma para o mundo
outra para interno
e fino consumo
(a construção se di-
vide entre fachada
e pátio-recreação)

*eis senão quando
rasgou a redação...*

(12.XI.04)

vexame
(deslize)

de luto
escrevo
no escuro
não lembro
o que vivi
se amnésia
hipermnésia
ou pura gafe
epitáfio
da séria idade
da razão
ou da pedra
– olhe,
o mico todo
mundo paga
à vista
ou em suave
prestação
bebedeira
fumo tropeço
e todo mundo
conforme
a inusitada
música
dança

(01.III.05)

ícaro
(mapplethorpe)

o sonho é a quadratura do círculo

a beleza corre alada, a beleza agora sonha com a beleza
visível-invisível, a beleza contempla o dilema sem fim,
desolada e serena a beleza atua, a beleza desaba num abis-
mo de reflexos, com suave alegria a beleza se desfaz em
mais beleza, a beleza desfigura a beleza, oh a beleza –
que não há

(11.III.05)

asterisco*
(celebridade)

tal pequeno astro
planta ornamental
num e noutro caso
o mesmo adereço
servindo de sinal
(*) anonimato ou
a vida em nota no
pé da página final

(s/d)

representação
(pré-estréia)

> *...car le théâtre, ce n'est rien d'autre*
> *qu'une expérience humaine*
> *plus concentrée que*
> *celles que nous avons*
> *coutume de vivre*
> *dans la "vraie" vie*
>
> *peter brook, entretien*

entra em cena
o Grande A(u)tor
porta máscaras
uma sob a outra
frenético ritmo
rosto não tem
a platéia estonteia
gozo multiplicado
excelente timing
aplausos desce bem
a tempo antes
de principiar o FIM

(26.XI.04)

pontos e vírgulas
(parangoélio)

hélios s s s s s s
helicoidal;
heliporto
(plataforma)
heliósforo
hélio/trópico

      a bomba h

o *transobjeto* hélio
pronto para usar
irredutivelmente solar
que sempre teve
planetas em torno
cuja flama cujo corpo
entendam o parangolé;
aspirante ao labirinto
– viveu morreu só
como todos e ninguém
na hora h do dia d
segundos antes
segundo w*
espremido entre
um e outro vão
aos quarenta e dois
mãos estendidas em vão;
abandono de escândalo
adeus s s s s s s

(29.X.04)

revoada
(metais)

no aço da tarde
pássaros em chama
trinta e nove graus
de febre, diga ah
o sinal em frente marca
o vermelho enquanto
o desejo não passa –

toca o telefone
palavras de ordem
sutil, você sussurra
a voz sossega canícula
em minutos está aqui
boca a boca começo
de novo a respirar

a reviver enfim

(08.XI.04)

erótica
(dúbia)

a dorestes, sempre

como não amar
no amor senão
ele próprio amar
o ato ou a coisa
negada e servida
à mesa repasto
coisa com coxa
coxa com coisa
com ou sem nexo
mais que o nome?
árduo & fácil, cego
tão igual, lúcido
e contraditório a si
sempre assim
é o mesmo amor
40.000 anos a.c.
60.000 anos d.c.
trilhões zilhões
de anos-luz daqui
na emergência da hora
como amar agora
no amor senão
a penetração
de amantes amando
ao infinitivo do verbo
amar de ternura
de paixão
de brasa e brisa?
o mais puro
amor se erotiza
utilizando amados
como utensílio

de jogo e gozo
que ultrapassa
de um a outro

lado

(s/d)

zôo ilógico
(lygia clark)

amo os bichos
   as garras
   herméticas
   ciberpoéticas
   metálikas
   desdobráveis
   origâmicas
   não-fatais

(03.III.05)

gravura
(impessoal)

célia ribeiro
    rasgou
    este rosto
    com farpas
    luzes sombrias
    ácidos estrias
    risos (esboços)
    ou a furtiva lágrima
    – nuns lobo e homem
    bela fera índio cafuzo
        eu ser outro
    despersonalizou
    silhueta e perfil
    o fio
    louro
    até o ar
    retângulos
    quadriláteros
    paralelepípedos
    lúbricos losangos
    num mar mondrian: cruzes
    braços lábios e lábaros
    madeiras madeixas cavanhaque

(22.VI.05)

saturação
(protesto)

> poderá um quadro jamais
> ser não-figurativo?
> (círculo quadrado
> ou elipse a moldura
> *configura* necessariamente)

ou não!

(20.VI.05)

moda
(estilo)

> *I told them I didn't believe in art,*
> *I believed in photography*
> andy warhol, interview

na exposição
do ibirapuera
ufa! ufa! ufa!
franco recinto
o mais lindo
modelo não era
dior shiseido
raro perfume
saint-laurent
nem valentino's
o mais belo
dos belos se dava
a cores em carne
viva pele & osso
por que não fala?!
a resposta veio
de pronto sem falha
– adorei você! e fomos
mais que felizes
perfeitos para
todo o sempre
muitos risos
anos depois
happy end
pedrazul

(26.XI.04)

pensamento
(feições)

e fazer a coisa
e pensar a coisa
e pensar é fazer a coisa
e a coisa se faz pensando
e fazendo a coisa se pensa
e pensando a coisa se faz
e pensar a coisa é fazer
e fazer pensar é a coisa
e pensar fazer é *quase*
a mesma coisa

(03.III.05)

ampulheta
(art naïf)

a garrafa simples
o coqueiro os bois
(a carroça a junta)
movediços em areia
estampado berrante
como se a supracor
derramasse matizes
desde dentro como
um pequeno gênio
livre-preso engenho

toda a arte, e a vida,
não está na dis/junção
de liberdade e prisão?

(13.XI.04)

conjetura
(mandala)

deus
ou deusa
por que não?
se existisse
(coisa insensata)
seria perfeitamente
imperfeito
a nossa semelhança
mas por não existir
deve ser então
imperfeitamente
perfeito
como ilusão
sempre e ainda
por vir

(05.III.05)

órbita cega
(cildo meireles)

> *less is more*
> *robert browning*
> *segundo*
> *donald judd*

a morte protegida
em insufilm *o ver*
nunca vê o olho
a sombra a brecha
o caos original
é cinza então fez
a luz prévia
à forma da fôrma

tatear tatear tatear
modos de sentir
atos de tanger

o espelho nada
mostra além deste
invisível lugar
onde tudo desfaz
o material do inorgânico
a vida sem visão
o que oculta
e mostra
a fartura na
— *subtração*

(s/d)

dedicatória
(a cicero)

pegue o que quiser,
não há direitos
somente deveres autorais
godard a bertolucci,
que solicitara imagens
para os sonhadores

se há
um poema foi feito para se dar
nenhum poema deveria aguardar
no sótão na gávea no porão
       hangar
todo poema se existe é dom
nem comércio nem bênção
       doação
mesmo não-poema, ou *quase*, um poema
a contrapelo de cofre gaveta
rígido disco ou escape
grátis esvoaça entoando
o sim mais o não
um poema não se furta
doa veia a veia à toa
à toa como a vida
se abre arma
zen

por isso todo poema
se dedica mesmo
(beltrano sicrano fulano)
quando não porta
nome senha
indicação

escrever é transferir
sem escritura

atestado ou posse
certidão

mesmo na dúvida
mesmo na dívida
salto sem proteção
o poema escapole
pronto se foi
sem controle
de si autorizado
um mote para outros
& mais outros
ao infinito
re ver ber a r

(30.XII.04)

**cesuras
(solidão)**

*memória do dia
em 1992 quando
no beaubourg
bob wilson
assinou cadeiras
fora do palco
sob meus olhos
e longe da vista*

do ponto cego
onde vejo
atônito
descobrindo
estátua imóvel
cadáver esquizo
entre móveis
olho vazio
virado para dentro
no que é desde
sempre

fora

nunca estou
onde buscam
vida minúscula
exterior a mim
desencontrado
na própria casa
nefando teatro
desvirtualizado
não me toque
não me xingue
não me diga

olá, adeus

(28.II.05)

precocidade
(leonilson)

a reinaldo, em memória

tênue a linha prossegue depois
    do corte em pontilhado
    ....

pousa sobre o sexo a roda o gozo
    grafismos de um tracejado
    ----

tudo são frestas por onde espiar
    ainda que o ver não veja
    ....

frágeis os panos tecidos pespontados
    desenham lacunas um vulcão
    (   )

nada cerzir da nuca à medula então
    do osso ao caroço ir ou "rir"
    ----

trágico exímio o a(u)tor sapateia
    a platéia os fãs as vaias oh
    ....

finda a vida esboçada a meio caminho
    do romance vital franja mínima
    (   )

resume a ópera a palavra audaz a voz
    entre/cortada o cinema falh.....
    ....

et cetera

(01.III.05, 05:30, e muito depois)

agenda
(entrevista)

lembra que irás mais
cedo ou mais tarde
diz o luminoso aviso;
peço um café respiro
fundo começo a riscar
de alto a baixo datas
códigos localizadores
enigmáticas cifras todas
sempre com mesmo fito
fazer chegar à destinação
mas como saber se a reta
conduzindo ponto a ponto
(assim de passagem cito:
tarifa promocional
sem prazo de validade
ou tempo determinado)
é mesmo reta como pois
sonhar que nessa rota
desvios não há seqüestros
mulheres-bombas ocultas
dobras arqueios volutas
sem fim acompanhando
do planeta a curvatura
– prossegue o vôo:

quando marejando
o coração lá no alto
através da janela
diviso tapeçarias
algodão alvas falésias
por vezes douradas
tingidas em fúcsia
ao cair da tarde serena

sem coletes de salvação
penso sempre não tem
destino tudo isso;
por que há algo
em vez de nada?
por que não o vago
nulo ou o só riso
caveira? no aquém-túmulo
para que seres-coisas
em jardim de primeiras
delícias anunciadas como fim?
bem falsas primícias...

eis que de repente
preste atenção
ao sinal atar cintos não
fumar zona turbulenta
retorne a seu lugar
please bitte s'il vous plaît
fasten your seat belt
iniciamos procedimento
       de descida
       ou queda
aéreas companhias
lufthansa tam airfrance
e o comissário com ar
de leveza torna mais
simples a tarefa de ir
de um a outro

       nada

mas se um dia partir
de fato com efeito
irreversivelmente
num único bilhete

de ida-sem-volta
ou até sem jeito
deixarei caderneta
notebook na caixa
lembranças traçadas
num jato a bordo
souvenirs de uma
intrépida viagem
a despeito do piloto

..

(26.X.04)

viagem
(vôos)

o avião é o lugar ideal para pensar
mesmo com o oxigênio rarefeito
o pensamento vive de respirar
inventar uma arte da respiração
ou seja isto é noutras palavras
respirar em vez de inspirar
                transpirar
                pirar
                irar
                ir
                r

(18.III.05, ponte aérea sp–rio)

pontes
(cadafalso)

> *les bouffes sont*
> *vraiment l'espace-*
> *caméléon dont*
> *je rêvais, un*
> *espace à la fois*
> *intérieur et*
> *extérieur, qui*
> *stimule et libère*
> *l'imagination du*
> *spectateur*
> peter brook,
> *entretien*

velho teatro bouffes
du nord um vento
norte nos envolve
cortante constante
la bise aqui se diz
atrás da velha gare
igualmente du nord
(hamlet está em casa)

uma ruína-monumento
mansarda ou mesquita
preservada tal qual
porque és pedra afinal
com frisos tijolos tudo
à vista sem prazo
de acabamento; atores
não são e espectadores
idem em cena cadeiras
camas ou lustres falsos

fundos entre extremos
alçapões e ratoeiras –

içam levadiças pontes
travessões são riscos
correm cortinas dando
para o esplendor: brook
ribeiro córrego ou foz
escorre gota a gota
de representar a arte

atroz

(13.XI.04)

substância
(sobrevida)

catar lixo / juntar sucata
    para o sem-teto : sobrevivência

catar sucata / juntar lixo
    para o artista-coletor : supervivência

dois planos / dois palmos
    dupla existência : dupla insistência

objetivos correlatos
    sopa de pedras : sopa de l-e-t-r-a-s

(s/d)

estrias
(aquário)

mundivisões –
água horizontal: rio mar
água vertical: chuva cascata
água em ziguezague: tormenta
água evaporante: deserto oásis
água sentida: lágrima luto
água cristal: fonte chafariz
águas simultâneas: confluência
água água água: ágata
oroboro coral
        c i n t i l a ç õ e s

(03.VI.05)

fotografia
(citações)

> *extraído de um livro*
> *de rosângela rennó,*
> *fotógrafa-poeta-arquivista*

um flash-arquivo:
experimento nova
microversão da morte
logo viro fantasma
inominável motivo

a foto espectraliza
como a escrita
instantaneamente
escrever é morrer
mas também sobre-
viver alterando a fatal
idade das coisas

alguns fotogramas
sobre o corpo em magenta
memórias de um segundo
antes do gozo e do grito
da ira ou do mito

(imagem de imagem
um vulto carmim
criança adulto fuzil
de verdade ou brin-
quedo pueril; porém
a morte a dura morte
em serviço não brinca)

(s/d)

pensar
(sentir)

ativismo supremo
redução ao essencial
sem neoplatonismo
uma *inter*arte
retorno dos restos
da história d'arte
agora recompostos
por certo alguém
que queira artesanar

a mãe fabrica colchas
o mais fino patchwork
o tio pinta metais
o primo abriu oficina
de garrafas e luvas
a avó conserta rins
fígados tripas pulmão
uma família inteira
de desastrados artistas

(02.II.05)

godard
(o ateu)

a denilson lopes

cabe estabelecer
aéreas pontes

nossa música não
pára nunca, ouçam

granulações
imagens / miragens
almoço sobre a relva
atenção luzes filtros : :
um filme é para ser revisto
mesmo pela primeira vez
mesmo sem chances de outra vez
cinema é arte que repete
a imagem de si transfigurada
isso se chama foto-gramas
desertos planícies cerrados
licenças poéticas e urbanas
densas paisagens

acossado a chinesa
duas ou três coisas
prénom carmen todos
fazem o elogio do amor
pelo deus sem Deus
das artes

(18.III.05, ponte aérea sp–rio)

incineração
(apocalipse now)

escritos de kafka
incêndio no mam
galerias do sinistro

um tomo apagado na história d'arte
valeria toda uma literatura de terror

dar a arte / dar a vida
dar a morte / mil vezes dar
                    – para retirar

(18.III.05, nas nuvens, ainda)

amor quem
(top secret)

mui grata
persona
não há outra
sem esquemas
alternativos
planos b
caixa dois
ou preta
um só traçado
ligando o eu a você
como pares
conjuntivos/disjuntivos
enquanto duro
dativo acusativo
sustém tesa
a seta reteso
o arco liberta
a mão em concha
perfil exclusivo
descrito em books
álbuns de família
diários ou recortes
imprensa falada
televisada
ciberespacial
não há outro
nem tem perdão
homem sem pecados
ou profissão outra
que fazer amar
remando contracorrente
no mais dúbio
amor,

(27.III.05)

amor se
(cinema)

a palavra se
em sua secura
é único entrave
entre amantes

entrementes
a palavra sim
o kama sutra
traço de união
solda leito refúgio
beira hagiografia
oásis descampado
manancial de luxúria
tórrido cupido

de uma palavra
a outra sua mão
afaga a minha ora
oferta a sisudez
do se ou talvez
ora (e meia) insinua
a nudez do cúpido
sim!

(28.III.05)

narciso
(partido)

> *desmemória do*
> *narcissus de duane*
> *michals e dos*
> *narcisos de federico*
> *garcía lorca*

atenção e dança
você não descansa
flores fontes
brotam raras
superfícies tais
lagos são lagos
nada mais

a floresta
em eco e o vento
artificiais
folhas farfalham
em linguagem natural
cipós conversam
distraídos coelhos
macacos gatos
do mato e o sol
cervos também
retinem

em síntese
verdes verdes
não mais que a pupila
levemente dilatada
de novo o sorriso
o umbigo o estame
fincam núpcias
mimosas

(............/..............)

afetado por lapso
com a ponta
do dedo parte
o espelho e vira
o rosto sem
volta

(27.III.06)

o túmulo
(d'augusto
dos anjos)

poéticas do *quase*
cacos de idiomas
pútridos quasares
na cripta angelical

pedaços da vida
retratos da arte

alegre manhã
silvam folhas
ventos balem
bailam seixos
festa da carne
canta coração
agora fui!
verso ou lápide
estou morto
a inefável frase
veio do oco
e não há paz
nem eterna
nem transitória
há conflitos
sonoridades
controversas
crapaud argh
tisnem o ralo
a porta o alçapão
bichinhos circulam
a mais doce
companhia
adentra o corpo

    em decomposição

(01.III.05)

**princípios
(questão de)**

a nonato gurgel

em definitivo
tenho todos os defeitos
menos um decerto
não sou decadentista
nem melancólico
(mas tristezas
claro posso ter)
fin-de-siècle
antes peco
eternamente
por futuridade
alegria ou júbilo
début-de-siècle

(08.III.05)

notícias
(esporos)

ontem vi o amor
era um bebê
de pernas gigantes
– vai longe

ontem vi o amor
tinha asas setas
sabores fomes

ainda ontem
vi revi tresvi
o mesmo
e imenso amor
vindo em rosas
na face nas nádegas
no sexo

vi a cabeça
depois o corpo
intacto em halos
porejava sorria

o encontro foi
rápido ao acaso
numa rua qualquer
em hora nua

eu e ele
desde então
nunca nunca
abandonamos
o barco
faz anos

como se fosse
ontem...

(26.III.06)

tàpies
(o torto)

a lino machado

t-
o riso em copas
o fino carteado
mário e o mago
não percebem mas
o relógio parado
está há horas...

tr-
bolas quem liga
essas sujidades
expostas ranhuras
argamassas borrão
a cor não pinta
aqui tudo é por

trt-
fazer alicerces
obra perpetua-
mente in/completa
pedaços de uma
ópera tosca ainda
opus 21 repetida

trtr-
cruzes um monte
pano de chão na
dissoluta palavra
era uma vez ou in
cultura metralha
trtrtrtrtrtrtrtrtr

(04.III.05)

indigestão
(acidez)

famintos
todos pastam
a grama mascada
até o travo
traçando uns nus
aos outros trucidam
gatos sapatos
cobras lagartos
zebras megafauna
amarfanhada
ninguém escapa
à desumana condição
de algoz ou vítima
outras e umas
vice-versam

mas quem seria
da verdade o dono?
quem por cima da carne
seca ou flambada?
ardemos de argúcia
e medo nos seguramos
em turvos alambrados
como se domina
tortura chacina
tagarela sem
tramela

enquanto isso
mais abaixo reina
acima de tudo
a delicadeza dos afetos
suaves folhas de relva

finas ervas
subliminarmente
outra degustação
dar de comer
em vez de línguas
e dentadas

desarvorar
um saara
ou rir
mar

(18.VIII.05, dia-chave, da virada)

amor onde
(anacoluto)

a língua portuguesa
cheia de ciladas
         extravios
            manhas
mousetraps guets-apens
indica lugares inexistentes
nenhures algures alhures
atopias de onde
não está você
se aí nada consta
de que servem então
vocábulos por assim dizer
deslocalizados?

todos conduzem
resolutamente
ao nulo ningures
da ninharia nem nada

um só indicador
primal serviria
em outdoor
siga a seta
pegue a reta
sem retorno:
eu te amo

(03.XI.04)

paganismo
(dissoluto)

em livre queda
a maçã porta
a semente do bem-mal
súbito o estrondo
o sem-sentido
censor senso
de gra
    vi
       da
         d
           e

(06.I.07)

em dobro
(leveza)

*para x**

1
vértice
de sol ou talvez
turbinada hélice
atravessou o pátio
estacionamento
de lado a lado
total anonimato
brincou voraz
moça e rapaz
varreu carros faróis
buzinas conquanto
destravou freios
tocou todos os apitos,
sai de baixo!

raio
ou facho
logo em cima
pronto para partir
ou parir – verteu
num vórtice veredas
incendiou varanda
e verdes cipós
picos escarpados
toalhas echarpes
íntimas peças
desventradas
velocíssimo
rivalizou lustres
espotes giz
postes de luz

violou
tenaz

– mirem,
a luz cega
passou por aqui
acorde em fúria
lacerando sofás
reticulando cometas
cor e córneas
perfurando tubos
abrindo clarabóias
derrubando balizas
fazendo dançar
e agonizar até
o baque

urano
fertílimo
o louro raio
ensandeceu tudo
báquico sátiro
se desnudou
à extrema potência
o poente jazia
jacinto delírio
embora unhas
rilhem aqui ali
um pau a pino
umedeceu rijo
gotículas em prisma
todo listras farpas
fiapos nos dentes
(imaginem-no
magnânimo)
fio por fio
arames

cinzas
o cio

dioniso
hiperbólico
raiozinho ardeu
lúbrico pavio
a boca saliva
um laser-rajada
garganta a dentro
profundo desfiladeiro
catedral engolida
beirou o mar
e rebentou
em jorros
de amor

(mcsolaar
baniu aura altar
e manjedoura
zuniu ralos
lux xul ladrilhos
desde agora
nesta cidade
monstro insone
ninguém dorme
somente auroras
negro sol negro
nigérrimo
de nigérias
e dunas
dúplices)

na hora
sem sombra
violento violeta
então quem diria

vulto vertical
raiou de vez
ultranovo
infraleve
& very
light
ver
v
l

(05.IX.05)

diários
(o incriado)

a stéphane chao

menos importa o mundo
(mas também interessa)
formatado / programado
vida vista pela televisão
pré-moldada e fabricada
renda feita de encomenda
prêt-à-porter porém sim
o caos antes da criação
o 0 no vazio de todo fim

(10.XI.04)

semáforo
(desvio)

atenção ao vão entre o trem e a plataforma
vire à direita, não dobre à esquerda
ceda a preferencial
não aceite imitações
com quantas chaves se faz uma prisão
não ultrapasse a faixa amarela
mantenha distância
proibido não fumar
saída de emergência
horários de atendimento:
este lado para cima
fechar portas
pare! siga! recue...
brigada de incêndio
um minuto de sua atenção
bancos preferenciais para idosos
caixa idem, fila idem idem
no atacado e no varejo
serviços de marmoraria e flores
queima total de estoque até o último cliente
descanse em paz na eterna saudade
aqui jazz sessão noturna livre
cessão de direitos
seção de presentes ou de cadastro
(intersessão intercessão interseção)
trânsito *lento* normal **congestionado**
pegue o atalho, marginal
ironia não vale
tomar uma única dose no desjejum
seu sistema pode estar em risco!
observe as normas de segurança
apague o extintor
a companhia anuncia

sentido único
não há saída deste aeroporto
consentido dobrar a coluna e/ou ajoelhar
se persistirem os sintomas, procure especialista
como você achar melhor
eu preferia não
modo de usar
favor não tocar
receitas no verso
artigos para pronta entrega
mão dupla contramão "promoção"
stop! siga! diminua... pare! avance se tiver coragem
acesso reservado a pessoas estranhas ao serviço
como fazer coisas sem palavras
pisar na grama
permitido proibir
beba sem moderação
pista interrompida
dirigir-se ao guichê do lado
repare nos avisos luminosos
atar cintos e afrouxar a gravata
fumar faz (bem) (mal) à saúde
agite antes de ingerir
mercadoria adulterada
beba *frio* morno **quente**
puxe a lingüeta para abrir
pede-se urinar fora do vaso
departamento pessoal
sal a gosto
válido até segunda ordem
olá, tudo bem?
digite sua senha
ordinário, marche
animais selvagens
atendimento personalizado
embalagem anônima
privacidade garantida

data de expedição
ligar mais tarde
tente outra vez
frágil
só para contrariar
extra! extra! extra!
recorte no pontilhado
zele por sua cultura geral
tome apenas genéricos
em doses homeopáticas e/ou letais
overdose sua saúde, tenha paciência
no momento não estou em casa
perdoai-os, pai, eles sabem o que fazem
objetos encontrados, sujeitos perdidos
arquivo editar inserir formatar ajuda – socorro!
o negócio é o seguinte:
mãos para o alto
corações também
deixe sua mensagem
após o bipppp
pise no freio
já volto
câmbio!
servir numa travessa
almoço comercial
prato-feito
vide bula
sentido!
expediente externo
para seu descontrole
jogue fora do lixo
servir com champanhe
solicitar confirmação de leitura
marque com x a resposta certa
recomendado para menores de dezoito anos
ame-o deixe-o esqueça
passagem liberada com restrições

lombada e quebra-mola
se dirigir não beba, se beber não escreva
preencha corretamente as informações solicitadas
você deseja: salvar como – abrir – cancelar – perder a cabeça?
declaro inaugurada a exposição
feche os olhos, agora abra, veja só
senhor fulano, compareça ao balcão da empresa
mas traga a patroa
tornei-me um ébrio
como manda o figurino
comme il faut, por favor
ligação interurbana a cobrar
consertam-se roupas e eletrodomésticos
cavalheiros (ele) / damas (ela)
masculino feminino neutro
ou vice-versa: wc
entre sem bater
código morse braille de barras
luz câmeras flash!
3, 2, 1 gravando
nenhuma mensagem nova
sorria, você está sendo filmado
na alegria e na tristeza
deitado, deitado
inspire, expire, diga bééé
rasgue o selo para leitura
assaltos adiante
perigo polícia
disque denúncia
identifique-se ou morra
disque suicídio, a vida ou seu dinheiro de volta
a bolsa ou a própria
seja bandido, seja herói
muito obrigado!
abc olp onu fmi fbi & cia – fui!
senhores passageiros, meteoro à vista
vai passando a grana

zona de turbulência
tenha uma boa noite
declive aclive
deslize para o azul, ou rosa
apresente-se à recepção
queira aguardar
como quiseres
venda a prazo até acabar o estoque
aceita-se oferta
siga as instruções
não pise na bola
deixa rolar

– faz todo sentido.
– você é muito agradável.
– eu ia dizer o mesmo a seu respeito.
– ficamos combinados.
– totalmente de acordo.
– até lá então.
– até, tchauzinho.

(09.II.07)

sol
(nascente)

l'aigle t'emporte, on dirait comme
à regret, de parmi les fleurs,
son aile, d'élans économe,
semble te vouloir par ailleurs
verlaine, sur une statue
(de ganymède)

se uma águia fende os ares e arrebata
esse que é forma pura e que é suspiro
de terrenas delícias combinadas
drummond, rapto (ganimedes)

dois banhistas – –

seis horas da manhã
baía barcos caligrama

aula matinal de natação
mestre discípulo a seco

despir uniformes tecer
fomes à extrema nudez

técnica mista de cores
fartura de volumes

a treliça das árvores
traz os montes perto

sobe a luz enfim liberta
colorida areia ateia

a costa amarfanhada
por brisas e sensações

uma braçada duas mil
depois retornar à beira

o encontro na praia
das setas não cemitério

mas berçário marinho
pegadas no litoral

passo a passo deixam
rastro sem mistério

basta mirada por
entre dunas e arbustos:

teto de pombas cobalto
onde pescadores martins

o mergulho das aves
recomeçando – o mar

linha e agulha carretéis
a cerzidura sem fio

alucinado rodopio em
torno de fuso imaginário

ponta-cabeça e retrocede
então plana outro vôo

antes da zona dúbia
de arrebentação vaga

o fulgor da velha nova
amizade dois apaixonados

o calor aumenta nada
controla o que é dádiva

doravante o ínterim
de uma inteira vida

pássaros na linha
zumbido bicho no viço

uma lua inda unha o céu
e o nome do amado

seqüência de imagens
silêncio avesso do opaco

a ermo figuras em focos
luta grega à muybridge

(o mais belo do que
descreve é pormenor)

a pele papiro onde
paira a língua onda

vai e volta o novelo
entrededos crescentes

brincar sorrir mordiscar
no princípio os verbos

abrem-se espáduas são
duas hiperbóreas asas

a covinha o riso
maçãs o talho da boca

rubro e ruivo bendito
ereto o fruto do ventre

pés no azul-piscina
ou arenoso solo

convexo côncavo no covo
da mão o rígido mastro

mais tarde abundante
jorro contracorrente

estado sem sítio no
afeto que se encerra

a bico-de-pena um nu
peito juvenil caroços

(como trasladar esse
ritmo corpo a corpo?)

primeiras lições iguais
às últimas: primor

reinventar o mundo
neste lado do atlântico

como se partissem numa
– à deriva – ilha deserta

zootropia em navegação
aquém-mar cem caracóis

inato o talento para
dar sem de nada abdicar

um píer de tabuinhas
superpostas mano a mano

por sobre um grande canal
conduzindo à via indefesa

ser não ser caçador e presa
a dúvida do ébrio varão

toda aparência é essência
os opostos confluem

gargantilha de toques
bracelete de carícias istmo

dissonante sonata
esferas tacos ébano marfim

nádegas bimodais
entregam sôfrego afago

muitos beijos roubados
à socapa bem aqui ó

pulos matinais de leopardo
e nenhum gato pardo

mestiço e o impuro branco
azulejando estrelas ouriços

esculpir o tempo, impossível
arquitetar o ar, uma fábula

amor desnatural ao léu
por inesperadas *impressões*

o hábito contrafaz o monge
a reta o caminho desvia

em atenas metáfora é meio
transporte transe trânsito

prosa minimalista de pêlos
retórica de cabelos e curvas

em baldes ou tanto
o suor os poros deserta

a sede o pote as mãos
sem luva dedos no ofício

mais-leveza que encanta
suaves canções de amigo

onde se divisam édens
outros leriam abdução

se for voluntária servidão
de um divino copeiro

imantado adão ou ícaro
engatinhava a humanidade

um nada essa literatura
algas gaivotas espuma

temor nenhum de maremoto
dragões grossa salsugem

bem longe recifes, navios
iam dar quilha após quilha

vide os versos em grãos
conchas búzios desossuário

nascente total campa nunca
funda o anti-suicidário

membros esparsos sempre
erguidos a montante

ambos em âmbar como áfrica
e eurásia reconciliadas

a carne é felizmente alegre
preparando vasto festim

sentimento à tona da pele
excitação até a medula

solto de vez o bestiário
arma-se o divertido circo

tatuagem rasgada sua
junto à jugular nua nua

sanguessugas tubarões
lobos ursos vale tudo

na hora da onça pedir
e beber água água água

desfaz-se o caligrama

(29.III.07)

2- pedaços

reescrever dá uma lucidez que desnorteia

o a(u)tor

lâmpada
(anatomia)

a paulo henriques britto

antigamente designava o archote. por um lado a vejo pálida.
por outro, reluzente. combinação seminua de brandura e fulgor.
útero parindo sementes em raios, brumas, visões – matérias
que nos cercam. agasalhos do corpo, a comparecer, desaparecer,
restar.
penso um fio no teto, folhetins de motéis baratos, pensões, ca-
sebres, rincões. luxo essencial, coisa a exercer função. realça
a pobreza do quarto: cama, mesa, cadeiras, pequenos quadros.
(ao lado banho.)
altas horas o filamento permite leitura, o bulbo emite calor.
despir-se de todo, a fusão na meia-luz. o invento rasga em ondas
o que a treva insinuava. como dardo, fúria, amor.

(03.II.06)

tinturas
(duchamp)

tintoretto expunha tentação de cristo em modelo-epifania; *este* já
desmonta fibra por fibra os módulos da física química geobio-
logia – espaços exatos? inexistem, automóveis sim princípios
de incerteza rapazes-moças nus descendo escadas rodas de bici-
cleta fontes estilhaçadas vidraças pedaços de corpos tubulações
*inter*vertidos retardos porta-garrafas étant donnés dados dardos
no espacitempo... doidas invaginações traços feminis lacerados
"rosa é a vida" erótica do riso; o maior dos antiartistas inventou
o lugar algum objeto nenhum achado perdido pronto acabado,
em suma a arte do acaso rasgado horizonte e anônima chave

do viver sem moldes nem moldura

(21.XI.04)

verbos
(sólidos)

objetos não são palavras, objetos não são simplesmente coisas, objetos são e não são coisas e palavras, pois toda palavra é até certo ponto coisa, e toda coisa é até certo ponto palavra. a coisa tem sempre algum nome e o nome tem algo de coisa, assim como palavra e coisa podem num certo sentido ser objeto e sujeito. ou seja, tudo pode se tornar conforme, até certo ponto e num certo sentido, objeto, sujeito, palavra e coisa. palavras palavras palavras, tais coisas-objetos sujeitas a tudo. e tudo mesmo é feito para esvaziá-las...

– busco o sem-nome das coisas, ali onde a palavra não diz mais nada senão o vazio de todo começo-e-fim. a plenitude vem do inominável, não do inefável e último sopro das essências (samuel beckett).

(16.II.05)

anfibologia
(o colecionador)

a wilberth salgueiro, o bith

.... pedra de cego pedra de toque
pedra de nuvens podre pedra angular fundamental pedra de luz
pedra diâmetro pedra ao largo pedra sem pedra palmeira pedra
papel pedra tumular pedra-sabão pedra de engasgo pedra mina-
rete o it pedra líquida e lá vai pedra ilusão pedra de pedro em-
pedernido pedra-pomes pedra aleatória pedra aparelhada pedra
bazar pedra de amolar de brunir de acordar de benzer pedra
batismal pedra sucedânea pedra de escândalo para que apedre-
jar pedras travesseiro pedra pintura pedra romance pedra-por-
que-és pedra de arribação pedra-chave pedra composta pedra de
atrito sopa de pedras de arrimo pedra impossível coleção pedra
de tropeço de arremesso pedra pirâmide atirar a pedra de gozo
de arroio limo de lua pedra de pensar pedridade espelho pedra
sobre pedreira pedraria pradaria pedra de encosto de dúvida de
admoestação cantar a pedra rolada pedra que mói dança ronca
vibra pedra vírgula lascada lavrada cindida pé ante pedra sem
etiqueta pedra pico parede papiro penha recortar lapidar ruir
outras pedras..

(26.II.05)

uns
(tais)

para mim o "eu" é um objeto-sujeito como qualquer outro, só
precisa ter cuidado para não tomar conta de tudo. a tendência
do eu é se tornar O sujeito-objeto, tratorizando em torno. eu sou
quem sou é a frase mais falsa que já se pronunciou no globo.
se soubesse quem sou ou o que sou talvez nem mais fosse, der-
reteria ao sol do eu só – "o eu é meu", disso não abro mão, ainda
que eu *ser* outro/outra (anfíbio transobjeto).

(20.II.05)

estações
(em pó)

mas o que é "hoje" esta medida impossível do tempo que quando se aperta entrededos escorre, evapora? o que é "agora" este ponto no espaço que quando pronuncio deixou há muito de ser? e este instante instante, dividido de si, solvido como sólida i-materialidade?

– imerso no espaço o tempo é o que se desmancha no chão, na poltrona, no carro de garagem, na poeira de louça, no lodo de rodo, no resíduo de esporro. o espacitempo é só vestígios, quer dizer, outras senhas e sombras. (regina silveira é uma que sabe, uma que passa. nela é sempre noite, e tudo é noite. com ela é sempre dia, e tudo é dia. por ela é sempre noite e dia, e tudo é dia-e-noite. lição construtiva de coisas, ronda noturna, solumbra.)

(22.II.05)

signos
(translação)

leão camaleão camufla conforme a paisagem e a luz do sol. uma coisa porém nunca muda o traço-caráter, laser. troca de peles pêlos pelas cores, zelig sem complexos mas mantém o que faz vibrar. signo é um conjunto aberto de incisões, marcas da perdida inocência, geral sinalização. defendo sempre e incondicionalmente a mais alta tentação *da* inocência. o que tenta sempre é a dupla inocência, minha e dos outros. o adulto sempre se imagina livre de ingenuidades, pois, adulto, crê tudo saber, dominar. ora, o que ele mais faz é ser tentado por sua própria candura. aquilo que desconhecemos e nos faz reféns do desejo é o que mais atiça. basta ver o santo antão de bosch, em dupla versão, a de lisboa e a de são paulo, e o que não varia.
daí ser impossível avaliar qual o grau de culpa. é-se sempre mais ou menos inocente, mais ou menos culpado. pois no fundo, crianças que continuamos a ser, é nossa puerilidade mesma que nos arrebata, para o abismo ou para o redemoinho, para o redemoinho de todo abismo, cuja força faz perder. disso falam indizivelmente os mistérios da trêmula carne, os teoremas de pasolini, o frenesi de bataille e a pintura sôfrega de bacon.
freqüentemente sangue escorre, encenando o adeus aos deuses, mortos de rir, por suas internas e hilárias divisões. o que mais nos torna bizarros é termos inventado deuses partidos. acabamos *quase* todos moldados a nossa imagem e dessemelhança: astros em declínio ou glória, homens, deuses e "monstros". porém se não fosse o *quase* não haveria como distinguir "monstros" de monstros. os primeiros mostram as garras, os segundos disfarçam.

(24.II.05)

cinzas
(datação)

até mesmo o s/d consigna data. talvez até mais que a data atestada, porque em sua anacronia sela em definitivo o tempo inatual do evento, quando a coisa veio à tona sem apelo ou condição, crua, nuíssima. *cripta*. o s/d no fundo assina mais que o c/d, ou seja, quer dizer, noutras palavras, aliás, e assim por diante, etc. tem-se aí o caleidoscopismo fractal, a prosopopéia de todos e cada um, o mapa geral das horas e dias, desde sempre.

(24.II.05)

águas
(fortes)

mais além de hibridismos, místicas mestiçagens, pálidas andro-
ginias, captura-me a anfibologia. na verdade caberia sempre ter
vida em triplicata, uma para consumo próprio, outra para do-
mínio público, uma terceira para juntar as esferas. se não basta-
rem, multipliquem-se os registros vitais, recriando-se a paleta
biológica, com lente multifocal. chamarei isso de pluribiologia,
outros chamariam equivocadamente de biodiversidade. multidi-
versidade biológica talvez. neste zôo pessoal e ilógico lygia é
madrinha e matriz, com suas cediças dobraduras, ou suas bran-
das dobradiças, oferecidas ao contato, em ato.

(18.IV.05)

crônicas
(absurdas)

certa noite, um ator me pediu que escrevesse uma
peça, a ser representada por negros. mas o que é
mesmo um negro? e, primeiramente, qual é a cor?
jean genet, os negros

a diogo de oliveira

índio bom é índio morto, dizia o general americano. e negro? e branco? índio da américa do norte vale mais que do sul? vale também a inversão do mapa do continente, como perpetrou torres-garcía? e se revirássemos o mapa-múndi? ficaríamos mudos? serão todos um mesmo "índio"? o que revela o nome, um continente, uma nação, um povo, ou uma cor da pele? mas qual é mesmo a cor? os índios são fantasmas que assombram o passado de nosso futuro, alguns famintos e desdentados, desletrados outros. por milagre protegidos da peste da sede da caça do assalto da falta de visão, a má cegueira que destrói tudo [ ]

(18.II.05)

aparas
(fluxus)

interessa sobremodo a experiência exterior, a experiência do fora que desventra o mais íntimo interior, à tona, trans/borda estes inespecíficos objetos. daí que só pode ser cego o olho que tudo crê, tudo vê, mas o olho que fica bem fechado, concentrado, círculo simultaneamente concêntrico e acêntrico, este se abre a outra forma-visão, aquela do vômito cerebral, instalação de ossos, artérias, o de-dentro que aflora por força do de-fora: aparar as raivas como esporas, aparar a bílis como náusea, aparar as dores como cravos, aparar o desamparo como mágoa. e o medo do escuro, e o medo de aranha, cobra, lagarta, rato, o medo da escola, do diretor, do vigia, de qualquer autoridade? e o medo do medo medo medo medrando sem apelo? para tudo isso uma só resposta: destemor. não   parar   de   meditar   non-stop

– há experiências interiores tão ou mais perturbadoras que as exteriores. de qualquer modo, dobra-se o mais íntimo no mais externo fora, sem retorno, sem temor nem tremor, só voltas.

(16.IV.05)

desmitificação
(palco)

o que fascina no lance duchamp é o quão pouco levou a arte a sério, principalmente sua história ou mitologia, sua *pose*, contrapondo outros gestos. claro, era um desinteresse calculado, que trazia astúcia e música. mas combina perfeitamente com aquilo que sempre achei dos que posam, desde criança, de artista, escritor, pintor, intelectual, no cortejo enfadonho dos egos. entre meus colegas de escola, dv* simbolizava bem isso, o poeta nato, enviado dos deuses, amante desalmado das musas.
prefiro o teleguiado da técnica, o artesão discreto, o pintor malicioso das membranas-vidraças. arte, se há, seria sempre invenção sutil, no prazer. o escândalo vem do simples desnudamento público desse gozo particular, doador, cênico. como um jato de sêmen, uma semente lançada aos quatro ventos do opaco, branco sobre nada, ou *quase*. irredutível. pintar com palavras aquilo que descrever não basta.
nada contra começar a publicar cedo, a fazer arte ou antiarte pós-arte, pois escrever é exercício, e quanto logo melhor. chato mesmo é a pose-poeta, a aura mítica, a vestal-pedestal. amo mil vezes mais a escrita pedestre, o bilhete de amor, a mensagem eletrônica, o sopro da letra. a maior parte das vezes o suave *sublinhado*, em lugar do grito **negrito**, embora este também tenha seus papéis.

p.s.: tresler duchamp – rever com outros olhos o lance retiniano hoje, o qual necessariamente compõe com a falta de visão em que vivemos. multiplicar e intercambiar visões e pontos cegos: *mundivisões*, os olhares que fundam, dividem, inauguram, reduplicam e relançam mundos no mundo.
a l o n g a m e n t o s   v i s u a i s .

(25.IV.05)

presença
(logro)

não posso guardar aqueles que partem dentro de mim sem destruir sua lembrança, a memória do que ele, ela, eles foram, de quem *foram*. mas tampouco renuncio a guardá-los, a tê-los como recordação em mim, uma parte de mim, um souvenir narcísico que nada rouba, nada adultera, nada corta. nada nada nada. sem renunciar a ninguém, vivo então essa dobra-dura, lembrança indefesa do irmão e da amiga que revoaram. até certo ponto sinto-os como alguém findo, que realmente partiu em seu franco e amical estar-aqui. cinzas. mas em contrapartida os tenho sempre junto, um pedaço que me excede, mesmo "dentro" parece se lançar janelas afora, pura vazão.
então minha tristeza nunca é completa, minha felicidade nunca totalmente satisfeita. experimento a perda como ganho e o ganho como perda, o que me faz ter êxito praticamente sempre.
habito entre duas vidas, tão infeliz quanto feliz, simplesmente alegre por ser-estar vivo entre vivos, carregando todavia os mortos bem presentes. sem falta.

– quem, nós?
– os mortos.
– ah, é?
– sim, meu caro, nós, os vivos, bem vivos.
– ok, nós, os vivos-mortos.
– essa dupla sensação que me atravessa e me faz ver de través, um *travessão* – que divide a frase, mas também a une, fazendo avançar e iniciando quem sabe um novo diálogo.
– ...

(27.IV.05)

cacos
(vadios)

cada vez prefiro vidros a espelhos. vidros são superfícies de contato, lentes sem retenção, a uma certa luz reflexa neles me vejo mirando o entorno. através de suas *branas* me instalo em incontáveis dimensões. branas vêm de membrana e seriam faixas multidimensionais, que explicam por antecipação *quase* tudo de que o saber físico não consegue dar conta.
vidros são páginas sem data, rompem contratos calendários balanças metros outras medidas – viram respiradouros casas vivas máquinas orgânicas jugulares abertas. detêm a natureza fluida das aparições: em toda parte e em lugar algum, sorte de mar-sertão.

– tente olhar o vidro (a vida), o que vê?
– outra coisa, sempre outra coisa.
– a vida (o vidro) dá a ver mais além.
– mas em nenhuma hipótese o vidro se entrega de vez e por inteiro.
– ver o vidro é sempre pela metade, meio opaco (perturba o olhar), meio lúcido (deslumbra a vista).

não mais a angústia da folha em branco, tão séculos 19 e 20. nem muito menos a nudez da tela-pintura ou da digital, mas o desnudamento parcial do vidro, sua semitransparência. se somos herdeiros de dois séculos modernos plenos de sentido, o líquido cristal traz a possibilidade de encontrar zonas de vacância na floresta de sinais.
de todo o vivido sobrarão um traço ou dois – – suficientes para tudo recomeçar, de diferentes modos, com novas extensões. corroer o sentido para escavar desde o futuro o túnel do presente, outras luzes afinal. não abro mão de certo legado iluminista, tão século 18, matizado agora de suaves sombras... clarividente penumbra. portais.

– tudo o que faço, ou tento, é para um dia interromper o reino verbal, num ponto em que nem os nomes silêncio e morte façam mais sentido. pois a vida estará enfim livre de invólucro. aí então palavras, se ainda houver, serão apenas riscos de sons e grafismos dentre tantos por vir. nada de significado último, discurso derradeiro, ponto final. somente um desconcerto pós-vocálico de rumores, imagens, estilhaços. se vier um dia, esse evento já terá ocorrido, *cá entre nós*.

(28.IV.05)

pincelada
(sutileza)

contos africanos, diz lena bergstein, principiaram por encomenda, para uma exposição coletiva sobre a música de dorival caymmi, em que exuberavam. depois foram proliferando sozinhos, em manchas ácidas, inesperados claros, inscrições desnaturais – lembrando antílopes, tribos, árvores, o vão das savanas. mas a suposta figura aqui reforça o abstrato, a lógica das sensações. do verde ao laranja, passando por ocres, dourados, beges e terras, aflora a arte do acaso. sutil, num século de espetáculos, agressões, empáfia, a tela de lena não grita. impõe-se pela suavidade da mão sobre a trama, pelo recado impresso na textura, pela ruína que sussurra a profecia do agora. *urgente*.

(05.III.06)

atmosfera
(galhos)

por que realizar
uma obra de arte,
se é tão mais
doce sonhá-la?

pier paolo
pasolini,
decameron

mas o que seria o sonho, essa coisa informe que me assalta todas as noites, com seus maquinários e labirintos, cinema pessoal, mal fecho os olhos, sem o mais remoto controle? imagens em disparada, um cortejo altamente erótico de cenários, personagens, bonecos, casas, piões, todos desfilando em fita muda, mesmo quando arriscam partir o cristal-silêncio. pois os sons no cinema sonhado não retinem, vêm secos e pálidos embora agudos como gravetos, ou farpas de algodão. palavras ocas em balões de quadrinhos.

tudo é tufão por ruas e ruas, becos onde portas são gavetas abertas para outras, sempre mais, como anteviu dalí. basta rever mulher com gavetas, a girafa em chamas e o grande masturbador. o que me retira toda noite do torvelinho de imagens é o fio cortante de alguém que atravessa a trilha impedindo o encontro fatal comigo. não sou mais quem supunha ser desde que essa pessoa sem rosto comparece em paisagem-sonho. sei quem sou mas não sou, estou além. *ele não se encontra*, insígnia, paixão e vida de um homem cujo desejo, cuja sina.

(o desafio para qualquer artista seria *realizar* o próprio sonho. cocteau e visconti, por meio de desconcertantes películas, teriam rodado os seus, dando vez ao informe imaginário. o informe não é o feio nem o bonito, mas a bela tensão entre os dois, que precede a criação.)

é nos cacos sonhados que mais me perco. com quem planejadamente ali esbarro se falta deliberação? quem por mim sonha voluntariamente? qual deus, demônio ou rosto está por trás da

máquina de sonhar? será o sonho real e cru, ou simples proje-
ção da faculdade de imaginar? quem sonha de fato, quando,
como, para quê? sonhar tem fim? qual? onde?

– por delicadeza ganhei a vida.

(21.VI.05, araraquara)

penhor
(êxitos)

veni vidi vici

júlio césar,

em 47 a.c., na ásia

perdi livros, objetos, afetos, concursos, concertos/encontros, horas, trens, aviões, bilhetes, bagagens, o que imaginarem. obtive muitos fracassos e fiquei assim com o gosto vazio da vitória. cada insucesso foi também um modo de satisfação. pelo mal, pelo bem, pelo menos algo foi conseguido ao fim – *partir, desafligir, sorrir.*

– oh, quantos césares fui!

(03.VI.05)

tauromaquia
(desfecho)

> *imperceptivelmente, encerraram-me fora do mundo*
> konstantinos kaváfis, *"muralhas"*

a vida por um fio. um no outro pela metade. em cima teseu pressente o touro. embaixo o minotauro reflete o opositor. presos à incondição, músculos adictos à luta. pêlos e cabelos escuros na noite, espada. vestígios femininos. o suor rebrilha, dentes rilham a dor. arfam esmurram rugem – filetes. a quatro patas o impossível amor. alguém vai morrer para o labirinto desatar. desejo de ser dois num corpo só. vence a fera no homem. reconhece os chifres o animal das galerias. urros entre muros. *saída –*

(01.III.06)

chapas
(o liso)

não mais o fragmento, pressupondo o todo monumental, mas o pedaço, perdido, desgarrado, alucinado. o pedaço é no máximo membrana, por onde transitar. tais os lindíssimos velames de iole de freitas, tão impessoais entretanto nos incluindo em todas as suas superfícies, núcleos, cipós, telas, projeções, redes, lâminas, tendas, toldos, botes, e o mais. nos inclinamos a coisas que são tudo menos esculturas, estas ainda impõem o distanciamento admirativo, a tirania do olhar. aqui pisamos num mágico tapete e sem querer

(31.VIII.05)

painéis
(grafite)

no dia canicular redesenhou o mapa inverossímil da grande metrópole. da zona sul à oeste, da baixada a jacarepaguá, recreio, cidade de deus, são conrado, rocinha, gávea, botafogo, flamengo, copacabana, passando por niterói, no outro lado da baía. como um bólide de tinta, o corpo foi espalhando resíduos e tingindo as vias com indecifrável escrita. no dia seguinte os jornais estampavam a divina caligrafia. mal sabiam tratar-se de simples pichador, que outra coisa não usara senão a marca do próprio rastro, respingada por canais, muros, jardins, mictórios, cafés, livrarias, teatros, sanatórios, cinemas, salas de aula, presídios, gabinetes.

um reles transeunte, rumo a estação alguma, cujo trem, como em conto de clarice ou de mansfield, já partira. êxtase do nada é o nome da letra processual, com que foi deixando restos pelo tecido urbano. vestígios de homem sem profissão, exilado dos bairros, um desses apátridas com que cruzei, habitando terras de ninguém. homem da multidão. ele mesmo, franco-assinante de telas citadinas, *seu ninguém* – título de nobreza e ignomínia.

(05.I.07)

**desportos
(despedida)**

eu amo a rua.

joão do rio,
a alma encantadora das ruas

ontem, circulando próximo ao metrô de botafogo, não muito longe da rua paulo barreto, deparo-me com a seguinte inscrição parada no ar, numa quadra de futebol, sobre simples cartaz de pano, com tintas pretas: **vergonha.** mais nada. e nada resume mais o anonimato, a perplexidade e a dor de milhões que acreditaram numa "seleção", a qual nunca realmente existiu. nenhum comentarista avaliou melhor. nosso futebol, e de muitos outros países, sobretudo europeus, sucumbiu à corrupção, à cultura das celebridades, aos salários estratosféricos e às verbas publicitárias. tudo muito distante dos esportes, da velha e deliciosa garra, do desejo de se dar – vencendo ou não. importa hoje o que, como e a quem rende uma partida de futebol. para mim, é fim de jogo. indaguei a c*, como daqui a quatro anos me (ou nos) expor a um novo vexame patrocinado pelas grandes marcas? como repetir sem constrangimentos 1998 e principalmente este melancólico 2006?

o que ficou: 1- a imagem de um desportista em atividade e gordo, contradição jamais vista; 2- um técnico olhando as horas, como quem tem pressa de acabar, quando o time estava perdendo; 3- o melhor jogador do mundo, eleito duas vezes, terminando como o pior; 4- um zagueiro em posição de quatro, no momento menos adequado possível, sem proveito algum; 5- em resumo, remunerações inacreditáveis para atletas idem. há quem jure que a indiferença veio deste último item; nada tinham a provar pois o soldo estava garantido. por fim, sublinhe-se uma mídia, sobretudo a nacional, empenhada em mostrar apenas bons jogadores como fenomenais, tornando-os heróis de nada. nadinha mesmo.

(07.VII.06)

fuga
(nota)

diretamente de creta. ontem aproveitando os primeiros ventos e raios matinais, ícaro escapa com dédalo do presídio-labirinto construído por seu próprio pai. este o aconselha a seguir em linha reta, a meia distância entre o mar, para não molhar as asas, e o sol, para não derreter a cera. duas pequenas adagas rasgam a manhã vermelha. nuas em contraponto, flap, flap, com breves pausas. a essa altura, incrustadas no azul do azul, as ilhas de samos e delos figuram minúsculas tartarugas. prossegue feliz o vôo.

apenas dédalo dominava o segredo da fortaleza que ele mesmo planejara a fim de guardar o monstro devorador de adolescentes. isolado por terra e oceano, restava-lhe o ar, para driblar a vingança do rei minos, que ali o encerrara junto com ícaro, após ter ajudado teseu a se evadir levando a princesa ariadne.

deslindam-se os fios da fábula, pai e filho alados recosem o dia mal nascido. divino aviador, distrai-se dédalo com os últimos episódios. súbito sossego e lacuna, não mais escuta o outro par de asas. volta-se e nada, vazio. – ícaro, ícaro, onde está você? silêncio. sobre o assoalho marítimo penas, desolação. cego pela luz o jovem-pássaro voara alto. o pai para sempre melancólico ergue do fundo o frágil corpo e o enterra na eterna icária, lamentando suas habilidades.

– quem foi mais longe: ícaro, que quis conquistar o sol, ou dédalo, o engenhoso, que permitiu sonhar? seja como for, tornaram ao solo de onde partiram. mesmo assim, prevê o oráculo, com ou sem deuses, um dia se confirmará a aérea força.

(09.III.06)

o beijo
(prece)

o que fazem esses dois aos gritos de noite? o que fazem antego-
zando cem anos de comunhão ou fraude? o que fazem que o
silêncio redobra em cio a cada gemido? quanto maior o ruído
mais vasto o hiato... entre espanto e louvor o leite derramado.
de joelhos sem choro.
velas combinam com o quadro: mais cedo talheres, pratos, ges-
tos num hopper adaptado ao planalto ou ao litoral. ampulheta
em mergulho abrupto. bocas se alimentam, salivas, sabores, ora-
ções na vala incomum da manhã. (a poesia de cada dia, dai-nos
hoje, mas deixai-nos cair em tentação.) nódoas sobre lençóis
de areia e insônia. *frescor.*

(02.IV.07)

3- inter versões

independentemente de qualquer gênero, falso poema conto mimodrama
recanto narração ensaio diálogo entrevista conversa blogue crônica
debate telegrama transgênero psicografia e-mail cópia reportagem
carta, e o mais, tudo aqui deveria ser lido como simples
anotação cotidiana, instantânea
mas reescrita sem limites
– afinal o diário não é mesmo
o livro dos gêneros?

o a(u)tor

trânsito
(vertido)

mais que reversões
       conversões
       contraversões
       inversões
       perversões
       diversões
       versões

*inter*versões

cabe verter *entre*
isto é no intervalo
das coisas-seres
performar buleversões

você me buleversa, eleita leitora
ledor leitor, se houver, *inter*ator
eis a bandeira sobre bulevares
          avenidas
          ruelas
          ruas
          becos

transversais

talvez tais vezes
sim não sim não sim não ou sim!

talvez não o travesti
    não o transviado
    não o pervertido
    não o invertido
    apenas

(no *meio* o pensamento)

mas o *inter*vertido
ex minha ficção do não, não
eis minha fixação do sim, sim

não a ruptura
a rotura a rasura
simplesmente
ao rés
a irrupção

o que transmuta e afirma
o que não pára de verter *entre*:
do verbo entrar
entre com o verbo estar – desventrar
ou "entre" disjuntivo/conjuntivo

o meio é o único
    meio
não o meio da
medida somente
mas também desmedida
não o meio da média
nem só de mídia

vive o homem
mas o desmensurado
sem o qual
não há mens@gem

não só o colossal (goya)
o liso o raso o vão (joão, pobre rima)
e o estreito (enlarguecer gibraltar)

o meio é o meio é o meio é o meio é o meio que tem meio ou
não (meio)
meio líquido
meio solúvel
meio sólido
meio dilúvel
meio (sentido)

para meio mastro
mastro e meio
mais é mais
ou de+

não o metrômano
metrossexual metassexuado
mas o meiômatro
sem meia medida
ou medo

o meio é machofeminil
     calidotépido
     rijomacio

ou o meio é presenteausente
       clarescuro
       quentefrio
       sólidovolátil
       suprassensível
       *in*sensato

noutros termos sem qualificativo
inqualificado simnãosimnãosim!
cinto largo do simsimsimsim!

há meios e meios
o meio que digo não tem tamanho
nem formato único

o meio é onde as coisas tomam forma
mas ele próprio forma não tem
matriz motriz de tudo

o meio é macromicro
       infraultra a rubra linha
       subsuper
       altibaixo

o meio mesmo quando sem meios
por vezes mesmo a meio pode trazer
o vibrante rigor do êxtase
aí o meio excede seu meio
doando o que não tem

teatros estádios campos desportos lagunas regatas salas de es-
petáculo até arenas mictórios salões de leitura dormitórios ca-
binets de verdure refeitórios navios dormitórios ágoras aerona-

ves postos de abastecimento station service usinas bulevares
saguões maralto rialto halls desertos espacitempos são meios
de meios – *multimeios* à deriva

– o meio é a-teoria do gozo, o meio é sempre *quase*
– meio intempestiva: a sombra é um raio de sol *inter*vertido
– o raio, se raia, é sempre-verde (como se diz sempre-viva)

auto-entrevista (relâmpago)

p- o que o fez adotar como ferramenta a *inter*versão?

r- sempre fui fascinado pela palavra *intervenção*, acho-a mesmo
o lugar de passagem, o reverso, entre o século 20 e o 21. mas
ela ainda contém um sentido policialesco que incomoda muito.
daí *inter*versão que seria um modo de intervir sem "intervir", de
agir sem interagir no sentido banal e programado que a ação
do verbo passou a ter, atuando então segundo outras forças e
performando outras senhas. *inter*versão é um objeto ou palavra-
achado, pronta para usar à vontade. taí...

(13.IV.05)

do gozo
(paleta)

> *na minha fase de*
> *auto-satisfação*
> *tirei do meu prazer*
> *da vagina um mundo.*
> *saíram seios, pênis,*
> *todas as histórias infantis*
> *entraram pela grande porta*
> *me dando gozos incríveis*
> *até o real como um écran.*
> *sou ou fui uma obsédée sexual.*
> *mas o meu processo é todo erótico,*
> *é uma passagem para o meu*
> *inter-relacionamento com o real*
> *e, além disto, para a cosmogonia.*
> lygia clark, carta a hélio oiticica,
> de paris, em 06.XI.74

o prazer encontra a máxima potência no gozo, quando a coisa reverte e entorna o caldo. gozar com o corpo todo, cada membro, fibra, artéria, nervos, células em sinapses. o gozo é o que não cabe em si, a mais presente invisibilidade ou a mais sutil presença. pois lhes digo que não acredito em arte, kama sutra ou manuais de bem gozar. acredito em incerta fotografia, no disparo do flash que tudo arquiva, uma luz que expõe e secreta, guarda, mesmo ou principalmente o invisível. isso exige novas lentes para dar a ver, blow up, escapando ao mediano olhar. o melhor da foto se furta à grafia, luminosa escrita, um ponto algo indistinto, aquilo que intuímos estar lá e nos rói a curiosidade até a medula. a foto de que falo é o estar-lá *quase* invisível da coisa, sua impercepção no gesto mesmo de se oferecer ao dia. o estalo que capto precede o sentido e a percepção, o pensamento antes da visão. um fogo louco que prepara na sombra nossas cinzas, diria roland giguère.

como se houvesse para cada foto ou imagem digital outra foto e outra imagem virtualmente reais, pedindo entrada e abalando o lugar meramente figurativo. (duane michals, com o recurso à "fotografia verbal", levou ao limite abissal as relações mutuamente ilusórias entre modelo real, fotografia e escrita representativa.) pois o figurativo significa tanto o tornar figurante, coadjuvante na cena que deveríamos protagonizar, quanto fazer configurar as coisas tais quais. com a des/figuração emerge o não-formado, não o disforme, tampouco o amorfo, mas aquilo que engendra figuras e formas sem ter ele mesmo forma nem figura alguma. como cézanne que precisou pintar incontáveis vezes a mesma cena até des/figurá-la e trazer à tona o que dava forma à montanha de santa vitória sem ser propriamente montanha nem não-montanha.

desde o século 19 pelo menos, mas o processo começou muito antes, talvez com caravaggio, uma certa pintura nada mais faz que eludir o evidente para que o invisível se dê à vista de todos, como o impossível dom da visão. para além do talento contabilizado ou natural, o dom da pintura não-formada pode vir como o que nenhum cálculo controla. daí, mais que picasso e todo o abstracionismo construtivo ou neo-expressionista do século 20, é a des/figuração de bacon quem melhor encena o *intratável*, o cacto de bandeira.

embora com recursos também infinitamente venturosos, a abstração é uma aposta previsível no invisível, já a figura baconiana não tem nenhuma certeza da descoberta. até porque esteve durante anos em busca da desfiguração escolar do cubismo, e de fato acabou chegando lá; o próprio cubismo se des/figurou, desfazendo-se na paleta atonal de bacon. aqueles tons que se furtam no ato de suposta entrega... a coisa-bacon só se dá se a transmissão puder ser prometida e subtraída, negada e confirmada. em suas arenas-palco, o que há é pouco mais que nada, torções, esgares, gritos mudos, opacidades, reverberações, disparidades do eu, sempre "eu" que assino com francis bacon, quer dizer, "nós" espectadores, sem os quais nada. *nós é eu...*

(por escrever: um ensaio fotográfico que reencene a cena antropofágica e antropológica nacional, num ato que tudo inclua sem exceção, inclusive os estrangeiros que visitaram o país por séculos de colonização e pós-colonização: viajantes-pintores, comerciantes, comandantes, músicos, escravos, turistas, piratas, comediantes, etc. ninguém deve ficar de fora, nenhum ator, autor, personagem herói, marginal, gente comum, burguês, proletário, classe média, torturado, carrasco, general, político. a inclusão incessante poderá gerar uma bolsa que excederá o próprio espaço de visibilização da foto, explodindo seus contornos, seus quadros, suas figuras hipercodificadas. é o legado colonial, semicolonial ou pós-colonial que estará em jogo. bem e mal confrontados, para captar efeitos incalculáveis. a digitalidade da foto é dupla: da máquina que a executa e dos dedos que a manuseiam, redigitam, refazem. quem fomos, se fomos, quem ou o que seremos, nas relações ultracomplexas com os estrangeiros, que também somos.)

* * *

bóia um rosto, brilha um motivo, abre-se uma corola-mão, um dente-rosa, um tronco-automóvel, vidas anfíbias entre homem e máquina, vivo e inerte, fosso e pirâmide, suporte e projétil, vasta tela onde se rasga a imaginação do porvir. vale passar por todos os estilos, experienciar a vida em suas dobras, na ponta extrema em que o vivo se confunde com o não-vivo.

o sem-sentido é *mina*, em duplo senso, o que engendra e o que destrói, tudo pode vir de lá, irrefreável. de resto, cabe multiplicar as ações que levam além do censo, bom-senso, contra-senso, dissenso ou consenso. rasurar tudo e começar do zero até chegar a mil, ou mais. multiplicações a perder de vista.

no século passado ocorreu um abuso do nonsense, o termo de algum modo se clicherizou, guardando algum vigor contudo. toda vez que se dá a hiperconsignação técnica de uma palavra, acontece a desaceleração de sua força pensante. isso acontece infelizmente em algumas peças de gerald thomas, que descambam nos ademanes de gênero, como se a mão viciasse numa posição auto-indulgente. e nada pior para o a(u)tor que a auto-indulgência, o achar que tudo está garantido porque estou seguindo breton, cage, mallarmé, beckett, duchamp. há todavia encenações de gerald que são maravilhosas, como mattogrosso (com philip glass), ventriloquist, tristão e isolda (com direito a gloriosas vaias dos wagnerianos empedernidos), dentre outras, em que há reinvenção efetiva do legado.

a responsabilidade maior do a(u)tor talvez esteja em saber que nada lhe é dado de antemão, como certeza de efeito, sobretudo se for entre eleitos. do outro lado nada há de certo, líquido ou consistente, cabe, pois, sempre "azarar" seu leitor, seduzi-lo com o conhecido para que se dê o salto desconhecido. o abismo está a dois, três passos e ele não sabe, e é com o não-saber que lida o a(u)tor o tempo todo. pois antes de tudo ele mesmo não sabe, não quer nem pode saber onde "isso" vai dar. pode ser que não dê mesmo em nada, mas quem sabe este nada pode vir a ser tudo, mais tarde, findo o drama.

nesses e noutros casos liminares a decisão final é sempre do *inter*ator, é ele quem de fato assina a obra virtual e realmente disposta. não há garantia alguma de sobrevivência do a(u)tor. este só pode mesmo apostar na sobrevida, na vida-além-da-vida-e-com-a-morte, quer dizer, o que eu chamaria a ávida vida. boca aberta sem deglutição, lugar de trânsito para o imponderável nada que é tudo de pessoa. aliás, a heteronímia é um capítulo intenso do que estou referindo.

o desferir do diferir, o que fere para fazer jorrar sangue que é vida. não o sangue fratricida, mas o sangue amoroso, amical. o teatro *inter*verso de agora seria herdeiro fiel e infiel da crueldade de artaud e do te-ato de zé celso, multifocal, não-destrutivo.

(08.VIII.05)

fábula
(transversa)

num repente o acidente avulta, a roda partida o eixo, o mundo desde o início fora dos trilhos, o cilindro que impele racha, a junta homocinética há tempos rompeu, o motor foi-se, o céu se liquefaz, fende o rotor, o conteúdo incontinente prorrompe em esteira de flamas flamas flamas, agora as ferragens viram vísceras em instantâneos de torpor e urro, linha direta com o inferno, antes a poucos passos do paraíso rodando sozinho deliqüescente em êxtase, num jato o sangue carburante ateia incensa incendeia como num galopar de amantes, o coração na boca, olhos vazios miram além-horizonte, pés espicham sobre o volante, onde foram parar as mãos, então a máquina se faz carne a carne se automatiza e o verbo declina silencia   (*longa pausa*)   sente toda a fúria dos deuses pelo desafio excessivo da beleza, ganimedes redivivo e sacrificado, estalam ossos-engrenagem, a agonia gira nos gonzos mas ainda não é o gozo afinal, a sentença adia sua execução, quem diria, e era só um anjo peregrino o efebo, à orla da luz iridescente *quase* indecente em seus loiros vinte e cinco anos, um corpo núbil urgindo faixas, lenimentos, lágrimas, véus, chorar quem há de pelo infante insepulto, na hora aparentemente interdita não há velas só guizos, guinchos, sirenes, pneus derrapantes, à espera do milagre a mão se ergue impune em busca do dedo que a reacende, dorme agorinha no peito-floresta como se piedade recriasse seus quadros mansamente, brisa nos pêlos, estão bem na foto digital o jovem e seu futuro amado que o beija, nubente, em pleno asfalto, imune a repórteres, comadres, falsas madrinhas & outras fadas, os dois ali, sem álibi.

(28.III.05, salvador–ilhéus–itabuna, *gênesis* segundo michelangelo, leonardo, cronnenberg e nelson)

amores
(meios)

> *o teatro, afinal, nasceu na orgia.*
> *e nós somos orgiásticos*
> *josé celso martinez*
> *corrêa, entrevista*

(desconcerto para múltiplas vozes)

– teatro te-ato te-amo
*anfi*teatro: teatro anfíbio

teatro: o lugar de onde não se vê – solamente
de onde se fita / mira / medita
repagina a lauda da *quase* acidental
filosofia ocidental esse
theatrum philosophicum
delirante / aliciante

atar é ligar sem prender – atear atuar artear artaudiar
sem antropofagias pois nada a devorar nem ninguém a ser de-
vorado
nem a assimilar mas a *inter*verter transmutar ou *versar-com*
pois interessa a conversa sem conversão, preceito ou dogma
o bate-papo, a sala de estar-lá, o diálogo não-socrático
a *entre*vista, a dissolução da língua ("fascista") na fala-rap
por exemplo o canto falado da baianidade da carioquice da mi-
neiridade
da paulicéia da pernambucália da amazonidade da gauchice do
ceará será

— inferência bacante: só o gozo nos une
desde os gregos, evoé!
libertinagens
para todos,
sem essa de primitivismo
que nos acorrenta numa
imagem retroflexa
o país no retrovisor
(fundar a revolução
da revolução
sem re-volta)

— outras intempestivas: nada foi escrito *ainda*
e tudo *já* foi escrito pelos povos
dantes e de amanhã
pedras de começo
sem fim
transamericanidades

— não acredito
pois em devoração (exclusiva)
essa coisa de comer/
ser comido...
(mesmo na cama
a comida é outra)
antropófago não
nem "primitivo"

já se constatou que o primitivismo
tem mais a ver com nossa digamos
realidade cultural que com a dos
bárbaros europeus· pode ser

pode não ser
ex a questão

o primitivismo nos é
assim mais digamos
congenial, encerrando-nos
na gaiola da história
por crime de lesa-nacionalidade...

primitivo é a mãe
ou o pai de quem assim quiser
não eu nem tu nem eles:
o povo brasileiro espezinhado
por séculos de atraso
em pintura pedro américo
painel da elite nacional

primitivo só se todos forem
primeiramente os europeus
mais selvagens de todos
subjugaram o mundo;
para cada monumento de
civilização, diria o pensador,
há pilhas de ossos & barbárie
nossa cultura é, por definição,
racional e bárbara

já montaigne há quantos
séculos berrava, o bom bezerro,
acho que nada há de bárbaro
nem de selvagem nessa nação,
pelo que me contaram,
senão que cada um
chama de barbárie
o que foge a seus usos
então pois assim fica

não sendo nem sido
desdito o dito

– preservar o índio sim
tal qual e melhor
com saúde, educação
deles e alheia
mas sem paternalismo
nem sobretudo primitivismo

índio, se o nome diz algo,
deve ser amado
sem idolatrias
nosso traço inessencial
pois identidade
decerto não há
(deus nunca foi brasileiro!)

existem efeitos parciais
do que seremos
fomos vimos sendo
em conjunto ou separados
mas nunca fazer do índio
o travesti, como se diz,
latino-americano
até porque só existem
no plural: *índios*
tupy and not tupy

– quero ser americano
do sul do centro e do norte
americano do sal
do sol do suor do jazz

da rumba do tango
da chuva do samba
da ópera pop propp
da marítima sinfonia
do funk do axé
sem abrir
mão de nenhum
*inter*vertendo o mapa
continental com e além
de torres-garcía

sou um camacã
navegando na rede
ou na jangada-ceará
o que será

......

– rarefação recato pudor subtração? – despudor
menos é menos
ou se quiserem menos é mais
ou menos
nada mais nada menos
ou mais:

+++

– –

+!

(02.IV.05)

expelir
(expectar)

muito provavelmente um dos grandes legados do século 20 é a palavra *experiência*, e, se é possível dizer, as "experiências" que ela recobre. tal termo atravessou e atravessa inúmeras áreas e situações. a experiência inclui dimensões com que mal podemos sonhar, passando de través por inúmeras, reais ou virtuais. não se naturaliza nem se deixa exaurir num conjunto de classificações tempóreas, espaciais, ciberespaciais, fenomenológicas. sempre singular, quando ocorre, ela une o mais individual ao mais coletivo, ainda ou principalmente quando isso nada tem de observável.

a experiência que no escuro tateio é por natureza irredutível a uma única identidade. encontra-se, por exemplo, naquelas situações boas ou más que não se conseguem explicar, de uma intensidade incomensurável, mas de algum modo passíveis de abrirem caminho para o que antes não havia.

há as que são provocadas mas nenhuma delas tem garantia de sucesso, pois o êxito depende de um fator imprevisível que por natureza as excede. 99,99999% das experiências de laboratório e de vanguarda fracassaram no milênio passado, mas o 0,00001 que deu certo dá conta de todo o maravilhoso alcance das tentativas, pois nesses casos importa sobremodo o que *sucede*, como sucessão e, pois, sucesso.

e o quê ou quem sucede é o leitor/a leitora, vocês mesmos, que são a única meta não-calculável do experimento. (ao contrário do que muitos pensam, não se pode programar o acaso. insistir nisso é o próprio ocaso das vanguardas.)

– quero a experiência real do real, seja como e quando for. o real, dizem, é a experiência do real. mesmo quando super trans hiper ultra real, acrescento.

(04.IV.05)

da série
warhol's
serial selves'
killer

a maria clara castellões de oliveira

– mas se eu é/ser/estar outro o que fazer com "eu" se nunca se
encontra "eu" ou não se sabe de alguém que encontrou um
"eu", nem eu nem ninguém, quem então se encontrará/será/
estará jamais "eu"? quem, vocês, eles ou nós?

objeto
(eu)

eu eu eu eu eu eu eu eu eu eu eu
eu eu eu eu eu eu eu eu eu eu eu
eu eu eu eu eu eu eu eu eu eu eu
eu eu eu eu eu eu eu eu eu eu eu
eu eu eu eu eu eu eu eu eu eu eu
eu eu eu eu eu eu eu eu eu eu eu
eu eu eu eu eu eu eu eu eu eu eu
eu eu eu eu eu eu eu eu eu eu eu
eu eu eu eu eu eu eu eu eu eu eu
eu eu eu eu eu eu eu eu eu eu eu
eu eu eu eu eu eu eu eu eu eu eu

– não eu!

outro
(meu)

meu meu meu meu meu meu
meu meu meu meu meu meu
meu meu meu meu meu meu
meu meu meu meu meu meu
meu meu meu meu meu meu
meu meu meu meu meu meu
meu meu meu meu meu meu
meu meu meu meu meu meu

– seu!
– nosso!
– nós?
– os vivos...

outros
(egos)

eu estilhaçado
eu estilizado
eu estil   o
eu   stil
eu
e

– pois eu...
– pós-eu

nós
(outros)

eu ele eu ela eu ele eu
ela eu ele eu ela eu ele
eu ela eu ele eu ela eu
ele eu ela eu ele eu ela
eu ele eu ela eu ele eu
ela eu ele eu ela eu ele
eu eu eu eu eu eu eu e
ele ela ele ela ele ela

– eu!
– eles.

anonimato
(voluntário)

– e eu que sou ninguém...
– eu também!

(02/04.IV.05)

anfíbio e/ou biodiverso

ou/e

a n f i b i o d i v e r s o

a n f i b i u n i v e r s o s

b í / f i d o s

**deglutição
(negativa)**

> *quoi de
> plus absurde
> que le progrès,
> puisque l'homme,
> comme cela est prouvé
> par le fait journalier,
> est toujours semblable
> et égal à l'homme,
> c'est à dire toujours
> à l'état sauvage.*
>
> charles baudelaire,
> journaux intimes

– a antropofagia ainda seria devedora de uma cultura da violência, por mais que se queira inculta... amanhã, hoje, ontem interessa com efeito trazer os "outros" do ocidente para o ocidente. a áfrica é aqui, a ameríndia também, a ásia, e tudo o mais. aproximar os supostos contrários e gerar chispas, faíscas, fagulhas, o fogo criador de luz e sombras – shakespeare para as massas como na origem, mas sem caliban nem canibalismo. transmigrar, transfazer, transmorfosear a transa em transe (mas sem transgressão, que seria ainda um modo de colonizar o diferente).

de modo tal que "primitivo" e "civilizado" perdem todo o sentido, pois a sacudida na hierarquia os aproxima em definitivo. sob certos aspectos o mais civilizado pode ser o mais "selvagem", e o que se pensa selvagem pode ser altamente "civilizado". nenhuma cultura é igual a outra, e há valores, garantindo o desejo de resistência que *nos* anima. *resistir* é a força física não-destrutiva, intensamente amorosa.

– eis o desastre das formas, a catástrofe se desdobra impávida, seca, as formas se prometem toscas, irascíveis, o mundo perde de vez o eixo e não é "eu" quem vai repô-lo visivelmente em forma. mas dobra sobre dobra o universo einsteiniano se curva em *inter*versões – o que verte *inter*verte em reiterações, repetindo e alterando os quadros físicos, psíquicos, morais cujas molduras

eu trânsfugo
eu refugo
eu transfiguro
sem refúgio
nesta poética
do eu sem "mim

metalurgia: o tempo de palha & sisal imbrica-se no espaço de ouro & aço, *inter*vertendo branas.

cuidado: não idealizar o catador de lixo, romantizando a miséria, mas captar seu vigor, a força vital na máxima adversidade. nada de igualar o que é distinto mas pôr em contato o diverso e o diverso para fazer vir o + diverso, o multiverso ou o anfibiodiverso, em multiestágios, tantas vidas. daí o artista-coletor se juntar irmãmente ao simples catador, numa pós-estética da *supervivência*. márcia x, a proibida, por exemplo, entendia da coisa – a mulher que sabia de+ e foi punida pela moral católica e capitalista.

– cultuar a (in)cultura da alegria na orgia da alegoria, jogando e desfazendo clichês.

– nada contra a bigbrotherização da cultura, a telemídia é sem dúvida cultura. mas muito contra a exclusividade globalizante, a bitola catódica, a cornucópia voraz por onde tudo passa e que tudo tritura.....................

– ....relevando
    cantando sol
    destoando
    vou distorcendo e terçando os anagramas da língua

    ali onde um nome
    próprio se ex-propria
    no *impróprio*
    esta índole de raios
    sem ouro
    areando
    aros

descarrilar: por que os cães mordem seus donos? por que os tubarões praticamente devoraram o biólogo? por que o urso comeu o ambientalista e sua namorada? por que o homem freqüentemente vira lobo? (mas para que serve uma metáfora animal aplicada à espécie humana? que têm os lobos a ver com isso?...) por que o bando docilmente gane? por que por quê?

jamais dizer mas desejar: desta carne não comerei, deste sangue não beberei, neste solo não morrerei jamais.

em estado puro "eu" é sempre obtuso, óbvio, mas também inatingível, e querem saber talvez nem exista "eu" mesmo.

para ser realmente amado o retratado "eu" deveria somente corresponder a um traço delicado de crayon maculando a superfície límpida da pele. a isso já se chamou de "densidade de entrega", eu chamaria de liberdade da presente ausência.

dos eus (série III): seria um eu serial ainda um eu? seria "eu"? ou eu seriam "eles"? seria esta ainda uma série, já que as séries têm como princípio a impessoalidade? seria o que seria? o que funda o eu e a série? o que levanta a pergunta, afronta ou lapso?

(03/05.IV.05)

natureza
(culta)

> *through me forbidden voices,*
> *voices of sexes and lusts ...voices veil'd and I remove the veil,*
> *voices indecent by me clarified and transfigur'd.*
>
> walt whitman, *song of myself*

*inter*atuar é performar-com, é estar-com atuando junto. a paisagem e a textualidade só existem com o *inter*ator, do mesmo modo que o *inter*ator só passa a existir efetivamente em performance com a textualidade e com a paisagem. tudo são tessituras, como nas telas de lena bergstein, em que a tinta e a costura se fundem com o pano.

ontem em face da paisagem verdejante me desvirtuei, caminhando sobre uma plataforma de concreto até a extremada ponta, de onde mirei todos os tons do verde. porém menos que mirar fui mira, alvo, descolorindo os tons pessoais, me desmaterializando junto à paisagem, que assim também se refazia. desfazíamo-nos juntos e nos recompúnhamos em toda a potência, como se nem ela nem eu, nem nossas cores, tivéssemos realidade antes do contato. os cavalos por assim dizer nos pastavam, a mim e a paisagem, viramos alimento de bicho. a casa no vale era uma das teclas com que podíamos acionar nossas fibras e múltiplas existências – partindo até retornarmos ao suposto ponto de origem, que a essa altura já nos desconfigurava, pois quais eram o quadro e a moldura afinal?

"eu" *inter*atuava com a paisagem, suporte que tanto sustentava quanto "eu" a suportava em suas vacilantes colunas, quer dizer, troncos, casca, ramagens, galhos viçosos ou secos. sobressaíam raios de sol, regato, insetos e a grei aniverbal. ali a pele era a tela, sobre a qual se inscreviam sinais da paisagem em torno, e a paisagem em troca oferecia sua textura, onde olhos, bocas, narizes emergiam e por sua vez se desvirtualizavam. duas peles, duas texturas portanto se acoplavam. impossível saber quem sustentava quem, quem o íncubo quem o súcubo, um sob ou sobre a outra, intertrocando seivas, suores, correntes, fluxos.

a paisagem inteira por sobre mim passava como filme, um dvd pluridimensional. e "eu" era seu pasto, pastor, gado; por ela desfilavam igualmente meus dentes-e-unhas-arado, minha cabeleira, meus pés sem raízes, meus membros e tronco. tudo numa densa floresta de luzes e sombras, altamente impressionista, mas de um impressionismo da era pós-eletrônica, em que nem mesmo tela, teclado, monitor e outras materialidades sustentam mais a i-materialidade dos fluxos. havia somente forças, desejos desreprimidos sem autoridade central decidindo por nós a próxima refeição, o próximo beijo, o próximo deslocamento.

a paisagem somos nós, sempre já, gado, pastor e pasto, sobre cujo couro, sobre cuja pele, sobre cuja relva desfilarão imagens sem objetos pré-definidos. efeitos sem causa, desejos sem sujeitos determinados. o suporte fornecerá a impressão e a matéria, o assunto e o material, a ferramenta e a mão que redesenha cada contorno, cada matiz. cada grão de luz impresso na tela-matriz, como reflexos de reflexos de uma antiga caverna, agora sem grilhões nem absoluta cegueira; penumbra de antevisões, morte e vida conjugados, aqui e agora. na neblina a paisagem mais e mais se adensava.

desde primórdios o homem-bicho coloniza a paisagem, em retorno a paisagem reflui e vomita esse animal suposto primo entre pares. mas quem fornece suporte se a paisagem que circunda o homem mais que circula, atravessa-o de um a outro lado, configurando-o humano e inumano? somos o que a paisagem silenciosamente fez de nós através de séculos, pensando que apenas nós alterávamos o meio.

porém o meio é mais que o simples entorno, articula e desarticula as coisas-seres que se deixam imprimir nas paredes, muros, telas de toda ordem, papiro, papel, água, areia, pélvis línguas & cascos. a lápis se faz a primeva e vindoura inscrição, traços de traços. somos assim mais que uma figura na paisagem, pois esta é que se nos afigura a nossa imagem e dessemelhança. entre tais superfícies, se espelho há, surge reflexo incapaz de fixar uma única imagem, nossa antiga identidade, desde a lascada pedra. quem, pois, é o sujeito e/ou o objeto dessa *inter*atuação:

o homem-bicho, a paisagem ou os tantos animais no limite do inorgânico? o que nos apascenta senão o meio anterior e posterior a todos nós. quem, *nós*?

– sim, caro, você tem razão, a natureza é muito, muito culta em suas dobras.

(08.IV.05)

**personalidades
(instantâneas)**

passar pela serialidade construtiva, abstrata, pop & outras do século 20 para romper com seu rito opositivo entre o mito pessoal e o impessoal.

a serialidade do eu-verbal-imagético desmitifica a despersonalização das séries novecentistas.

nas séries do século 21, ainda por vir, o eu poderá ser tomado como um qualquer outro objeto, por isso digo que "o eu é meu" mas também o eu é nosso, deles, vosso e de quem mais quiser expropriar.

em contrapartida qualquer objeto natural, artificial, real, virtual, magnético, somático, eletrônico, etc. poderá ser investido de egocidade, una ou múltipla, pois "eu" é capaz de se multiplicar sem controle algum – ver acima o "objeto (eu)".

esse eu múltiplo e impessoal, porém transferível, não se confunde com nenhum narcisismo banal ou mortífero, pois o espelho está desde sempre partido.

não há como pular para "lá", o suposto outro lado do espelho, porque a folha de estanho rachou, derramando o conteúdo alucinatório do eu ideal. "lá" fica mesmo aqui, ali, raramente além.

nesta superfície que devolve imagens desconformes de "eu", este há muito deixou de se identificar a "mim". daí o categórico imperativo de rimbaud, de godard e do a(u)tor como modo de renascimento: "eu ser outro", ou melhor, "mim ser outro", diria o índio postiço...

os quadros suspensos contendo "eus" devem ser dispostos como pintura mural à la rivera ou da vinci, pois a santa ceia, warhol entendeu muito bem, é uma multiplicação do mesmo eu, *outrado* em falsos discípulos.

se quiserem, podem ainda performar tais cenas-ceias-não-canibais do eu como pintura rupestre, arte parietal, em acordo com o primitivo ímpeto – a lápis sobre líquido cristal.

eis uma de "minhas" frases preferidas: não procurem nada atrás de meus escritos, "eu" se existir estou todo neles, bem à tona.

sim, o eu é uma de nossas mais caras ficções – carecemos dela apaixonadamente.

(10.IV.05)

mensagem
(devolução)

recebi sua carta sob forma de poema, caro amigo, com mais de setenta anos de atraso, pasme você! senti vontade de devolvê-la, não por medo ou angústia de influência, como já esteve na moda dizer. simplesmente porque não acredito na palavra influência, acho-a insuficiente para descrever o que acontece entre dois autores, mesmo com toda a diferença de idade, de talento e de propósito. penso que há ou não confluência, modos de se aproximar das coisas que *confluem*. como sou mimético em relação a tudo o que me interessa, estou sempre confluindo e ao mesmo tempo divergindo.
há esse vezo crítico por aqui de achar que todo poeta se alinha ou a você ou ao joão. recentemente um juveníssimo crítico, que é também poeta, caiu nessa armadilha, falando de outros poetas e, por vias indiretas, de si mesmo. todavia, como não sou poeta, o enquadramento não me serve, prorrompendo em afluências que são caudalosas. a literatura afinal é também, dentre tantas coisas, um sistema aberto de fluxos e influxos, fluências, influências, confluências e afluências, de modo tal que não há o rio único, mas uma imensa rede de rios que se comunicam o tempo todo, alguns mais próximos outros mais distantes. algo assim como a bacia amazônica menos o grande rio que lhe empresta o nome. pode até haver inúmeros amazonas mas nenhum deles assume o curso principal.
a poesia que incidentalmente cometo é só uma outra forma de narrar. decerto bebi muito de suas águas, e há uma gota de seus poemas em tudo o que escrevo, como há gotas e goles de vários outros poetas, ficcionistas, dramaturgos, filósofos. mas nem tudo o que você faz eu assinaria embaixo. mesmo achando belo, como no caso desse magnífico poema o sobrevivente, há algo com que não concordo e por isso devolvo, solicitando ao carteiro do ar que aponha no envelope a menção "destinatário não encontrado". há muito já se definiu a literatura igualmente como um sistema de correspondências, em que um autor ou

autora remete seus escritos para ser recebido pelas gerações futuras, que podem ou não aceitá-lo. pois me reservo o direito de fazer a triagem, recusando sem dramas de consciência o que não interessa, embora seja exceção numa obra magnífica.

desagrada-me nesse sobrevivente certo gosto antimoderno, logo você que entendeu tão bem o sentido da modernidade em seus começos, extraindo dela mais que alguma poesia. é verdade que muito depois você se declarará ironicamente cansado de ser moderno, sonhando com eternidades. mas se estava cansado é porque tinha consumido modernidade em grandes doses, levando-a aos confins, seus e dela. daí que quando você se mostra cético em relação às novas e emergentes tecnologias sinto certo sabor passadista que não combina com um vanguardista de primeira hora. vanguardista mineiramente moderado, sem dúvida, porém moderníssimo a seu modo. na verdade você esteve sempre além de seu tempo, póstero ainda hoje de todos nós, tantos anos decorridos desde a partida.

assim esse tom de exílio, num mundo que finge não compreender, não deixa de ser contraditório. tanto mais que seu poema é de uma clarividência extrema, ao prever que um dia o amor se fará pelo sem-fio. pois bem, pois mal, desde a década passada já se faz amor virtual e prazerosamente. não me pergunte se é melhor ou pior, as coisas são o que são, e o que sempre digo nessas situações é que nada há a lamentar. aceito as experiências como vêm, reservando-me o direito de remexê-las, apontando o incômodo, o desajuste relativo. por exemplo:

nesta vera cruz, onde índios viram refugos de tempos planetários – converso ao celular, navego sem caravelas, vejo dvds ouço mp3 cds invenções logo logo obsoletas para mediar o mundo o ócio a vida o   c ɐ o ɒ

já não dá para falar de um cá e de um lá pois via tv ou ciberespaço o lá é cá e o cá ficou lá, enquanto isso aves gorjeiam, em breve todas as fronteiras abolidas falaremos a mesma língua, câmeras em toda parte olhos olhos olhos, (ano passado havia em paris tantas bandeiras e cisnes enfurecidos contra deus, greves tumultos barricadas luzes em disparada, l'île de la cité beaubourg em plena restauração sólidos sem pouso,

lições de partir única saída o aeroporto enviando sinais todo dia, resisti porém, enquanto negras e o primo charles lamentavam a inútil paisagem africana na neblina antes sublime, a cidade muda mais que o coração de um mortal)

mesmo a fome vira abstração com os coletores-artista nesta outra ilha de edição, onde me perco e naufrago renascendo quem sabe daqui a um século,

segue em anexo cartão-postal redentor céu febril mar sob matizes dos alegres e/ou tristíssimos trópicos.

p.s.: exílios mesmo não há, talvez cílios oásis nômades manadas...

(01.V.05 e 08.VIII.07, rio de janeiro)

4- respirações

*no fundo, verdadeiro ou falso,
assinar é que é a coisa.*

*e quem assina mesmo
é você, prezado(a) leitor(a).
"eu" só declino...*

o a(u)tor

descompasso
(ranhuras)

rabiscos: o desenhista "primitivo", o catador rural, o quadrinista infantil, o caricaturista adulto – facetas de um mesmo rosto.

carbono: exímio malabarista do risco, amador perez propõe hoje a tonergrafia. preciso urgentemente ir ao encontro do traço, no paço e alhures, pois tem trilogia na cidade – trago ainda a marca de sua série degas, um fidelíssimo e traidor tradutor.

bóia: a urdidura, o enredo, a tramada fábula – fendidos mitos sem salvação.

varal: bandeira é o matisse das letras, que entretece uma branda melancolia tingida de alegres matizes. ou, se preferirem, uma singela folia volpi.

dúvidas: um diário que se reescreve é ainda um? o próprio do diário não é ser publicado tal qual, sem acréscimos nem cortes, no máximo pequenas correções?

(26.III.05)

delírios
(sinuosos)

promissória: em seus primeiros exercícios de emulação, picasso copiava no caderno-estúdio escolar a assinatura dos caricaturistas que admirava; outros acusariam falsificação. assim, contam, fez fortuna.

classicismo: na verdade picasso estava restaurando o gesto clássico de imitação dos antigos, traindo seu legado com fidelidade. em novo contexto a emulação era a mesma e outra, ferida diferida, golpe de gênio. contam também que certa vez visitou matisse, passou toda uma manhã admirando as novíssimas telas, foi embora prometendo voltar, com acenos de amizade. o resultado foram pinturas com dupla assinatura, uma visível, a outra semi-apagada. fez isso descaradamente com inúmeros outros: poussin, velásquez, van gogh, goya, ingres. incumbe a nós reler essa *escrita* em palimpsesto.

aula de pintura: sábio emulador de picasso, francis bacon destruía sistematicamente suas primeiras telas. já vendidas, solicitava-as de volta e rasgava, triturava, queimava, ficando apenas as sobras, chamadas de "obras".

limites: todas as artes ditas plásticas hoje bem ou mal *experimentam*, só essa pintura ingênua que se encontra em galerias de shopping permanece vagamente impressionista, sentimental.

o óbvio (o ovo): sem exceção, todos os livros verdadeiramente lidos foram *reescritos* – do centro às margens.

partida: na literatura/na vida, ficção ou ensaio, só conta o reescritor. escrever é reescrever desmesuradamente. ou ainda, noutro plano, *transcrever*, escrita sobre escrita. o reescritor é também transcritor.

(30.III.05)

homo
(ludens)

sinuca: este olho-bilhar-ou-gude cego e solto no espacitempo.

graus: sem órbita, o olho vazado vê à frente, vê atrás, vê no meio das coisas – *vê?*

bolsa de apostas: quais são minhas chances, indaga o megaempresário, de escapar da bigderrota do macrodrama do hiperescândalo da ultraexposição na média mídia?

corrida: mesmo ou sobretudo na hora do perigo total a irmã parece participar de gincana, como no tempo da juventude mais dócil.

transa: dis/juntos o suor nos deserta. marcamos de novo na próxima encarnação. isto é, segunda-feira que vem.

diapasão: viver, reescrever, transcrever é francamente inconciso, salvo se.

(31.III.05, itabuna)

paternidades
(o interdito)

gênio: se há, é aquele que interrompe a genealogia, recriando pais & mães e se engendrando como filho – do impróprio barro.

versão 2.0: o bom (mau) filho não copia nem mata os pais, recria-os mais e mais – rebento.

elipses: contranatureza contracorrente contracoral contratudo contratodos – cobras em dobras.

primórdios: desde a descoberta do fogo, desde a tal pedra lascada, não se criou mais nada, nada que já não estivesse aí ao alcance dos olhos, mas escapulindo das mãos. isto se chama *invenção*.

(31.III.05)

maternidade
(ternuras)

força: jacente contravontade, a mãe adiou in extremis a morte revertendo o veredicto. e fica assim felizmente o não-dito.

suspensão: ou então, no leito por decisão praticamente involuntária, a mãe reverteu a morte, adiando assim o veredicto, que fica não-dito.

tangente: ou ainda, contrariando todas as imprevisões, a mãe continua resistindo, a sobrevida supera qualquer sobrevivência. a supervida é que talvez seja a vida mesma. até ou sobretudo depois de partir.

prantos: no leito de morte, a mãe de flávio de carvalho foi pintada a tela e sangue, a de agostinho a reza e papiro, a de jacques a caneta e teclado. no leito de vida, a minha, talvez a dor-esperança e cristal líquido.

(01/02.IV.05)

silvos
(salvo se)

canção: desenvolver uma arte dos assovios sem estropícios.

misoginia: por que mulheres não assoviam? – quem disse isso?!

árias: o assovio é sempre por um fio. de voz.

relevos: assoviar não consola nem salva mas releva – a dor.

prognóstico: no porvir todos deverão poder silvar.

(05.IV.05)

lamento
(impassível)

posições: qualquer pessoa, mesmo a mais sombria e estranha, sob certo ângulo e a um certo olhar pode se tornar bela. há no inumano humano algo de luto, fraga & sol que numa incerta hora aflora.

arestas: em contrapartida, há pessoas que se fazem mais feias que supostamente já são. ou, por outras vias, há aquelas cuja beleza excede pedindo punição, porém os deuses faz tempos felizmente não moram mais aqui.

coração: a graça da garça é não habitar gaiolas, evitando as barras e não se prendendo a nada, só ao vôo e à caça.

pontual: beira e dói muito, c'est tout.

circunstâncias: beira-mar, beira-rio, beira-dor aguda, eis tudo.

(05.IV.05, itabuna)

descrença
(amoral)

> a *"natureza pecaminosa"* do homem não é um fato, mas apenas
> a interpretação de um fato, ou seja uma má disposição fisiológica.
>
> friedrich nietzsche, genealogia da moral

sismos: cabe provocar o espectador/leitor/público em geral da poltrona televisiva/teatral/da leitura e torná-lo *interator*, apto a suas impossíveis decisões.

depravações: retirado de uma famosa frase de nelson rodrigues: a moral devora a si própria como um glutão se refestela com uma hóstia. só um cristão fervoroso consegue ser depravado o suficiente. basta considerar mapplethorpe e warhol, ardorosos praticantes em todos os sentidos, especialmente "aqueles".

moto: o ato simplíssimo de morrer deveria ser encarado como seus equivalentes comer, dormir, sonhar. o susto talvez se deva a que ele aparentemente interrompe todos os outros. esquecemos que segundo machado-brás cubas dormir é a forma interina de morrer; e também que segundo proust desde criança morremos inúmeras vezes. para continuar a viver, diria eu. ainda marcel: dizemos morte para simplificar, mas há praticamente tantas mortes quanto pessoas.

moral: o cristianismo seria esta religião diabolicamente pagã e celeste que nos obriga a adorar cruzes como se fossem falos e seios, a gozar mentalmente através da prece em vez das sagradas orgias, evoé! a beber vinho como sangue e a ingerir hóstia como carne. a isso se chama com inocência de *transubstanciação*: este é meu corpo. daí à autoflagelação é só um passo, como prova candidamente a vida exemplar dos santos e mesmo a de um deus que se deixou imolar para salvar suas próprias criaturas...

(06.IV.05)

língua
(esferográfica)

projeção: num desses bons encontros casuais, ld* lembrou que eu morava na infância ao lado do cine camacã. toda uma rapsódia existencial que me deixou um travo épico na íris.

abrupto: são três horas da madrugada, cães ladram, galos anunciam, vagabundos vagueiam. reencantos.

fundição: o espanhol e o português têm a chance única de um verbo que corrói à maravilha toda e qualquer ontologia fundamental do ser – o *estar*. com essa diverbia atingimos a imanente transcendência: o *ser-estar-lá*, que é sempre "fissurado". aqui, agora e mais além. tal um menino ou uma menina de "lá" (onde mesmo?), em rosa.

(06.IV.05)

sexus
(nexus)

fonte: longa arte, long'arte, a arte dos alongamentos – vidabreve, breviário vital é o corpo eterno em sua potente finitude.

bico-de-pena: como é difícil desenhar pedra! furta-se aos dedos, ao grafite, à técnica, e por isso mesmo apaixona, exigindo reinstrução da mão em sentido contrário ao habitual. o desenho decerto virá pelo avesso – da tela, tal o gesto de picasso no filme de clouzot.

nexo: como caravaggio, como sade, freud, picasso, nelson, como gaultier, consigo ver sexo em tudo, sem que todavia isso queira dizer "genitália", mas também esta com certeza. cachimbos são mais que cachimbos, rosas são mais que rosas, e assim por diante, embora tenha sido dito, com razão, que muitas vezes um cachimbo é só um cachimbo. para que sempre interpretar?

alimento: sexo seria a hóstia e o vinho da alma fabricados pelo *im*próprio corpo.

(s/d)

parênteses
(paratáticos)

instalação: estar numa sala (de estar justamente), num hall, numa galeria, desde que esvaziados de todo o resto (o mundo noves fora, a um só tempo presente e ausente, em esfinge). considero o desenho das linhas, o corpo suspenso, como delicada intrusão no sereno.

têmpera: estar explícito talvez seja a forma mais clara de sutilmente passar despercebido, um suspiro na madrugada.

compromisso: por enquanto estou esperando o inusitado, marcamos encontro em local desconhecido mas bem evidente, num dia desses.

mudança: por sugestão de nl*, retirei *(escrever/esquecer)* de "narciso (partido)". ficaram as marcas da supressão, um lapso a mais.

adendo: poderia acrescentar, na mesma clave, *(publicar/perecer)*...

(08/09.IV.05 e 19.VI.06)

lavandas
(toques)

tecelagem: por vezes tocando o corpo da mãe enferma sinto tocar-me a mim mesmo, como borboleta que voltasse ao casulo mas permanecesse exterior a ele, seda sutil.

alvíssaras: y* ficou feliz e surpresa ao saber que eu já tinha escrito grande parte deste infamiliar, antigo lápis, apesar da adversidade. disse-lhe que do fundo da depressão só conseguia reler bandeira e escrever escrever escrever, como forma-limite de sobrevivência. na tristeza profunda mais uma vez a escrita me sustentou, porém foi apenas um jato mal e mal revisto, agora importa reescrever sem parar. a lenta recuperação da mãe traz alegria progressiva, alento.

partos: dar a luz à mãe é a chance única de um filho. dar à luz a mãe doando-me simultaneamente um pouco de claridade no túnel veloz da casa de saúde, eis o evento de tirar o fôlego, que a vida me deu sem pedir nada em troca. um puro dom. amor.

(08/09.IV.05)

brincadeiras
(instruções)

topografias: virtude seria perder a mestria em pleno domínio, como um piloto que decidisse conduzir às cegas sem ligar o automático, seguindo o roteiro dos relevos íntimos, a paisagem exterior *e* a interior conectadas em alucinante intensidade.

confluência: o reescritor seria um emulador, de si e de outros. também de si como outro. daí transcritor-tradutor.

auto-retrato: assim, tempos mais tarde continuando a emular picasso, passou bacon igualmente a imitador de si. o reescritor-transcritor se imita traduzindo-se como o autor contradito de sua criação, segundo turvos espelhos e outras fantasias. do ponto de vista estético, seria um incriado, como se diria um imoralista, do ponto de vista ético.

estilete: amador de perez desde os anos 80, o que faço, se valor tiver, estará de algum modo ligado ao que ele risca, performando a partir de figuras mais ou menos "clássicas", mais ou menos "modernas". seria o "inclassificável", se este não fosse mais um item de taxonomia.

(09.IV.05)

decomposição
(reticências)

> *estou decompondo*
> *tom jobim, quando lhe*
> *perguntavam se*
> *andava compondo*

estas são as **desmemórias** da caderneta azul – fino e transparente suporte.

poderes: o que emerge na tela vem da superfície ou detrás dela? quem é o deus que comanda fora da cena e por dentro da máquina? ou somos deuses sem deus? "nós" inumanos humanos do porvir...

pixels: vale a tela digital a tela do pintor? certamente mais que uma questão de programa ou de peso...

cola: quando alguém escreve, há sempre outra pessoa escrevendo com ele por sobre os ombros, quando alguém pinta – atesta magritte –, há sempre um outro, quando alguém dirige, navega, etc. em suma, nunca se está só numa embarcação. há sempre outras mãos, pernas, braços sobrenavegando, dirigindo, desenhando, pintando, escrevendo. redigir, traçar, *decompor* seria, pois, buscar companhias a bordo de um navio fantasma.

(10.IV.05, provisoriamente no vôo porto seguro–sp, em trajetória para o rio)

canteiro
(obras)

o **diário** seria mesmo o gênero dos gêneros, onde cabem cópias, notícias, reportagens, entrevistas ao vivo, densos relatos – toda uma resenha do chamado dia-a-dia, que cotidianamente *assalta*, mas nunca da vida inteira. exerço, pois, uma função de auto-observação do entorno. digo as maiores verdades como disfarce de segredos inconfessáveis. creiam em mim, é tudo o que peço à fina senhora, ao distinto senhor.

ócio: vale não fetichizar nenhum gênero, vale não desprezar nenhum gênero. eis a dobradiça que nos liga à *quase* impossível tarefa de amar a poesia sem idolatria, o romance sem adoração, a peça, o ensaio sem idealizações. os gêneros são como pedras de dominó, para serem jogados, decantados, recombinados, transmutados. fixar-se em gênero pode ser momentaneamente importante. prender-se em definitivo a um só é mortal. esvai-se de tédio, sem mais sabor. bom mesmo é mudar – de pele, de nome, de existência. há muitas encarnações ainda não vividas.

cegueira (II): convivemos muito bem "eu" e meus duplos, cegos uns para o outro. eles o são de nascença, já "eu" sou cego de existência, talvez por jamais poder contemplá-los. assim nunca nos vimos sempre nos amamos. sendo aproximadamente mil trezentos e cinqüenta, muitas vezes atravessamos o espelho ao nosso desconhecimento. um dia marcaremos encontro para enfim nos entrevermos todos ao mesmo tempo.

pseudo **flash-back**: a vida no retrovisor em pedaços.

artérias: cadáver estelar de uma supernova. pulsar ou buraco negro, insondáveis.

(10.IV.05, na sala de espera para o embarque em congonhas de volta ao rio)

canteiro
(flores)

entretenimento: a bigbrotherização da cultura é o eu ou o nós ou o eles convertido em espetáculo. registro aqui, diferentemente, apenas uma explosão do eu em cadáver estelar, novamente entrevisto em pulsares ou em buracos negros. pulsar: astro ultracompactado feito primordialmente de nêutrons que emite altas doses de radiação em intervalos regulares. buraco negro: objeto ainda mais compacto em cuja superfície a gravidade é tão potente que nem a luz consegue escapar, daí o nome. sonhar, pois, com a transmissão direta do eu, sem espetáculo nem gravidade alguma. pura radiação.

da existência de deus: acredito no deus de spinoza, revelado na harmonia de tudo o que existe, mas não em um deus que se preocupa com o destino e com as ações dos homens (einstein, telegrama). pensador da dissonante harmonia de tudo, um tal deus foi o primeiro a pulverizar.

cores: posso amar o rosa, o verde, o amarelo e uma infinidade de tons, semitons, a-tons mas minha cor desnatural é o azul do azul do azul sobre rubro.

lilases: o volume assemelha um canteiro desativado cujas flores não fenecem jamais.

movência: tudo então são ficções diárias, ou seja, *infixões*, deslizes, rolagens de um eu e seus outros. até onde.

(23/25.VI.05)

foco
(telão)

abjeção: mas o que é na verdade o "abjeto"? pode ser um obje-
to a um só tempo abjeto e digamos excelso? chegar às raias da
abjeção talvez seja um modo de atingir o sem-sentido. o primei-
ro romance dos catorze anos, que nasceu um clássico abortado,
se chamou aberração, leia-se também a-berração, daí o berro e
o uivo originários conjugados a uma alegria incontida. em meu
arquivo real/virtual, tais palavras desempenham papel estrito.
papéis ou papelão como num quadro (?) de tàpies, em que bor-
rões de gordura expõem a delicadeza insustentável da caixa de
mercadorias, arquivando do mais banal até a abjeta-e-excelsa
(história) da (arte). simplesmente sublime.

televisão: pela janela e através da varanda, à distância em at-
mosfera crepom, vejo o verde das lâminas desfolhando e re-
florando mil vezes matisse. ou no mínimo um feliz bonnard,
l'art du bonheur.

ademais: como traduzir a experiência, no limite do trágico, do
aliás? como traduzir esse indizível aliás quando alguém quer
acrescentar, contradizendo algo proferido antes? um acréscimo
que desvirtua o dito...

milagres ateus: o inacreditável aconteceu. a mãe está respi-
rando praticamente sem aparelhos, o sopro vital triunfa apesar
do a pesar.

(12.IV.05)

filologia
(negativa)

derrapagens: não existe na história nenhum grande pensador que tenha lido "bem" um outro. aristóteles leu muito mal platão, embora quisesse aparentar-se com ele. porém, se tivesse seguido as idéias do mestre à letra, aristóteles, jamais inventaria qualquer pensamento próprio. pois a propriedade ou impropriedade de um pensamento parece depender de um "erro" fundamental de leitura. um bom helenista sabe perfeitamente o quanto nietzsche, que defendia a filologia como grande arte, se equivocou a respeito dos gregos. essa polêmica teve lugar quando da publicação do nascimento da tragédia. sua filologia histórica era inventiva demais para dar conta de qualquer verdade positiva. a verdade interpretada talvez não possa ser mais considerada como verdade, diriam os sábios...

hegel seria outro excelente exemplo, extremamente parcial em suas apreciações, mas denso e desconcertante em suas invenções e descobertas histórico-filosóficas, quer dizer, pessoais. nele, a apreciação histórica permanece um ideal. o mesmo se pode dizer de heidegger, que traiu simultaneamente os gregos, hegel e nietzsche. sobre este escreveu algumas das páginas mais injustas e incorretas da história da filosofia. e por isso deve-se ler sobretudo heidegger quando este supostamente está lendo nietzsche, hegel e os gregos.

assim, é por um deslize nada acidental que um novo pensamento se forma, aparentemente repetindo as figuras que o precedem mas inscrevendo algo totalmente diferente. aberrante mesmo. o que se chama de "tradição", muito longe de ser um colóquio sereno de grandes mestres, é na verdade o embate de forças *quase* cegas, movidas pela paixão do saber. nisso residem as luzes ofuscantes da razão.

unplugged: diante do curto-circuito, puxo o fio da tomada e digo sim! para isso é preciso muitas vezes entortar a sintaxe enlouquecer a pontuação alucinar o aparelho que me azucrina – desligado...

(15.IV.05)

rumor
(louça)

desfolhagem: é sempre o leitor quem reconhece a firma, confirmando ou infirmando o dom.

destinação: este pode ser considerado um livro conceitual, desde que livro e conceito sejam remexidos. todo conceito possui a materialidade própria aos livros e às casas, ruas, trens, nunca afigurando totalmente abstrato. todo livro é investido conceitualmente, mesmo os que se definem como não-téoricos. pois não se escrevem livros sem porquês, para quês, com quem, para quem, tais como os conceitos. e por isso amo os *títulos*, oficiais e alternativos, como índices mais gerais do conceito que sustenta cada livro. livro e conceito se dão em aberto – uma construção a ser desfeita e refeita no ato da leitura. o ato livre de ler pode ser o desmonte do livro-conceito, título após título (incluindo os subtítulos). ler seria então desfazer e remontar numa ordem imprevista. de cá para lá, de lá para cá, em todos os sentidos.

locais de fratura: hospitais, abatedouros, estações rodoviárias, gares, porões de tortura, ilhas, campos de concentração, enfermarias.

(16.IV.05)

acaso
(por)

imperativo: para existir, a obra de arte total teria que fazer em pedaços a "obra" e conseqüentemente a "arte".
– se isso acontecer, não será mais total...
– nem muito menos arte... nem obra...

vôos: gozo em ver as datas fixando marcos, tais pequenas balizas
– à deriva, seriam marcas marinhas as pequeníssimas datações ou pássaros revoantes na contraluz ∧∧∧∧∧∧∧∧∧∧∧∧∧∧∧∧∧∧∧∧∧∧∧∧

seqüência não-fatal: queria seguir seguir seguir uma linha que não desse no eu nem muito menos no umbigo, uma linha assim de "nós" sem nós – alinha ———————————

abalos: valeria fazer do amor um autêntico e muito intencional achado, cuja cifra poderia ser x*, mas diante desse sentimento toda intenção boa ou má fracassa, só sobram atitudes, ímpetos, emoções, o que *comove*.

(21.IV.05)

criação
(puericultura)

– você sabe, existe esse jogo que se chama de cabra-cega...

– claro, costumava brincar muito quando criança.

– não sei se as crianças de hoje ainda brincam, a cultura dos games provavelmente matou a cirandinha, o passa-meu-anelzinho-bem-devagarinho, o esconde-esconde, a estátua, o pirulito-que-bate-bate, escravos-de-jó, o-que-é-o-que-é, e outras adivinhas.

– pois é, mas não sinto saudade de nada. se fosse assim pararíamos nas brincadeiras do século 19, e a infância da arte não daria um passo.

– concordo inteiramente, mas é que sempre fui fascinado pelo título cabra-cega, por que cabra?

– sei lá, talvez porque as cabras são meio estabanadas, saem dando chifradas por aí, às cegas. (risos)

– pode ser, pode não ser. mas desde então a idéia de cegueira me fascina, poder tocar as coisas sem a exata noção do que são ou fazem. na escuridão todo nome é pardo, inespecífico.

– acabávamos estranhando a realidade por pura diversão.

– e podíamos ficar horas nisso, vendados e tocando os objetos-nada.

– um grande vazio, salto no escuro.

– a escrita no escuro deve ter começado aí, nesse sondar muito sonso...

– muito erótico!

– não é à toa que as crianças podem repetir o mesmo jogo durante horas.

– não fossem os pais, durante dias.

– meses, anos, eras.

– por nós, ficaríamos para sempre na sala de estar, cabracegando.

– sem parar...

(25.IV.05)

panos
(velas)

fachos: a mãe em seu leito de vida carece o tempo todo de um paninho, tipo essas fraldas-neném com motivos simplezinhos, barco, sol, cara, lua, pião. é seu salvo-conduto de sobrevida, sem o qual naufragaria mais cedo. um objeto-afeição como bóia e amparo, farol de alegria, luzindo no grande túnel (que louise bourgeois soube obscuramente esculpir a fogo e ferro). o paninho é seu elo de contato, umbilical, atando-a ao mundo, a nós, canal de franca comunicação amor amor amor. o paninho é também sua caderneta azul, onde inscreve sutilíssimas anotações, sinais de recuperação.

ligas: os lugares onde morei, trabalhei, amei, em suma, vivi, são todos meus, estão todos *em mim fora de mim*. daí não haver ressentimentos nem nostalgia, mas a marca de um contato permanente, suaves tatuagens, emanando calor, sem drama.

clarabóias: o desejo de luz não é nem um pouco contraditório em relação ao escrever no escuro, tudo é uma questão de *estar* (refiro veladamente o que diz mário de andrade a respeito de fantasia, de disney). queria mesmo era rasgar janelas para o alto, sem programa ou roteiro, apenas a respiração desintoxicante, partilhando uma comunidade a céu aberto, sem romantismos contudo, bem pé na terra, chão. talvez como os impressionistas que pintavam en plein air.

(25.IV.05)

repente
(arenas)

funeral marítimo: amo o agora da ágora, a finitude dos espaços abertos. eu que temo ser enterrado vivo, tragado pela fantasia absoluta da claustrofobia. seria reviver no pior escuro de volta ao útero. prefiro virar cinza e ser lançado ao mar – o único verdadeiro jazigo para um vivente, cemitério marinho, espaço de navegar profundamente sem possível regresso nem nostalgia. no vasto oceano não há mais praia, só vagas, imensidades.

diversão: em verdade vos digo o eu-objeto é só uma alucinação, por assim dizer uma função do "ele", que nos une. já pela diferença para comigo, o eu é incrivelmente diviso, um tanto suspenso de si. eu sou quem não sou, mesmo e outro.

engasgo: não há pensamento-poesia sem essa sombra silenciosa que nos acompanha do berço ao túmulo, do ano zero aos oitenta, noventa, cem. é ela mesma que nos faz amar a vida com intensidade, como se por contraste desse todo o relevo, tal um inusitado tempero cujo travo.

combates: lutar só valeria a pena se fosse pelo sabor do corpo alheio, desejo em cascata, a bênção do prazer, clarão da noite, escura espuma do dia. branduras.

(27.IV.05)

167

pregnância
(intraduzível)

ressurreição: hoje a mãe abriu os olhos e segundo a irmã foi como se estivesse despertando de sono profundo. falei com ela ao telefone, ou antes, ela me ouviu. fiquei encantado do outro lado da linha, como quem sonambula em voz alta. ri muito, parei, ri de novo. o riso que ela tanto ama.

fórmula: há muito desisti de entender o que é a vida. só interessa saber quanto e como se vive, até.

soltura: mais de um estilo mais de um registro mais de uma pontuação, por vezes pontuação alguma. é preciso escrever sempre em mais de uma língua e sonhar ser lido em todas. delírio absoluto de tradução, inarredável, conquanto.

idiossincrasia: para suportar a ausência de significado, inventamos o nome do sentido absoluto, Deus.

rebatismo: o arquivo que anota estas coisas foi renomeado como *estúdio*, mais prosaico e artesanal que o nobre ateliê. um deslocalizado local de estudo e reescrita, sem mais. barquinho de papel à deriva, transcrevendo.

parto: acompanhamos sempre o que passa, desfilando à vista. mas reluz mesmo o que não passa, estando ainda por vir. o real acontecer depende da gravidez sem gravidade futura. o evento é um *furo*, como se diz nos jornais.

(02.V.05)

janela
(desdobrável)

carga: tenho também um estúdio portátil, de bolso mesmo, a já referida caderneta azul, que é também um vasto laboratório, onde *me experimento* em qualquer lugar público ou privado.

bolso: em casa ou na rua o estúdio é uma extensão do corpo, que se torna assim também facilmente portátil, dobrável, compacto, adaptável às mais diversas situações. estou permanentemente em-estúdio, embora deseje por vezes rasgar.

aragens: não entendo como virginia woolf queria um teto todo seu. os melhores escritórios são sem-teto, ao vento das praças, paredes abaixo como em certos cenários magritte. muito mais amplo que qualquer loft.

resistência: ficar sempre aquém ou além da própria agenda é um modo de ocupar a sala de estar sem desistir.

desdobramentos: meus ossos de borracha, meu crânio de papel, minha carne de terracota, meu sangue de tinta derramam-se em tantas matérias. vivo do que copio até a borra dos tempos. transcrevo sem prescrever.

(03.V.05)

oxigênio
(impressão)

desvio para o azul: a nem tão novíssima arte eletrônica radicaliza, em blogues e flogues, o disperso roteiro da esferográfica, da máquina de escrever e da câmera fotográfica. sou e não sou o que rabisco.

edição: esta minha autobiografia desautorizada, ai de mim, ai de nós.

polilóquio interior: amanheço todos os dias multivox – as vozes do sonho me acompanham no café, no almoço, no jantar, em todas as refeições da jornada. a maior parte das vezes falam por mim, finjo-me ventríloquo e deixo suas palavras em liberdade.

motim: o sonho é o melhor laboratório de experimentação, atropelando o diretor com sua galeria de espectros.

singularidade: quantas portas abre uma palavra-chave?

(03.V.05)

apelos
(celulares)

pedagogia: segundo a irmã, a mãe estaria desistindo. ou não. tudo o que ela nos tem dado nestes dias de dor é a lição da mais-vida. a mais-vida reavalia a existência na prática como provação e desejo. uma alegria que brota mesmo no âmago do sofrimento. na quinta-feira a mãe estava jubilosa e não havia nisso nenhum auto-engano, nada mais nada menos do que a teia de sensações que nos mantém vivos. talvez apenas agora ela de fato nos ensine a viver, pois se aprende com a vida nos momentos liminares em que a outra espreita, a ridente. eis a heterodidática que as células e as abelhas bem conhecem. é talvez na hora mesma de partir que é preciso passar o legado, e o único código que a ávida vida conhece é mais-vida, sempre mais, para o bem geral dos superviventes. todos nós.

intervalo: precisei me afastar provisoriamente do quadro hospitalar para superviver através dela, transcrevendo esta vida exemplar, amostra do que a vida de fato é, longe dos gabinetes. o modo como sua mão segurou a minha, como acariciou meu rosto, como a boca sussurrou te-amo-muito me faz ser o que fui, o que sou, o que serei, para cada vez mais alerta prosseguir. daí não creio que tenha desistido, deu só uma pausa para recuperar forças e continuar, com amor. e continua...

conversações: ... falo com ela regularmente por celular nos últimos dias. incrível o que as novas tecnologias permitem, comunicação direta com o afeto. máquinas podem sim canalizar o amor. ainda esta semana nos reencontraremos.
(insinua-se novamente a vida com as paletas da dor e do sorriso, pincelando ao acaso manchas, "senões" & alvíssaras. de quando em quando é preciso retornar às mesmas cenas que nunca mais serão as mesmas. daí a reescrita ser uma partida desde logo perdida. o fim de jogo é logo "ali".)

(04.V.05, no rio)

recursos
(roseta)

mineralograma é um exame sofisticadíssimo que detecta as vitaminas, os sais, os aminoácidos, sobretudo os metais que se encontram num vivente. é realizado com uma caneta metálica que toca as extremidades do corpo, e em meia hora se sabe de que este é composto. terei em pouco mais de trinta minutos minha mineralografia, com quantas pedras foram me fazendo.

contatos: o mineralograma registra a passagem do inorgânico ao orgânico, e vice-versa. quantas minas estão em mim, eis talvez o mapa. (impossível não lembrar, por livre-associação sonora, os murilogramas.)

parágrafo: muitas vezes pouco antes de dormir, como agora, os terminais desligados, a tela apagada, vem a inopinada idéia, obsessiva. recorro à caderneta azul, versão "acústica" da escrita.

(s/d, 00:00)

pegada
(gruta)

detector: gostaria de publicar estas *respirações* com suas marcas, ranhuras, borrões, cortes, deslizes, tudo o que normalmente na versão entregue ao público se apaga. mas temo que se tornem ilegíveis a olho nu. seria preciso inventar um dispositivo ótico-mental que permitisse ler a pulsação escrita e ao mesmo tempo sua rasura. algo assim como uma decodificação em múltiplos estratos, passando por camadas e camadas de escritos. será esse o princípio do hipertexto ou o termo não basta?

caça: no fundo tudo já se encontra nos livros que leio, ou li. apenas suo para fisgar, à tona ou em profundidade, transcrevendo. só que os livros mencionados não se encerram mais nos cobiçados paralelepípedos. "meus" livros são tão naturais quanto culturais, "literários", espalhados por aí.

mediateca: já os livros "livros" são sobretudo volumes com que me relaciono corporalmente. se um dia perderem a função digamos comunicativa que agora têm (espero que isso nunca aconteça) não sentirei nenhuma nostalgia, pois funcionarão como pequenas esculturas em casa. sólidos. pois livro rasga lugar em qualquer interior, acoplando-se de imediato a estruturas que não são necessariamente encadernadas. mesmo fechado, encontra-se sempre aberto – à aventura.
livro nunca está preso à dimensão causal. faz-se com os acasos que o desfolham de uma margem a outra, e mais outra, como jatos de sêmen incontrolável. ler assim arremeda jaculatória. daí o branco da página na vacância ao engendrar se desdobra.

(07.V.05, porto seguro–eunápolis–itabuna)

paralelos
(disfunções)

rapidez: tudo gira em segundos, o anonimato de ontem vira a celebridade de hoje, e assim sucessivamente.

equação: pequeno grande enigma de *minha* existência: fui fabricado em série, como todo mundo. então como ser serial e ao mesmo tempo único?

resvalo: escrever no escuro não parece bom alvo. não sei onde vai dar, atravesso túneis, estradas, pontes, caio em negríssimos buracos.

homem: está em paz, está vivo. olha pessoas, gente, vê, é visto. mas quem é mesmo não se contempla adequadamente. "eu" é invisível com seu olho nu.

(08.V.05, itabuna, hotel royal)

decisões
(ciclos)

quereres: há pessoas queridas que serão sempre apenas queridas, sem necessidade de troca de qualquer espécie, sem buscar compreensão do que fizemos juntos ou separados. sem *interpretar*.

opção?: se gosto ou não gosto, pouco importa. é mesmo o gostar que gosta em mim. não tenho escolha.

seqüência: por que recorremos à palavra etc. em vez de continuarmos a enumerar sem termo? 1- por preguiça, 2- por amor às coisas inumeráveis, 3- por ódio a inúmeras outras coisas, 4- por indiferença estética, 5- nra, 6- etc.

"os gatos": quem se diz tão solar escreve cada vez mais escuro. na verdade prefere o lusco-fusco da madrugada ou do comecinho da noite, quando tudo é pardo, raro, aflorando contrastes.

ganas: como ad*, queria também transcrever e publicar literalmente meus sonhos. por enquanto só publico os sonhos que invento.

(08.V.05, itabuna, hotel royal)

mácula
(espéculo)

faturas: de um modo ou de outro, os objetos da cultura, a arte entre eles, constituem ready-mades, inclusive os próprios de duchamp. tudo está, sempre esteve, manufaturado e por ser re-feito, des-feito mesmo se contrafeito. em modo de espera ou situação de pronta entrega. salvo se. ou seja, deve haver um ponto, um só, em que nada antes havia. e isso é realmente tudo.

tessitura: porque o pensamento, se existe, parece ser sempre dessimétrico, incongruente com o que o senso comum supõe ser a verdade histórica, algo em si mesmo, neutro. até o historiador, sobretudo o medíocre, cai no engodo da verdade factual. os fatos, sabemos, vêm sempre revestidos de interpretações, nunca nus. só são fatos as interpretações de fato. só se torna um fato aquilo que foi interpretado e transmitido, sob *n* suportes documentais: cartas, testemunhos, ficções, entrevistas, tratados, pintura, ensaio, fotografia, cinema, escultura, vídeo, etc.

secreção: os fatos positivos são interpretações que se querem não-interpretativas, naturais. abundam na mídia impressa. mas há jornalismo inventivo, ou seja, que indaga, e não apenas afirma dogmaticamente. a verdade absoluta dos fatos se assemelha ao que os marxistas não faz muito tempo atribuíam à ideologia. existe certamente uma ideologia dos fatos. ouço com freqüência alguns cabotinos: vamos a eles!

punções: o pensamento atravessa os fatos, sem se reduzir à ideologia da verdade. o pensamento escrito-falado se marca por meio do que outrora se chamava de estilo, a ponta aguda que fere e abre caminho. a dor, ensinou-nos freud, desbrava trilhas que dão muito a pensar.

inflexão: dito isso, posso imaginar uma instância sem fatos nem interpretações puros. algo que contrariaria a natureza das coisas.

(17.V.05)

cirurgia
(chinesa)

moinhos: a única serventia de sofrer é fazer pensar. em si mesmo é inútil, embrutecedor, dizem blanchot e sartre. passaríamos muito bem sem a dor, se não fizesse refletir. mas essa não é uma função no sentido próprio do termo, é antes uma necessidade corporal. dói-se, remói-se e pensa-se, mas o que impera é o prazer aquém ou além da dor. o prazer é o pensamento livre do impulso da dor, quando esta é suspensa ou se extingue de vez. pensar tem como resultado ser leve, potente, e causar muito prazer, mesmo que se origine na dor. em suma, pensar não pesa, e viver é o vero bem.

agudez: sublinho, se não fui claro, nem todo pensamento vem da dor, o prazer é mais originário que esta, mas em muitos casos ela aguça a lâmina do pensamento. a dor adestra e dá flexibilidade, quando não enrijece, é claro. depende da dor de cada um, e de seus nervos. e também muito provavelmente da experiência *sofrida*.

farpas: excesso de dor, e nada de pensamento. bloqueio, desilusão, suicídio ao cabo. pequenos traumas fazem pensar, já sofrimentos absurdos anulam a força vital. é preciso transformar a dor para poder pensar, com a leveza que o corpo pede, e sem a qual não há gozo nem transe.

felinos: a natureza só dá seus pequenos saltos com a assimetria da matéria. sem isso o universo interromperia suas expansões e afetos, não estaria no multiverso, que mal conhecemos. princípio de movimento, mexe-se para "ajustar", mas o ajuste pode gerar novos desajustes e o maquinário não pára. daí vivemos, entre prazer e dor, pensando e dando a pensar, entre matérias e conexões. vivos, tontos, espertos, tudo misturadamente.

(17.V.05)

teste
(faro)

sensitiva: por vezes capto o multiverso realmente como casca de noz – partida. uma casca de noz com afeições, reagindo ao mínimo toque. um cérebro como caroço cheio de veias, provido de hiperracionalidade e de hipersensibilidade. tudo nele age e articula, do máximo micro, o nano, ao mínimo macro, o extra-hiper-ultra. e nele contamos como partículas de pensamento-sensação. somos os átomos pensantes e não os caniços pensantes, como queria pascal, do multiverso... as erratas pensantes, sim, machado está certo, pensar é errar. mas pensantes como as amebas, como os cetáceos, como os répteis, as bactérias e os batráquios. a vida (se) pensa.

primazia: a vida talvez seja o pensamento do multiverso, mas sou tentado a imaginar que existe pensamento além da vida... quem sabe mesmo a matéria supostamente inerte pensa? todavia o que está realmente imóvel, indagaria machado-brás cubas, as pirâmides do egito, a lua, a via láctea, os pilares da criação, os universos paralelos, os buracos negros, as supernovas, o berçário de estrelas? tudo o que move é sagrado porque pensa, então tudo pensa, embora não saiba que pensa. o pior sofrimento é ignorar que se sente-pensa, aí viver se torna reação, niilismo, mórbida descrença, melancolia estéril. as supernovas sabem, donde a grande explosão, o parto de luz.

zumbis: querer não morrer não basta, pois o que determina a morte ou a sobrevida é um conjunto de forças que está além da vontade. pode-se e freqüentemente acontece morrer em vida, isso significa que a correlação das forças resultou num aniquilamento geral.

liga: o que decide a sobrevida do corpo-alma é a capacidade de agenciar forças em proveito do mais-viver, não cedendo em nada ao niilismo. viver deveria ser infatigável.

(17.V.05)

gravatas
(cortinas)

insolvência: a vida nunca se resolve, e é por isso mesmo que ela resiste e resta como resíduo de tudo. a solvência da vida seria sua dissolução, e esta existe com o nome solene de morte, que chega mais de uma vez no coração do vivo, permanecendo contudo insolvente até a "solução final". porém talvez nunca haja solução final, pois em um ponto qualquer a vida, mesmo quando não existirmos mais individualmente, resolverá dar continuidade ao processo. a interrupção momentânea é parte da coisa, a isso se chama solução *de* continuidade. como um desfalecimento que revigora.

ziguezague: os relógios são o gozo do tempo contínuo e linear, cumprindo bem a função de divisão crônica. caberia inventar cronômetros que medissem o espacitempo e não mais apenas uma só instância. o inventor de tal aparelho se confundiria com a matéria pretensamente medida. como mensurar o que não prossegue apenas em linha reta, mas atua em todos os sentidos?

contrapontos: o trágico da existência repousa nas interpretações, limitadas e inelutáveis. mas há, deve haver, o que escapa.

asas: a alegria da vida reside nas deduções e induções. palpáveis, esvoaçantes.

cena: mais que qualquer máscara, um rosto mudo permite todas as elucubrações. nunca se sabe o que se passa atrás do silêncio-muro.

transportes: traduzo-me todos os dias para uma língua estrangeira, cujo código entretanto não domino. permaneço assim desconhecido. encontrarei algum dia a melhor versão? quem me verte melhor, por bem ou à revelia, é sempre quem ignoro?

em que idioma mesmo nasci, em qual irei morrer? eis a tarefa a que me entrego do alto de oito andares, enquanto a janela recorta o garoto que foi à padaria.

(18.V.05)

linha
(vital)

pássaros: em seu leito de vida a mãe enviava sistematicamente beijos aos passantes médicos e enfermeiras, tontos transeuntes, prolongando assim indefinidamente o duplo fio condutor até o fim ═══════════════════════════════════

(25.V.05)

impossível
(luto)

eternidade: o acontecimento absoluto do adeus é o instante de afirmação total da vida. intensamente alegre em sua dor, vira júbilo involuntário, certeza da mais-vida de quem amamos – agora para sempre *em nós fora de nós*. "aqui", dura e diminuta palavra.

atropelo: na vida, a morte vem realmente e de modo enviesado, sempre de inopino mesmo quando se aguarda.

partida: a vontade de morrer é o desejo que insinua sua realização, vindo porém como não-desejo, jogada involuntária no tabuleiro cujo mestre. pura iminência, sem chaves.

expertise: como bergman anos depois, duchamp muito cedo decidiu-se por ser jogador de xadrez. ambos entraram nesta sabendo que a partida estava de antemão perdida. mas jogaram sem pena nem medo até o final. um dos parceiros ainda está vivo.

selar: sou muito feliz – quem disse isto pouco antes de ir? eis a melhor jogada, mesmo perdendo sou feliz. o bom jogador ganha sempre, sobretudo quando parece definitivamente derrotado. basta ver o sétimo selo, de bergman, um lance fatal, previsível mas que requisitou hábeis jogadores, dentre eles o mais sábio, a morte.

alianças: temo mais o ganho tolo que a perda que desestrutura para reconfigurar o tabuleiro. hoje passei o dia a repensar jogadas, sabendo que a decisão virá a partir de certa insapiência, despreparo sem alento. porém, sem saber, é preciso fazer tudo para dar certo. aí sim estou de fato jogando e não posando de astro ou político. sou este homem comum que ama o jogo por si mesmo, como possibilidade aguda de encontro com outros, meu xará, minha parceira, meus chapas.

voltas: morte é o nome da mais intensa viagem. sem retorno.

duração: o sem-retorno é, pois, o outro nome da morte, que o cristianismo mascara sob o nome de ressurreição. ora, ora, os mortos estão desde sempre ressurrectos, no coração de quem ficou ou de quem vai partir já, já.

cognatos: há o inefável e o nefando, ambos por assim dizer indizíveis. entre os dois, estende-se um oceano de sentido, sentimento e dúvida. seriam falsos irmãos.

(26/29.V.05)

metrô
(reclame)

marketing: não se iludam, não se iludam, o mundo é um grande empreendimento, comandado por algumas poucas corporações. basta seguir as siglas, coca-cola, microsoft, ibm, sony, levi's, mcdonald's, toshiba, ford, volkswagen, embraer, suzuki, citroën, bmw, aiwa, symantec, petrobras.

baskiat: a paternidade e a maternidade parecem se definir pelo simples atributo de uma dívida sem fim, por definição irresgatável. daí o parricídio, o matricídio, o suicídio e o incesto serem apenas bufonerias derivadas do categórico imperativo da vida: não tem retorno. a semente não tem como voltar à fonte, a não ser de modo alucinatório. única solução, única saúde, o afastamento progressivo da origem, a traição fiel, a paixão do destino. amar ou odiar excessivamente os pais é estar preso a uma imago irreversível, incapaz de dar um passo, estátua e esfinge de sua própria história. e se a dívida não pode ser remida, o gozo está em aumentá-la ao infinito, sem culpas. chamaria isso de amor natural, que também pode ser selvagemente civilizado.

desfiliação: há algo de terra e ar no fato de ser filho de. torna-se uma semente despregada da haste, à solta, toda dentes e sonho.

antídoto: para ser realmente *diário*, é preciso que não se torne mero registro de sentimentos e casos, escrita expressivista, aborrecida. a diferença seria, entre outras coisas, que esta última pode virar obrigação emocional, confessionário obsessivo, enquanto o primeiro *urge*, inescapável e aberrante. já disse, é tudo verdade, mesmo ou sobretudo o que invento... só a ficção está de fato apta a prestar contas do real.

(31.V.05)

champollion
(enquete)

lá: quando perco um livro, fico dias olhando o lugar vazio, como se ele devesse estar ali. mas nem é certo que "ali" foi o lugar em que o perdi, e além disso, enquanto não o encontrar como ter certeza que o perdi, sobretudo "ali"? escolho entretanto um vazio qualquer e fico evocando a forma ausente do livro que sobretudo não está, talvez nunca tenha estado, "ali". (quando a mona lisa foi subtraída do louvre, os visitantes fitavam durante horas o lugar da ausência. como criminosos muito culpados, precisavam retornar ao local do furto.)

âmbar: já quando perco um corpo é como se tivesse perdido um pedaço de mim mesmo, talvez metade, talvez inteiro. quando um corpo se vai, de amigo, parente ou amante, decerto vou junto, e aquilo que fica de mim acho que pouco se parece comigo. isso pode quem sabe querer dizer que sou na verdade mais esses outros que partem que eu mesmo que fico. sou eu a gente? pode ser que eu seja mais a minha perda que qualquer ganho presente. pode também ser que seja de forma autêntica os dois.

soltura: não há que se ter nenhum preconceito em relação à delicadeza. mas a delicadeza é tão, tão delicada que depende estritamente de uma situação concreta para ser exercida. e por vezes o concreto real acaba por esmagar o exercício delicado. até porque a feição de delicadeza nunca vem em abstrato, caindo do azulíssimo nada. delicadas são as formas de nossa respiração, nossos insuspeitos afetos, nosso sonho, mas se respirarmos, amarmos e sonharmos com excesso de delicadeza aí tudo pode até se esboroar no oco. cabe, pois, temperar o delicado com seu contrário, medir sempre a distância entre a intenção que afaga e o gesto que desilude. em suma, todo cuidado é pouco com a delicadeza afeiçoada, podemos estar muito aquém ou além do esforço, sendo sem querer indelicados.

prancheta: eis a ficção de uma pessoa, distribuída em mil faces, nenhum rosto. sobrepaira todavia a silhueta de jean cocteau, alicerçada em barbantes e nós.

(01.VI.05)

derrapar
(raspas)

decolagem: capturar a sensação do vôo cego, tateando.

batidas: passado, presente e futuro seriam, como quer valéry, as maiores invenções da humanidade ou do ocidente? haveria sentido, sem essas ideações temporais que permanecem de fato um ideal "colonizador"? ou o contínuo descontinuar do tempo aceita outras divisões do espacitempo? quantas dimensões estão ainda por inventar? contudo a verdadeira descoberta seria o encontro de mundos sem colonização... será isso apenas um sonho impossível para o humano, para a vida?
– mas há violência em tudo, desde a nuvem de gás que pare estrelas até a guerra de átomos. em que canto baterá inocência?

nomeações: o título é um objeto achado, sujeito a todo tipo de aventura. e há sempre tantos ao alcance da mão que a tarefa de escolha é na prática irrealizável.

chegada: na caixa de entrada do correio eletrônico a vida em farrapos. ou em êxtase.

fiapos: nunca se sabe o que manter ou deixar de fora. afinal, afinal, o melhor podem ser as sobras.

(01/07.VI.05)

paisagens
(zonas)

cenário: é preciso não morrer, eis o imperativo da vida. cabe manter-se a bordo e ao largo, sempre, mesmo que sobre pranchas. mas não há nisso nenhum salvacionismo, nenhuma promessa messiânica de uma pós-vida. sobretudo não após. é preciso sobre-viver, superviver, para que a vida mesma sobre-viva, para além de toda negatividade. é o vivo que precisa ser solidário consigo mesmo, contra as potências destrutivas, para que continuem o indivíduo e a comunidade, a multiplicação das singularidades no coração do vivo. tudo isso se impõe como tarefa infinita, íntima, radicalmente pessoal.
mas até onde vai o vivo, onde começa o não-vivo? questão delicadíssima que torna o imperativo algo impreciso, todavia mesmo assim urgente. a vida afinal emerge nessa zona de absoluta indecisão entre o animado e o inanimado, a terra de ninguém onde os mortos podem estar bem vivos e os vivos à beira da morte, despaisados...

lentes: em lugar das artes visuais, as artes invisíveis, sigilosas. stalker.

pesar: pensar, inspirar/expirar, alimentar são atos altamente "masturbatórios", circulares. mas o pensamento, a inspiração/expiração e a alimentação efetivamente acabam por romper o círculo, com a vinda do inesperado. o outro/a outra que me surpreende sempre. aqui.

trajetória: as coisas tendem a seguir em linha reta mas na primeira curva podem esbarrar com o ziguezague. amo as retas, as curvas e os ziguezagues, amalgamadamente.

(13.VI.05)

enredos
(rocinha)

a cidade sem mitos
oswald de andrade, "aperitivo"

reféns: são 10:00 e o site do jornal do brasil estampa: tragédia ronda a cidade, a rocinha volta a ser palco de guerra. o globo: o medo no caminho da rocinha. como se chapeuzinho desse a mão ao lobo, fazendo-nos de bobo. m* ainda não chegou para o trabalho, deve estar presa na trama da polícia com os bandidos. não é a primeira vez. de outras, rimos juntos, espero que possamos sorrir daqui a pouco. vejo as notícias como filme-documentário em tempo supostamente real, ela participa com o risco-verdade. assisti recentemente à terra treme, de um visconti neo-realista, que nada resolve, apenas expõe miséria, exploração, sob o signo do partido comunista, cujas frustrações.

escola: helicóptero da marinha cai sobre o colégio bennett, onde os filhos da governadora estudam. os dois pilotos foram fulminados no ato. a morte de asas e foice, sem rumo a prumo.

assassinato: 15:30, lucas, de quinze anos, morreu de um tiro de fuzil sobre a laje de casa. seu pai, pedreiro, tinha recomendado nunca se expor em momentos de fogos e saraivadas. amargos artifícios. a crônica falta de água fez o garoto subir para verificar a caixa, donde o desfecho. fosse um adolescente da zona sul a grita duraria meses. tratou-se apenas de mais um da "comunidade" da rocinha, eufemismo para vidas desamparadas de todo senso comunitário. ninguém diria que são conrado, aos pés, é uma comunidade mas sim um bairro. o aspecto discriminador permanece. quem não tem proteção alguma vive em "comunidade", o adjetivo carente só acentua a dor, o desamparo, a aflição.

identidade: temi que lucas fosse o filho de m*, lembrei depois que o dela tem somente onze anos, mas já poderia ter sido recrutado pelo tráfico ou ter a cabeça exposta ao ônus da loucura.

189

gratuidade: m* recita a cada diária histórias inenarráveis, que nos jornais se tornam mais verossímeis, quer dizer, bizarras porém palatáveis. hoje li on-line página inteira sobre a vida de m* e de seus "comunitários", mas sem narrativa sua, mudo cinema escrito. ainda não tenho notícias da própria, temo por sua vida, temo por nós. vejo-me personagem espectador de uma fábula enovelada.

cárcere: m* é a repórter nata de um reality show em que estamos aprisionados por dias, meses, anos – séculos. quando começou?

oásis: 16:30, m* liga finalmente. as piores coisas aconteceram. lucas era filho da vizinha e acabou de ser enterrado. m* está perdida, não sabe onde aportar. seus pais moram num pequeno apartamento na cruzada são sebastião, à beira do jardim de alah, que em nada nos protege. talvez deixe os filhos com uma tia no subúrbio, mas há o problema da escola. pediu um dia para organizar a vida, daria todos, se dispusesse. quando desliga tenho o coração em luto. se a vida no caminho nada bucólico da rocinha, com todas as bocas de lobo, era difícil, para m* agora se extraviou de vez. onde sobreviverá?

chefes: segundo ela, quando havia chefes reconhecíveis na dita comunidade a situação era melhor para os moradores, pois aqueles moralizavam a conduta, davam festas, prestavam serviços. essa figura do traficante redentor é bem conhecida, nada resolve, além de representar um outro tipo de exploração. mas, para quem tece a sobrevivência imediata sem nenhum sonho de sobrevida, a autoridade faz a diferença. desde que lulu, o último grande comandante morreu, ninguém mais assumiu a chefia, o poder debandou de vez em alcatéias, maltas, doidas manadas. os ladrões passaram a ter salvo-conduto, antes eram torturados até a morte, pois vigorava o mandamento para não roubar no recinto comunitário. agora mais nenhum bem é comum, ninguém recebe tutela central, cada um defende bolsa, filhos e vida. por si.

desarvoredo: a vida de m* é um fato, brutal, perante ele toda cena

desaba

ela teve mais de uma oportunidade de escapar da rocinha, poderia nem ter ido morar lá. uma vez que foi, ama o lugar. seus amigos não estão noutra parte, há um grande afeto solidário, mas a atrocidade dos traficantes, aliada à brutalidade da polícia, torna todo sonho coletivo pesadelo. o problema não é a rocinha, pouso como qualquer outro no mundo, até mesmo com lindíssima vista, mas sim o que ali colocamos voluntariamente. ninguém é inocente nesta guerra de irmãos e irmãs cujo pai nunca existiu. afinal quem patrocina o tráfico é o dinheiro da classe média e alta zona sul.

impotência: não tenho como partilhar minimamente a dor de m*, imagino que seja desmesurada, como as piores. qualquer gesto será insuficiente. não tenho como agir, não tenho como falar em público, apenas escrevo precariamente sobre vidas que conheço das crônicas de jornal e dos relatórios pessoais dela mesma duas vezes por semana. tudo indireto, inexato, ineficaz. qual seria a eficiência de um projétil de ar5 no rosto de lucas? qual mensagem direta abalará os brancos e robustos senhores de suas poltronas? somente quando viram manchete reclamam, atuam, agem ou sucumbem enfim.

purgação: sinto-me plenamente refém das balas inimputáveis que atingem a rocinha. difícil saber de que lado se encontra a barra, provavelmente dos dois. o paraíso da zona sul é o inferno da comunidade, ou o contrário. vivemos um imenso purgatório com zonas de alívio ou velório. enquanto isso o presidente viaja e brinda.

(28.VI.05)

entalhe
(singelo)

adeus: teria tido todos os álibis para não ir ao encontro da mãe em sua despedida, felizmente não cedi a desculpa alguma. a viagem à bahia foi uma bênção, a última vez em que ela novamente e sem saber me deu a vida. agora mesmo e a uma distância infinita é que a dívida não tem fim. mas por tê-la dentro de mim como se fosse ela de outro modo, tais o pai e o irmão, as dívidas talvez estejam permanentemente solvidas. o amor é o solvente universal da dor, do ódio, do rancor. beijo, mãe!!!

vestimentas: finalmente m* pôde vir trabalhar. sua versão é impiedosamente crua, a polícia é que chega destruindo tudo, qualquer vivente sobre uma laje é bandido e deve ser abatido. o problema é que não dá tempo para as mães no varal, os filhos na caixa-d'água, os cães tomando sol, os pais arrumando a tralha – num segundo a rajada urra, quem estiver pela frente tomba inexoravelmente. cai-se como moscas.

mudez: o pai de lucas não conseguiu reconhecer a morte do filho, não pôde mirar o corpo, nem carregar o caixão, nem entoar rezas, nem sobretudo prantear o infante. m* prevê o enfarte, o raio súbito, a cólera destravada, auto-imune. o pai não vai mais consertar carros, não conversa, não diz coisa. e o pior, nem nega. não não não. ninguém pode sentir por ele o que nem mesmo chega a perceber, com o olhar vazio, a boca seca, a mão arriada. sem contato, o impossível luto.

(30.VI.05)

signos 2
(garatujas)

elos: mas se a alma dá luz ao corpo, ou antes se ela é a vida do corpo, como separá-los?! não pode então haver vida pós-corpo.

lustre: a juba solar e catedralesca do leão baila matizada de sombras.

tática: caranguejos decididamente avançam por recuos.

dança: da terra do fogo do ar estas marcas marítimas à leitura, como se diz à deriva.

alquimia: converti meu inferno astral em abóbada celeste, bodas de cristal e sêmen.

desígnios: fluidos líquidos fluxos, matéria fecal, silêncios, espasmos, ódio e amor, paixões, descompassos, espirros, refazimentos, em suma riscado e sina _

baile: querida leitora, amável e insuspeito leitor, ontem vivi algo próximo do drama machadiano sem sangue, no belo museu da república, contemporâneo do autor das memórias póstumas, onde tx* lançou livro. drama que por pouco não virou vaudeville. na entrada encontro nl*, amigo de longa data, que provavelmente será o agente literário deste, por toda admiração que vota ao suposto autor, a meu ver injusta. previne em italiano castiço que hm* se encontra nos jardins. ouviu falar das rusgas e tenta me proteger, ligo o pisca-alerta. logo deparo um grupo de quatro mulheres, dentre as quais fg* e rs*. fg* está brigada com kn*, minha grande amiga, e eu temia esse encontro que no entanto se faz fraterno e sororal, com juras de eterno afeto. rs* fala abreviada e intempestivamente do trabalho.
saio deslizando do grupo com nl*. vamos à livraria e eis senão quando entra hm*, enquadrado bem em frente, fingindo não

me ver. também dissimuladamente não o vejo. o autografante da noite não chega, gerando mal-estar. o anfitrião não se encontra. hm* está visivelmente perdido, vai tomar chá e some. na fila para comprar o livro, que darei de presente a nl*, pois já tenho meu exemplar, vejo kn*, minha amiga e inimiga de fg*, que, como disse, acabou de me jurar afeição para toda a vida. trocamos palavras, sigo com nl* para aguardar o autor na varanda, que finalmente chega esfalfado com a elegante esposa, todos de negro, como kn*.

trago minha boina cinza-azulada, que rs* qualificará de fofa (risos). ali naquela mesma fila, três anos atrás tinha encontrado rm*, antigo amigo e atual pretenso inimigo, como ele jura, no lançamento de op*. nesse dia tive o segundo encontro casual com hf*, que passou a ser meu amigo íntimo, e que muito me esclareceu sobre o caso rm*. o baile dos desafetos não tem fim. voltando ao hoje, tx* e nl* trocam palavras gentis sobre literatura e filosofia, prometem virtualmente se escrever. nl* atinge o objetivo de encontrar tx*, porque conta com ele para a divulgação da obra de qv*. despedimo-nos de kn*, que aparentemente não esbarrou com fg*, a não ser que o sangue do drama machadiano tenha corrido depois. tudo se passa como em sonhos, as pontas se tocam sem ferir, lustres cintilam, há vozes, muitas. (no dia seguinte, kn* me conta, como se adivinhasse pensamentos e ilações, que ela também viveu uma situação à la machado, por causa de fg*. em vez do líquido vital, deixamos escorrer verve e tinta, ambos virtuais.)

embora: no restaurante estação república, nl* fala de suas experiências amorosas. queria ser um sedutor, não temer as garotas. sonho de morar em belém, éden terrestre, pasárgada bandeira, onde as mulheres derramam leite em abundância. a itália é o inferno (dante certamente discordaria); o rio, o purgatório. termino leve a noite, sorrindo. de mim, de todos, das afeições mal resolvidas, drama infindo. pura literatura.

(03.VI.05)

teorias
(diligentes)

crônica crônica: m* cruzou mais uma vez com os lobos ontem. e eles estavam na pele da polícia e na dos bandidos, como de hábito. três inocentes mortos. na rua dois um senhor de sessenta e tantos tombou à porta da casa de m* com duas balas nas costas. aposentado, vivia de consertar panelas. já a sogra de m* correu em direção à casa da nora desesperada com a interrupção da ligação telefônica por um tiro – no fio. sobe as escadas gritando, os cães ladram, tentando atacar a polícia que por sua vez caça a matilha mas depois desiste. a morte sem proteção rebrilha nos olhos animais, um deles cai baleado. aflita, m* leva os filhos para a casa de sua mãe na cruzada são sebastião, onde também irá dormir, com ou sem o bom alah. aconselho vivamente que jamais volte para casa, sob risco de vidas, sua e da prole. diz que vai pensar, mas não há em quê.

transliteração: numa das ficções mais teóricas da história da literatura, em busca do tempo perdido, vem expresso o seguinte: uma obra em que há teorias é como um objeto no qual se deixou a etiqueta do preço. esta frase de proust é uma contradição performativa, pois nega a si mesma no ato de enunciar. eis outro ônus da prova, uma bela teoria da reescrita em la recherche, como a chamava visconti: talvez fosse um livro tão longo quanto as mil e uma noites, mas completamente diferente. é provável que quando se está apaixonado por uma obra desejar-se-ia fazer algo parecido, todavia é preciso sacrificar o amor do momento, não pensar no gosto pessoal, mas numa verdade que não indaga suas preferências, proibindo de pensar a respeito. e é apenas se a obedecemos que acontece por vezes de encontrar o que fora abandonado, e escrever, ao esquecê-los, os "contos árabes" ou as "memórias de saint-simon" de outra época. mas ainda havia tempo? já não era demasiado tarde?
assim, um dos monumentos da modernidade ocidental tem como um de seus pilares as fábulas orientais, o que dá muito a pensar.

waltércio:
– o que é um livro de livros?
– nada. isto não é um livro.
– pois é, são *livros*.

consulta:
– mas o que seria um não-livro?
– o equivalente de um não-cachimbo?
– caro, só há "livros", livros entre livros.
– de uma página a outra, intercomunicações, polilóquios, gravuras e letras entrevistas, *inter*vertidas, alfarrábios, álbuns. sem bula.
– uma vasta mediateca de livros em aberto.

síntese: o livro branco de páginas idem:

(05.VII.05 e 23.XII.03)

**iluminações
(sincopadas)**

noturno: imaginem um olho que veja tudo – 360º! seria equivalente a um olho que não visse nada. excesso de visão e nada ver se equivalem. o sábio édipo tudo viu, derrotando o pai e a esfinge, mas nada percebeu de essencial sobre si, acabou se mutilando. maltratou os próprios olhos, por incúria e desprezo aos mais evidentes indícios. tirésias aparentemente nada via, das sombras, só contemplando o mundo de olhos vendados. uma perpétua penumbra nos olhos, paisagem na neblina, ocultava um olho-mais-que-exterior. o vidente divisava intestinamente e por antecipação, tresvia.

aufklärung: depois de um mês literal e propositadamente com o quarto às escuras, voltei à claridade das letras. nada como um bom contraste para ler melhor.

teorema: o século 20 começou com uma distopia absoluta, nomeada como 11 de setembro, que explodiu as utopias no coração do ocidente. sonhar se tornou mais problemático que nunca. se antes os sonhos realizavam desejos, configurando imponderáveis desenhos, agora a função onírica travou, dando pane no sistema. falta rasgar novas picadas, para de novo a faculdade imaginativa proliferar seus desenredos. uma missão sem mísseis.

anômalo: minha obsessão por datas vai além de um fetiche digamos temporal, pois consiste simplesmente na constatação de que tudo o que se escreve, ou mesmo em geral *se faz*, acontece num determinado instante, ganhando ou perdendo sentido no ato do surgimento. é para preservar esse valor do escrito no nascedouro que dato e rubrico praticamente tudo, caindo em desespero quando encontro pedaços de anotação sem data nem assinatura, anônimos, anacrônicos. o que acabei de enunciar é tanto mais paradoxal porque amo o anonimato e o anacronismo – também *meus.*

(06/07 e 23.VII.05)

tabiques
(anúncios)

incitações: seria preciso citar mais os contemporâneos, porém talvez prefira o diálogo silencioso. nem chego a ser contemporâneo de mim, eu me atravesso (como se diz da melodia) antes de chegar lá. alguns d'"eles" estão contudo por aqui, em alguma dobra do escrito, lido, dito.

ingênuo: o coração está tomando outro rumo, o da ausência total de ódio, com que sustentará a imensa vaziez do puro amor, rasgado. o sopro devastador purifica. vejo algo ou alguém, cujo rosto já está aqui. face a face.

outra versão: morrerei, não sei quando, abraçado a meu amor.

estética da recepção: mesmo as coisas mais impessoais proferidas, sentença ou paradoxo, deveriam ser recebidas a partir de um "eu" que as enuncia, como *acenos*. mas em contrapartida, para que não seja reduzido a um culto absoluto, esse eu deveria ser também despersonalizado. personalização dos fatos e despersonalização da personalidade são injunções suplementares de igual premência. não se iludam, no fundo, no fundo tudo aqui não passa de ficção – do outro eu.

reflexos: georges-henri clouzot, em le mystère de picasso, anuncia que o pintor fala como um cego na escuridão das telas brancas. e a luz que lentamente aparece é de modo paradoxal criada pelo pintor que traça uma curva preta após a outra. pela primeira vez o drama cotidiano e confidencial de um cego gênio será mostrado publicamente. pablo picasso concordou em mostrar isso hoje na frente de vocês, com vocês.

(08.VII.05)

jato
(faísca)

apelo: o amor é a quarta dimensão do real, o sentido que tudo faz mover, vigas, postes, fibras. mas também um sentimento a seco, preciso, incisivo, que lacera feito bisturi ou qualquer lâmina – o lóbulo, o peito, a coxa, a nuca. esta seria a forma suprema da arte, concreta e abstrata, *erótica*. amor chama.

celulose: livros tortos na prateleira indicam uso, campanhas de paz ou guerra. livros totalmente retos na estante sinalizam desinteresse ou admiração mofada. o que abre a invenção é o rodopio das páginas, no olho da tormenta, tinta, papel ou tela. gira gira gira leque de cores, letras, tipos, em busca da mais franca legibilidade. dar à luz então significa dar a ver ou a ler, *ser lido*.

adendo: é preciso em qualquer circunstância contar com o imprevisível. não que se possa realmente prevê-lo, o que seria um contra-senso, nem mesmo isso é desejável. basta contar com ele, prever sua vigência mais que efetiva, provável, embora jamais se possa configurá-la de antemão. ao que virá, haja vista. uma eminente iminência.

liberar: sempre hesito. deve-se ou não retirar a etiqueta do preço num livro? livro realmente custa? se sim, quanto vale um? vale tanto ou mais que pesa? vale o peso em ouro ou em inquietude, desassossego? para que serve, se serve, para quem, como e quando? e os livros sem uso poderão jamais ser úteis? para onde vão mesmo os livros quando morrem? e morrem? – nunca joguei livro fora, mas já doei vários.

(08.VII.05)

fascínio
(laudas)

disfarces: cobrir o relógio para dissimular as horas.

exaustão: cansei de olhar olhar olhar e ver, agora queria simplesmente mirar, vagabundo.

o infamiliar: tem algo de infame, estranho, perturbador, próximo do nefando, e todavia é muito familiar. não há como defini-lo. tal a morte, tal a vida.

happiness: o gozo do anonimato eterno seria o extremo diverso das celebridades instantâneas. a existência bernardo soares sem a hipocondria do tal. desejaria ser aquele que tira o máximo prazer em atuar como escriturário e encontrar os amigos no final da tarde, para um cálice de vinho em meio à mesmíssima paisagem de ontem, de anteontem, de outrora. gozo com isso, a vida nula, sem pensamentos, feliz. queria ser ave entre árvores, permanecendo gente contudo.

cardápio: opções da manhã – o amor a dois, a masturbação (o amor de si como outro alguém, sem culpas), a conversa, a leitura, o bom-dia, o bom-tempo, o silêncio. o naufrágio febril, a fábrica ou a indústria, o artesanato das luzes (matisse, di, tarsila, miró, bonnard, delacroix, twombly), o dedal, em suma a justaposição de dimensões. a paixão do aberto. as opções da noite são as mesmas, só que em ordem inversa.

(09.VII.05)

lousa
(lapso)

arte do desaparecimento: leio pouco mas sempre hiperatento ao que vejo e penso, sejam grandes ou pequenos autores (amo os pequenos, *quase* insignificantes, neles pode estar a chave da época-sem-chaves), sejam notícias de jornais sem assinatura alguma, sejam ainda exposições, filmes, situações de vida. busco tanto quanto possível me converter num hiperleitor (nada a ver com superleitor!), e um dia talvez desaparecer no mapa sem limites de minhas leituras, como o domador engolido pelo leão. viraria assim matéria de faits divers, suavemente deslizando na goela da fera, envenenando-a também.

descaminho: picasso teria dito (nunca li a frase em transcrição direta), *eu não busco, acho*. frase que uma livraria-papelaria reproduziu em grande cartaz no metrô de paris, estação saint-michel, *je ne cherche pas, je trouve*. bem, simples mortal, há coisas que busco, há coisas que vêm a mim. há coisas que calham, há outras em que caio, voluntariamente ou não. resigno-me. minha vontade muitas vezes escapole, voraz, insana, maior que o dono.

vesgo: as inúmeras formas de ver de outro modo as mesmas coisas, pessoas, situações seriam o que clarice nomeou como estrabismo de pensamento.

quimera: nos livros mais interessantes de qualquer tempo, publicados por homens ou mulheres, o conceito de escrita está sempre implicado, de modo explícito ou não. disse escrita, escrever, e não literatura, poema ou romance. no fundo quem pega a pena ou teclado, a bordo, está sempre indagando por que, como, o que e para quem escreve. lembremos o como e por que sou escritor, de josé de alencar. e, por nunca haver resposta satisfatória, continua-se escrevendo. ao contrário do mito da esfinge, a solução do enigma traria a morte do reescritor, por meio desse outro monstro chamado conformação.

patologia: o câncer do mundo são as interpretações que se dão a respeito da alheia vida.

etiologia: sim, leitores, a doença pode ser uma boa metáfora para os males do viver.

aspiração: na hora de partir, à vida eu pediria bis, e se possível tris.

(07.VII.05)

retícula
(ofício)

prescrições: ao persistirem os sintomas do amor, tome de novo em dose dupla. redobre os cuidados, mas não desista nunca, só se pegar ódio como efeito colateral.

caligramas:

– grifo as horas que não vivi de todo, mas sem lamento, sublinho os dias vazios, as noites em claro (certamente no escuro), *enfatizo* que tudo isso deve ter algum sentido, apesar e por causa. "abstraio" a dor de por vezes não existir.
– sei, são instantes necessários de plena ausência. valem o quanto não pesam.
– levito.

decapitação: o horror desse atual desgoverno é ter triturado nossa última esperança, não deve ter sobrado pó no fundo da caixinha. os fantasmas estão todos soltos, arrastando correntes e urrando. não há mais uma única pessoa para creditar confiança, quem os ataca no poder só quer mais-poder, e o governante-mor se finge de morto, banca o tolo, não sendo, como se nada, peixe muito vivo. o cantor baiano tinha mesmo razão, política (partidária) é o fim. e nem mesmo dá para ficar indiferente, o golpe alcança até os mais serenos pescoços. aqui a população é guilhotinada, e não os falsos nobres.

desconjuntura nacional: então nos preparamos para mais alguns séculos de dolo, tristeza, vergonha, pés atados, mãos idem, *decapitados*, sem sonhos coletivos, pesado pesadelo. e não há mais como alegar meramente o legado colonial. doravante seremos herdeiros de nossa estupidez, e só.

(10.VII.05)

erupção
(laivos)

palimpsesto: nunca esquecer, o quadro que funda com outros a modernidade abstrata, mas que é legítimo herdeiro das ousadias figurativas geometrizantes de braque e da revolução chamada demoiselles d'avignon, a mona lisa do modernismo internacional – ou seja, o quadrado negro suprematista, de malevitch, tem seu quadriculado negro cheio de fissuras. consta que haveria uma pintura colorida por baixo, as rachaduras seriam o retorno do figurativo que se recalcou.

a sério: à atual crise brasileira (e já houve tantas desde muito antes de eu nascer!) corresponde uma euforia, advinda do desejo mais legítimo de transformação, sem golpes, ao contrário do que pregam os vitimologistas da hora. todavia os esquemas de reapropriação da força crítica já estão armados, no próprio ato da denúncia, até os dentes. os denunciantes mesmos estabelecem as regras do jogo. os parlamentares desempenham o papel de sempre, pseudopaladinos, a imprensa cobre, e o público aplaude. uma comédia de erros sem nenhuma graça.
quem conseguiria suspender o teatro brutal de agora? em que pátios se prepararia não a revolução caraíba, utópica como todas as revoluções, mas a confluência do afeto e da mudança com efeito? enquanto a democracia for mera representação, delegação de tarefas, tendo a população como platéia, estamos feitos. ou desfeitos, a farsa é sempre uma desfaçatez. caberia obliterar o cômico, em proveito de uma refeitura completa de nossa vida pública, privada. os deputados riem muito durante os depoimentos. só vejo a gratuidade das gargalhadas.

(11.VII.05)

204

abóbada
(cometa)

pescaria: nenhuma vida que palpita escapa à lupa.

mornidão: como se fosse indiferente chegar ou partir, comer ou dormir, abrir latas ou guiar turistas. como se como se.

enumeração: mais que descrever ou narrar, como greenaway amo enumerar. busco assim descobrir por baixo de cada letra um número que lhe corresponda, uma fórmula matemática ou uma seqüência lotérica. quarenta e cinco, por exemplo, é um número redondo, nele cabem todo o alfabeto e mais algumas letras. infinitas combinações.

libido: ser amado e amar é o verdadeiro gozo. nada mais.

rés: certamente isto aqui teria a ver com a chamada autoficção. teria, não fosse esse simplesmente mais um gênero, com data e autoria bem definidos. penso que, se me ficcionalizo, só posso fazê-lo através de um outro/de uma outra, atravessando seu corpo como o meu mesmo e no entanto tão diferente. é nesse embate de corpus a corpo que a escrita ganha, ou perde, sentido. seria mais uma heterobiografia sentimental, meu modo de sobreviver com essas vozes que se cruzam sobre a pele, e que busco transcrever, traduzindo corpo a corpo. a autoficção seria mais uma invenção da potente máquina de gêneros crítica e teórica. mas para mim gêneros são como as religiões para guimarães rosa, bebo de todos e nenhum sozinho satisfaz. não adianta classificar, que escapulo não deixando, gênero não cola mais.

(09.III.06)

estaca
(moita)

batuque: no interior da bahia, e provavelmente em outros mundos, azul é a cor dos meninos, rosa, a das meninas. as demoiselles de picasso se erguem no choque entre o rosa e o azul, realizando a síntese que o século porá em prática, a das multivalências sexuais, sem cair nos engodos da bissexualidade. a questão é bem mais complexa que dois sexos; há inúmeros, bem o sabia Rrose sélavy/marcel duchamp, essa andrógina que antecipa inúmeras figuras novecentistas, dentre as quais warhol, mapplethorpe, oiticica. o jogo das máscaras sexuais não tem fim, só fins. e isso é muito bom. porém o mais raro é a sutileza do gesto. o toque, como se dizia outrora.

ventura: muitas pessoas comparecem em minha vida de maneira intempestiva. usaria para esses pequenos grandes eventos um adjetivo tão dessueto quanto o termo dessueto, *cativante*. é o modo como cativam que me faz refém, prisioneiro. pratico com prazer por momentos a voluntária servidão, depois volto à rotina. o evento continua a provocar abalos à distância, com efeitos entretanto benéficos. subjugam-me e liberam num só lance. a felicidade, se há, deve ser isso, aposto.

re-capitulando: ninguém dá conta do processo degenerativo brasileiro hoje: de juízes a deputados, de senadores a governadores, passando pela polícia e pelos secretários, até chegar aos milhares de prefeituras, TODOS parecem estar implicados nalgum tipo de falcatrua. essa é a impressão de qualquer cidadão comum, "nós". inexistem leis rigorosas (nosso código é muito permissivo, dizem muitos, os recursos cabíveis são infinitos) e faltam autoridades que de fato as apliquem. não há o real interesse público, sempre misturado com o privado. a solução só poderia estar além da política oficial. nossa oficialidade é amplamente corrupta. deve haver exceção, utopia ou não, mas desconheço. os que ora acusam fazem puro marketing, aguardando a própria vez, para agir.

(11.VII.05)

fogos
(neutros)

toca: a metáfora mais concreta do caos criador está no ateliê londrino de bacon, reconstituído em dublin. no meio do lixo a clareira de um corpo outrora presente e o rastro conciso de uma tela por fazer.

incidências: na voz de bacon o *acidente* é uma palavra que designa o acontecimento imprevisível. passa-se esse encontro entre meu trabalho e a pintura, diz ele, os acidentes da pintura, e eis que a tela se faz. e eu acrescentaria que, advindo na rota de um programa, o acidente é por definição improgramável. por isso mesmo pode se tornar negativo ou positivo, a depender da situação e dos indivíduos envolvidos. seu dado incalculável pode se desdobrar mais adiante em novas destruições ou construções. por vezes (inúmeras) faz ruir a ciência das probabilidades.

solário: (chris, antes de perder hary-clone, mais uma vez, em solaris de tarkovski.) se sentirmos pena, nos desgastaremos. é possível que seja assim. o sofrimento sombreia a vida, a enche de suspeitas. não aceito... sim, não aceito isso! será a vida prejudicada pelo que não lhe é indispensável? não. claro que não. lembra-se das atribulações de tolstoi, que sofria por não poder amar a humanidade? quanto tempo passou desde então? não consigo compreender... ajude-me. por exemplo, "te amo". o amor é algo que nós podemos sentir, mas nunca explicado. só se pode explicar a idéia. o homem ama o que pode perder. a si próprio, uma mulher, sua pátria. até hoje, a humanidade e a terra ficaram fora do alcance do amor. somos tão poucos! uns escassos milhares de milhões! até me parece que estamos aqui para, pela primeira vez, ver a humanidade como alvo do amor.

(20.VII.05, dia da amizade)

ressonâncias
(conversas)

alternância: sou eu quando sou você. melhor, sou mesmo quando sou você. antes, sou apenas porque sou você. somente estarei aonde você for. embora sejamos diferentes do um, freqüentemente somos o mesmo, mano, mana, irmãos. fraternos, sororais. você me é, eis só o que e quem sou.

debilidade: há dois modos de perder um filho na rocinha. seja porque ele é convocado para a "boca", e aceita, chegando ao prazo máximo de vinte e cinco anos, mas tudo pode acabar bem antes. seja porque recebeu muito a contragosto e a contrapelo a inimputável bala perdida. nos dois casos pai e mãe perdem duplamente a razão. não há registros de queixa.

o imaginário: o grande acontecimento na passagem dos milênios foi a virtualização de praticamente toda a realidade. habitamos hoje um duplo mundo convergente, *quase* tudo se encontra on-line, ao alcance do teclado e do olhar, mas o real ele mesmo continua de difícil acesso. gozamos de uma hipervirtualidade generalizada, e em certo sentido amplamente benéfica, mas carecemos cada vez mais da imediaticidade dos outros, seus corpos, exalações, jeitos, vozes, agora, aqui. o outro humano, o outro animal, vegetal. o citado solaris, de tarkovski, dramatiza isso lindamente, sem cair num humanismo piegas – aborda a absoluta necessidade do contato direto, imediato, num mundo que se esfuma, constituindo-se na exclusiva memória do vivido. a ilha onde vai parar chris, o protagonista, ao final só existe em sua imaginação, como casa paterna reencontrada, bóia que não salva, pois falta nela a materialidade da figura apenas alucinada. mesmo hary, a esposa que ele abandonara, volta fantasmaticamente e passa a ser amada como nunca. mas a película dá a entender que no plano dos afetos a virtualidade de um encontro pode ser tão efetiva quanto o encontro mesmo. isso é aliás o que

208

comprovam as salas de bate-papo, os blogues, os e-mails, pois em muitos casos jamais se chegará ao encontro. se as vias de fato estão bloqueadas, o laço se desmaterializa, mas ganha em estreitamento e comunicação à distância. viveremos futuramente em ilhas imaginárias? qual será a nova lógica das sensações?

(22.VII.05)

fomentar
(fomes)

hoje: busco entender qual seria minha verdade, ou o que seria a verdade, ou ainda se há verdade. viro a casa de baixo a alto, remexo miolos, ossos, vísceras, sangue, linfa, palavras, situações, miséria, sucesso, consternação, êxtases, diários, e o que encontro? amor, amor, amor, mais nada. o cerne do *sentimento de verdade* é amor, que na amizade e na afeição é deleite, no ódio é ruptura, cisão, sangria; no desencontro, nostalgia, perda, dor. em tudo e por tudo o mesmíssimo sentimento-vida transmutado em bilhões de possibilidades de ligação, acoplamento, desunião. fluxos de paz e guerra, título que serenamente venero.
a tormenta do amor é ser ele ambiguamente e sem tino o que une e o que separa, aproxima e dilacera – prorrompe, desregula e reordena um caos infinitamente interior e exterior. reparem, a raiz é a mesma, a seiva, idêntica porém diferida, dilatada, dúplice. o ódio de hoje vira a paixão de amanhã, ou mesmo a de ontem. o afeto de agora, a desavença de daqui a dois minutos. num zapt o amor revigora ou deliqüesce, fervilha ou congela, afaga ou esmaga, descose sempre para recompor adiante outro tecido, nova figuração e padronagem. motivos, motivos. o que somos, o que fomos, nossa verdade de sempre, pontual, amor.
a pedra filosofal dos místicos outra não era senão esta. o velo de ouro dos filósofos, tal e qual. a forma alucinada pelos poetas, ei-la. misto de suma teológica e de livro das pragas, o olho da tormenta, o eixo vertiginoso das pétalas, sinfonia dodecafônica muitas vezes afônica e ágrafa, amor, amor, amor.

relâmpagos: agora escrevo no claro, cada vez mais claro, com nuanças de luz nas dobras, formando meias sombras, penumbra.

vindouro: o que vier, o que só vindo, o que já está vindo, o que sem vermos está aí. o amor da humanidade para além do homem, será isso um dia possível? como amar o homem-mulher que ainda não somos? ou antes, como amar a mulher-homem que sempre fomos? impossível mas não indesejável amar a mulher que trucida, o homem que trai, o irmão que vinga, o pai que guerreia, a filha que envenena? não porque sejamos um fragmento de humanitas, e tudo se justifique machadianamente num conjunto de ações e reações programadas, mas porque ninguém até hoje soube, pelo mal, pelo bem, quais são os limites do animal humano, ou mesmo os limites do homem, do animal e da vida simplesmente.

ser animal é praticar toda espécie de crueldade ou o próprio do homem é ser o único animal capaz de crueldade? de derramar o sangue inutilmente, pelo prazer de fazer sofrer? ou ainda todo animal, inclusive o humano, é capaz de crueldade, embora esta não seja propriamente uma definição para o animal? como se a paixão cruel fosse a exceção e não a essência do homem e do animal... fator essencial ou lance do acaso, a crueldade tem acompanhado soberanamente o homem, e apontado aqui e ali em outros viventes, de maneira consciente ou não.

(23.VII.05)

saciar
(talentos)

dons: aí se deu a abertura do vão central. literalmente *fora dos eixos.*

estampado: lembranças de keith haring em ilhéus e na praia do norte, distribuindo camisetas e afeto aos nativos, desenhando golfinhos em palhoça, apagando assim os contornos da corte nova-iorquina, tal duchamp em relação ao principado parisiense. despaisamentos múltiplos, da província em relação à capital, e o inverso. o centro habita a margem, refunda-a.

bruxedo: nem sempre cabe dizer a verdade, algumas pessoas carecem de ficções bem verossímeis, para sobreviver. quando calha, dou-lhes um feitiço mínimo, sem dó.

objeções: a reentrada nada triunfal do "eu" faria quem sabe derruir o sistema dos objetos. (mensagem lançada em garrafa ao litoral catarinense.)

mercúrio: não gosto da expressão prosa poética, lembra sempre má prosa com pior poesia. baudelaire foi o culpado, porém nele a melhor prosa está de fato em seus reconhecidos poemas, e não necessariamente na poesia em prosa. mas esta também muitas vezes excede.

opus 21: reivindico candidamente o direito à contradição. afinal é indispensável trocar de vestes, conforme o hábito. perder o próprio nome é o grande segredo. anonimar-se.

(23.VII.05)

cais
(neutro)

faxina: ao contrário do que acredita uma certa doxa literária e mesmo cultural, quando se começa nunca se está diante da folha ou da tela em branco. no papel, pano ou cristal líquido, a folha lívida e lisa é mera ilusão. já está cheia de clichês, montoeira de inutilidades, que é preciso limpar para iniciar os trabalhos. e o principal clichê foi o que acabei de mencionar, uma vez que o "branco", tanto quanto o negro "puro", só vem com o tempo, sendo o resultado de uma vasta e paciente decantação. branco branco ou negro negro é mesmo uma fantasia, daí as aspas, visíveis ou invisíveis, que sempre cercam tais termos. anos de luta para atingir tal pureza, se houver, pois por felicidade ou falta o que avulta é cinza, grená, marrom, pardo, segundo a lei dos gatos.

síntese: as peles do prepúcio, o não-circunciso, portanto, ou inconciso; as mangas de camisa, as sobras do jantar, a cabeleira basta, os unhões, os perdigotos, a lupa de aumento, os milhares de hipérboles, a lixúria, o heliogábalo, em resumo o gozo.

sos: passam o dia a enviar mensagens de náufrago. sós.

lufada: a única coisa que não se poderia enunciar: estou vendo a morte – vendo o quê?!

ypsilon: trecho de um livro por vir: pode alguém realmente inventar uma cor? pode alguém conceber que se vá além da paleta agraciada pela natureza? pode alguém exceder o dom dito assim natural? e se esse alguém decidisse que tal cor seria azul, não qualquer um mas *o azul*? esse alguém tem nome, o pintor yves klein. três anos antes do astronauta russo yuri gagarin, ele "descobriu" que a terra, e não o céu, é azul, malgrado as invertidas aparências. artista, então colheu o azul da terra, aquele que, como diz o nome *invenção*, já estava lá, ou seja, *cá*, entre nós. a arte previu a resolução do enigma da cor e a ciência em seguida reproduziu isso em todos os tons. yves viu a uva, e a uva tinha a cor da terra. (a fim de reduzir a luminosidade, a tela do pc, contrastando com as letras brancas, tem um fundo muito próximo do azul de klein, o qual não passa de virtuema.)

(26.VII.05 e 10.XI.06)

fidelidade
(fingida)

cadinho: juntar o côncavo e o convexo na desarmonia da forma elegante, só henry moore conseguiu, quem mais. e era ontem a vida insurgia num pormenor, por um mero detalhe a coisa se animou, como partículas mansamente enfurecidas, furtando-se a olhos e tato. tudo está na minúcia, aquela que ninguém exceto um, você, sim você viu, viu, bisviu. as coisas estão à vista e ninguém senão quem muito observa realmente vê, pois há clara diferença entre olhar, observar e ver, questão de suave nuança.

como diz mel bochner, numa tela: observar não é a mesma coisa que olhar ou ver: "olhe para esta cor e diga o que lhe recorda". se a cor muda você não está mais olhando para aquela a que me referia. observa-se para ver o que não se veria se não se observasse.

mas para observar toda a extensão dessa frase seria preciso vê-la em cores que mudam de tons de uma linha a outra. e mais, imaginá-la originalmente pintada em inglês em uma tela que não representa nada, figura alguma, a não ser letras, dispostas como num antigo slide, uma lição de coisas-cores moderna e arcaica. e mais ainda, é preciso observá-la em sua versão bilíngüe, pois o mesmo (?) é dito em alemão, em linhas subpostas ao pretenso primeiro plano do inglês.

essa "pintura" anglo-germânica conhece uma idêntica e diferente versão no mesmíssimo (?) ano de 1997, mas dessa vez em preto-e-branco, ou se preferirem em branco-e-preto, conforme a ordem das cores. eu traduziria tudo isso como um convite fatal à releitura, princípio de ficção. pois, meus caros, a linguagem nunca é transparente, mesmo num quadro de giz. (vá à pedra, dizia a solene professora, como quem imola seus diletos alunos, louca discípula de saturno.)

projeções: registrar [[ateliês]] de artistas, em câmera digital, eis todo um projeto de foto-grafia, *a escrita da luz*. talvez fazer disso um filme, uma obra a ser performada a diversas mãos. ver o processo de invenção se fazendo, a meus olhos mas longe da vista, bem depois. a beleza do informe avultando desde manhãzinha até a noite, da noite à madrugada. fogo e fulgores no estúdio, vindo da arte desfigurada, fulgural, multifocal, em busca da luminosa obscuridade.

(28/29.VII.05)

íngreme
(horizontal)

estufa: o que nos habituamos há alguns séculos a chamar de "obra de arte" abriga em si um mundo. a obra opera desde dentro com contornos idealizantes, como se fosse buscado um mundo perfeito naquilo que o dito artista recorta dos materiais mais diversos. isso a partir da forma que só ganha realidade pela combinação do informe (sua matéria inexaurível, tal o desventramento das figuras, com técnicas distintas, em egon schiele, em lucien freud ou em iberê camargo), com o projeto que dá vez e lugar a tudo. daí em diante as coisas vão ganhando contornos (a obra abria, diz guimarães rosa sobre sua casa des-composta), e muitas vezes a suposta construção avulta desmesurada para o macro (hipérbole) ou para o micro (nanospectria).
disso resulta muitas vezes a rejeição como não-obra, inoperante jato do acaso, aborto ou ruína, já na base. pede-se sempre paciência em tais casos. pode ser que se passem décadas, séculos, eras para a rosa se desdobrar, aguardando toques, afagos, sorrisos. há exemplos sem fim, basta ver os casos poe e kleist. tal como um cometa, uma estrela, uma galáxia, um universo esperam anos-luz para parir sua mais rude e refinada pérola.

refletores: o "crispado século 20", expressão que encontro na tradução de um livro de louise bourgeois, já se tornou um antiquário de novidades, um museu de tudo, um cemitério de louvores ao tempo que passa, uma fogueira de egos imortais. há que cantá-lo em marcha fúnebre e cinzas-sem-ressurreição, sob fundo róseo-álacre. porém há inúmeros itens, desprovidos de crispação, desse passado recente que continuam interessando muitíssimo.

charada: o fim do mundo como obra de arte (rafael argullol), eis o curioso título de um livro que me deu muito a pensar. vejo tantas possibilidades que fico tonto, escolho duas: 1- será que ao se acabar o mundo virará uma obra de arte, como se toda a existência ocorresse com a simples finalidade de atingir a beleza auroral (outros diriam crepuscular...) do nada? 2- como conceito, a obra de arte emergiu na modernidade pós-renascentista para um dia terminar seus dias enquanto mundo que se esvai; os fins da obra seriam atingir seu *fim*, sem melancolia mas sim com vigor. outrora designava-se isso como o desabamento excelso do sublime. então se for assim (hipóteses 1 e 2, indissociáveis), escrevamos, pintemos, risquemos e arrisquemos "antes que a grande noite afinal desabe". quem pronunciou esta frase de proust a esta altura talvez esteja findo/finda, essa é a terrível pedra angular, que uma vez mexida faz desabar o edifício.

(29.VII.05)

estrofes
(reverso)

ocaso: *fim*, eis uma palavra concisa, absolutamente necessária (não se pode viver sem ela), simpática como dobre de sinos, e estupendamente catas t r ó f i c a .

desapresentação: duas versões para um mesmo teorema (em ambos os casos haverá um caligrama desfeito, demostrando a impossível motivação dos símbolos): 1- um desenho da silhueta de cachimbo, dentro do qual se escreve incontáveis vezes – não é um cachimbo não é um cachimbo, etc. ao infinito; 2- mesmo desenho, mesma silhueta, dentro do qual se inscreve – um cachimbo é um cachimbo é um cachimbo, etc. o ser da letra se nega e se afirma face à figura, desfigurando-se mutuamente.

– e *nisto* aqui há ou não há cachimbo?

luvas: o tesão, o enlevo, o entusiasmo. no filme eros, realizado por antonioni, soderbergh e wong kar-wai, os três episódios são pontuados pela bela canção de caetano, intitulada justamente michelangelo antonioni. excepcional mesmo é a última história, assinada por wong kar-wai. tudo se passa em torno da mão; do amante costureiro que é tocado pela cortesã e se apaixona até a sua morte, dela. a costura pontua a escrita luminosa de um drama que se desfaz entre recusas e aproximações, torturada volúpia.

embuste: no parque temático, todos aqualoucos.

cronologia: nada sou, só sei que nada sou, eis o que se pode dizer nestes tempos.

expertise II: nada sei, jamais saberei, entanto aspiro a todo o saber que houve, há, haverá. mesmo entendendo no fundo que toda a reserva de saber se contém num oceano de não-saber.

porém este não é uma reserva de ignorância ou de desconhecimento simples. o não-saber se limita com o incognoscível, irredutível à norma, normalidade e normatividade de um saber qualquer. o não-saber nos propende ao saber que é absolutamente necessário à vivência real das coisas.

vita nova: eis a boa nova, saber que vou morrer me incita a viver mais, melhor, bem mais. nunca antegozando a vitória, justo ao contrário, aceitando ceder os pontos todos, quando chegar o momento. porém quanto mais tarde melhor. dentro de cem anos talvez...

conselho: a leitora e o leitor já terão experienciado inúmeras vezes esses jogos do acaso que se chamam de incríveis coincidências. pois bem, pois mal, elas não seriam nem tão coincidentes nem tão incríveis se não as interpretássemos como tais, talvez nem significassem rigorosamente nada. portanto não dêem bolas às coincidências quando calharem, partirão como erínias enfurecidas por não encontrarem alvo, a saber, vossa paciência.

(29.VII.05, são carlos–sp, hotel anacã)

irmãos
(manas)

> *corifeu – então o fogo luminoso, prometeu,*
> *está hoje nas mãos desses seres efêmeros?*
> *prometeu – com ele aprenderão a praticar as artes.*
>
> *ésquilo, prometeu acorrentado*

lembrete: a tradição humanista sempre valorizou prometeu, o tal que roubou o fogo divino para emprestá-lo aos homens, pagando com a própria dor, na carne, mas sendo enfim libertado depois de mil desventuras. deixou-se de lado assim epimeteu, o desastrado, irmão torto de prometeu, que tramou contra os mortais para se beneficiar junto a zeus. os males de pandora decorrem de seus atos, pelos quais pagamos. caberia nunca esquecê-lo, provavelmente nossas melhores promessas seriam realizadas.

cepa: caim talvez tenha assassinado abel por se sentir seduzido, fatal atração. foi o desejo de escapar à voragem do incesto, como o ciúme comprova, que induziu mais esse desajuste, cuja nódoa nos acompanha, não bastasse a eterna dívida dos pais.

corte: seres divinos ou semidivinos cometem insanidades, pagamos milênios depois, feito cobaias. mas com a laicização da cultura nos divinizamos, surgindo outras vocações – sem vingança.

tegumento: desatar a tensão para liberar o tesão, pois é desfazendo alguns nós que o corpo cresce, rijo, feito livre mastro, entre geadas e canículas. até as nuvens. (amor nas alturas, disse o lúcido crítico do jornal do brasil sobre brokeback mountain, de ang lee.) depois molha, desinfla, relaxa, para mais tarde recomeçar.

(03.VIII.05 e 10.II.06)

desfalque
(cômputo)

farsa: "nosso" presidente alterna a si mesmo no papel de vítima
e culpado, acusador e acusado, embora seja mais por instinto
o primeiro. o riso e a leveza planejados desapareceram. depois
de se declarar traído, mas sem dizer por quem, ontem se auto-
alinhou entre três presidentes que passaram por crises digamos
graves. mas qual crise não é grave neste país, se desde o início
da república, ou muito antes, vivemos em crise, considerando a
competência das elites para o roubo, a inércia da classe média e
o analfabetismo reinantes? tudo é muito grave desde sempre,
e nos movemos em trauma e luto permanentes pelas crises que
nos atravessam ou que atravessamos. tudo azul, tudo cinza.
ele diz que não vai se matar como getúlio, nem renunciar co-
mo jânio, nem ser deposto como jango. a insinuação é de que
tais governantes foram vitimados por forças ocultas ou visíveis.
a paranóia combinada com a vaidade impede o excelentíssimo
de perceber sua cota de inépcia. vítima, decerto, mas de seus
interesses próprios e do modo reiterativo de se relacionar com
a máquina corruptora, a pretexto de bem poder governar. se
o jogo era esse, comprar votos para ter sucesso, caberia denun-
ciar, trazer a público a prática secular da prevaricação, primar
por transparência, diálogo. jamais repetir o erro como acerto e
o contrato com as laranjas podres, sem falar da arrogância já
distintiva de militares e tucanos. caindo ou não, indo ou não
às próximas eleições, quem poderá substituí-lo? o candidato an-
teriormente derrotado? um correligionário? alguém da extrema
esquerda ou da direita?

desfecho: m* encontrou solução tríplice para sua crise, que é
inteiramente nossa. o pai vai construir uma casa num terreno
em campo grande, onde parte da família habita há tempos, em-
bora ele mesmo resida na cruzada são sebastião, como dito, nas
bordas do jardim de alah. com empréstimo ou doação igual-
mente paterna pagará as dívidas. e finalmente diminuirá a pres-

são arterial longe da rocinha, que apesar de tudo ama, pois há muito ali mora. torço para que sua felicidade momentânea persista. anda satisfeita, conversando com pipoqueiros, chaveiros, porteiros e balconistas, como garbosamente declarou hoje à imprensa local da belfort roxo. (por vezes, motoristas de táxi e secretárias confundem a rua com a cidade de mesmo nome, situada na baixada fluminense, porém creio ser mais que simples confusão...) enquanto isso, outros negros, mas qual é mesmo a cor?, sofrem horrores em new orleans com a complacência de mr. bush, que reconheceu a exuberância e a tragicidade da natureza, e por isso mesmo nada fez. segundo um colega que lá trabalha, a catástrofe desde 2001 era previsível, pois um dos diques não seguraria uma inundação em terreno pantanoso. neste momento mesmo corpos bóiam, saques levam o que a água deixou, incêndios destroem casas seculares, desaparecidos não ressuscitam, e os oposicionistas democraticamente capitalizam os estragos a seu favor. o horror o horror o horror, mais uma vez, banalizado e revendido a prazo.

(26.VIII e 02.IX.05)

frutos
(podres)

peste: a tuberculose grassa na rocinha, declara em surdina m*. a fome e a putrefação reinam em new orleans. por aqui, a população favelada definha entre duas formas convergentes de violência, a da precariedade material e a da indiferença governamental, em todas as suas instâncias. por lá, a população abandonada do mississipi clama contra a selvageria bush. dois pólos, duas anomias. lá como cá, exiladas, as gentes de origem sobretudo africana se submetem aos mesmos regimes do século 19 ou dantes. para eles não houve progresso na humanidade, no máximo estabilidade na degradação, se tal coisa é possível, degradar-se continuamente sem descer sempre um pouco mais.

(nota posterior – de 19.XII.05: sem paternalismo, manderlay, de lars von trier, explica didaticamente as políticas sul e norte-americanas quanto aos "negros" e/ou pobres.)

genocídio: policiais e bombeiros se suicidam em new orleans, segundo o prefeito. imaginem o grau de insânia, incêndio e detritos que tomou a cidade para resultar nisso. cadáveres desfilam sob olhares complacentes. os nossos, do mundo todo. enquanto o presidente faz pose para repórteres, a fim de dissipar as chamas. mais tarde num frigorífico encontraram uma família inteira, a pauladas. o horror do horror, sem cessar.
parece que tudo acontece num daqueles países que os eua se acostumaram a tratar como colônias, retirando o máximo e dando o mínimo, ou simplesmente ignorando. vidas insignificantes. tal como no iraque os inúmeros mortos importam bem menos que a chacina terrorista nas capitais européias e nos próprios states. os corpos ocidentais e os não-ocidentais não têm nem metafórica nem concretamente o mesmo peso.

exaustão: o atual desgoverno sepultou em definitivo os últimos sonhos ideológicos do extinto século 20. alguns valores persistem, o desejo de um grau maior de socialização e a conseqüente redução da imensa miséria local e mundial continuam sendo absolutamente legítimos. porém doravante nenhuma tendência, partido ou governo terá o direito de reivindicar automaticamente o advento de mudanças. mais que nunca é preciso pôr a sociedade não "contra" o estado (pierre clastres), porém *ao lado* deste, como sua instância crítica implacável. claro que para isso precisamos de uma mídia ágil, sagaz e isenta, mas esta muitas vezes se encontra em mãos de governantes... no brasil, só muito recentemente começamos a ter um aparato midiático relativamente autônomo, embora decerto ainda dependente de grupos econômicos, de interesses de classe, de manutenção de privilégios, etc. haverá no entanto mídia totalmente soberana? o que dizer de uma população que há décadas praticamente só se informa através dos mesmos meios de telecomunicação?

(03 e 06.IX.05)

metamorfoses
(perdidas)

butterfly: gostaria de escrever como converso, mas sei que isso é impossível, pois são modalidades distintas de um mesmo corpo articulado pela necessidade urgente de contato. algo assim como nado de peito e nado de costas ou borboleta; ambos são modos legítimos de natação, porém nem todo especialista em um tem o mesmo talento no outro. ou antes, não dá para realizar as duas formas ao mesmo tempo.

desejo contudo que cada vez mais minha fala contamine meus escritos, reescritos, transcritos, *desenhos*. que minha voz neles tanto se apague quanto ressurja num tom entretanto o mais brando possível. um dos comentários que mais amo é quando dizem que me "ouvem" naquilo que escrevo; sinto que aí morri e renasci, no mesmo ato de um só drama, ou comédia. e também gosto quando percebo que algumas de minhas atuações estritamente orais soam bem "escritas", como se um grafismo se inscrevesse diretamente na pele dos sons, tatuando e fazendo esvoaçar as palavras.

descoordenadas: se tivesse que me definir, diria que sou ficcionista-ensaísta ou ensaísta-ficcionista, creio que a inversão não muda nada nos respectivos e combinados papéis. ou muda. jamais me consideraria poeta, dramaturgo, nem mesmo romancista ou contista. não tenho talento para, nem provavelmente tento desenvolver. diviso freqüentemente pedaços de narrativas no que faço, mas que nunca chegam a se inserir num todo, como é o caso do romance, nem têm um sentido completo em si mesmas, como é o caso do conto. *partido* seria meu estilo, contando gota a gota o cotidiano, pois diria também que sou *diarista*, nada mais. flores partidas, à la jim jarmusch, seria a insígnia. vivo do que escrevo cotidianamente, tais os jornalistas, mas com outros fins. quais? não me perguntem, no momento estou sem palavras. (caiu a conexão.)

claros: sei que é delírio pedir releitura a um livro que talvez nem seja um, que talvez nunca seja lido. mas é que acho triste ser lido uma só vez, melhor não o ser jamais. pois o bom da leitura é a volta, o não-consumo imediato da mensagem, já que não há nenhuma a ser transmitida. o melhor do ler é a paisagem, e não as figuras. ou então, o melhor mesmo é a viagem, o passar as páginas, mesmo virtuais, deslizando o corpo em meio às letras. todo bom livro é sempre um livro de passagens, sabia-o benjamin.

(19/24.IX.06)

júbilo
(grito)

ultrapasse: na semana passada fiz uma das experiências mais intensas de minha vida, foi uma vitória sobre mim mesmo que teve resultados práticos imediatos. impossível separar interior de exterior. o medo que por vezes me acometia a esse respeito vinha de dentro e de fora, a um só tempo, de uma só vez, num só lance. consegui me isentar de mim e agir como se um eu exterior a tudo o que assusta atuasse em meu lugar. deu muito certo, obtive êxito junto a um grupo de pessoas, o que determinará minha existência daqui para a frente. a sensação antes, durante, depois é de que a vida é pura indeterminação, não há como ter uma conclusão prévia, pois os eventos emergem de maneira imprevisível, mesmo quando longamente previstos. vale sempre se reposicionar, para tomar a melhor decisão. quanto mais rígido, menores as chances de ultrapassar o obstáculo – e prosseguir.
– não posso continuar. preciso continuar...

auto-ajuda:
– ninguém merece meu ódio. se ainda existe, ele é precioso demais, por isso não o gastarei nunca. nem o guardo, nem o despejo. nem sei mais onde está. sou um homem sem rancor. serei.
– só a vida e os bem vivos merecem meu amor.
– agora posso morrer.
– o texto da existência se me apresentou em sua fragmentária totalidade.
– a vida seria um fluxo de positividades e negatividades. as negatividades em princípio são nós, pontos de atamento, que é preciso desfazer para deixar o fluxo seguir. não se pode ser contra elas, nem simplesmente reprimi-las. ao contrário, é preciso contar com elas, sempre. mas sem incorporação enquanto trabalho do negativo, como em hegel.
– corrigindo: agora posso viver em paz. no fluir continuamente descontínuo da vida.

228

– por mais incompreensível que pareça, a morte da mãe foi um ato de celebração da vida. um júbilo por tudo o que de grandioso e de pequeno humanamente ela foi. uma pessoa, em todos os sentidos, admirável, literalmente: a quem se pode admirar. mas creio na mortalidade do corpo-e-alma que nos foi dado. acho morrer um bem, uma afirmação da vida em seus extremos. como nascer, viver, respirar, morrer é uma dádiva. sou, pois, radicalmente contra as ideologias salvacionistas, que prometem a eternidade. isto sim seria o inferno, existir para sempre. meu prazer final será o eterno repouso-movimento, quando me dispersarei entre as coisas e reencontrarei meus amores.

– elucidar é o verbo que me foi dado por um resenhista no jornal do brasil. contarei com o vocábulo para sempre. elucidar é pôr mais sombras e luzes ali onde já há luzes e sombras. ou seja, *refletir*.

– a única interdição que prezo hoje, o único vero mandamento, é "não matarás". esse é o mais categórico imperativo, que só tem seu correlato objetivo no "proliferarás afeições e encontros". a ética que me interessa se resume a isso.

– por que não se render enfim ao fragmento romântico? resposta: porque subjetiva tudo, perdendo em consistência e objetividade, a despeito de deter potências consideráveis.

(05.XI.05)

montes
(sinos)

sibila: seria lábia o feminino singular de lábios? ou de álibis?

tal qual: muitos lances vividos, alegres ou tristes, ele *amou o destino*. viveu em dobro.

radar: leio um trecho de walt whitman e bem no meio dos versos ouço a voz de fernando pessoa: chamas e éter acelerando minhas veias/ ponta traiçoeira de mim chegando e se juntando para ajudá-los,/ minha carne e meu sangue disparando raios, até atingir algo nada diferente de mim.
não se trata de anacronismo retroprojetivo, nem propriamente da teoria dos precursores à maneira de jorge luis borges. seria outra coisa. todo escritor não apenas embute as vozes do passado, mas alicia de antemão vozes do futuro, que ainda irão nascer. a imagem da câmara de ecos impede que se congele a freqüência literária na mão única do passado para o presente, como ainda ocorria no paradigma de borges, apesar de toda a inovação. alguns escritores e escritoras já estão impostando as falas que irão surgir a partir de sua morte, contra ou a favor. a câmara funciona em todas as direções, para a frente, para trás, para os lados, para cima, para o meio, e jamais pára. o texto poetas do amanhã, do mesmo whitman, fala disso, solicitando aos futuros vates que o justifiquem e vão mais além, produzindo as coisas mais importantes – numa linha de *fuga*, que na invenção é tudo.

cúmulo: quando acontece de me reler, vejo que escrevo por anagramas, algumas vezes voluntários, porém a maior parte do tempo sem nenhuma consciência. existe um vão dentro do nome, vivo tentando preenchê-lo com palavras mais ou menos afins. juntos esses termos ganham a tessitura de um glossário bastante pessoal, que nunca se fecha sobre si mesmo, podendo sempre receber novos e novos itens vocabulares. (o sonho de guimarães rosa era escrever um grande dicionário, resta saber de que língua para que língua, já que inúmeras povoam seus escritos.)

(08.I.07)

5- microensaios

na arte, na vida, na vida da arte, na arte da vida,
só vale o im-possível

o a(u)tor

é o presente a escolher o que for possível neste momento e
o que for impossível. eu gosto de trabalhar com o impossível.
é impossível fazer a luta [os sertões III] neste momento

josé celso martinez corrêa, entrevista

e por isso mesmo impossivelmente se faz a luta

o a(u)tor

advertência: ao leitor incauto, não muito afeito a idéias em literatura, recomenda-se saltar estas páginas e ir direto à próxima seção. nada terá perdido. se algum valor tiver o volume, está contido em cada uma das partes, inteiramente autônomas. todavia, caso decida ler, certo proveito poderá tirar

o a(u)tor

instalações
(croquis)

*o que me desafia é o que resiste a mim. o desafio é esse – o que
é supostamente impossível me diverte, desafia-me a mostrar que não
é impossível –, talvez seja impossível para vocês, mas não para mim.*

louise bourgeois, *sobre the sail*

o que se chama de imagem outra coisa não é senão o ponto
inexato em que o transcendente e o visível convergem. ver e
rever caravaggio, delacroix, fantin-latour, max ernst, man ray,
tarsila, mapplethorpe, hirst. neles o que resta desloca a per-
cepção retiniana dos seres-coisas. já em bacon o *lixo* existencial
se torna a matéria de novo tracejado – do refugo se erguem os
contornos lacerados do gozo.

os objetos-imagem de duchamp são uma síntese dos supraci-
tados: nada mais "explosivo" que o urinol, o livro de geometria,
o xadrez. do mais banal cotidiano emerge a força do *respirável*,
pois só no cotidiano dessublimado se atinge a imanência do
transcendente. desamparo e potência. outros farão o mesmo
e mais, como godard, em que todo princípio de causalidade é
posto em questão – a linha reta fornece apenas um dos planos
de interseção, sem nenhum centramento absoluto.

isto se separa em definitivo do que se define como "epifania",
em que a aura do sagrado reinveste toda a força dos anagramas.
ali onde se instalam o sacro, o salvo, o são, normativamente
se manifesta a imobilidade imaginativa, a imagem fixa, numa
palavra, o símbolo.

a vantagem do *te-ato* gráfico é solicitar o deslocamento do
*inter*ator, sem o quê toda performance vira caricatura, ostenta-
ção egóica. o te-ato é multiplicador de eus coletivos/disjuntivos,
e não a fetichização do eu-só.

(s/d)

arlindo
(daibert)

il y a plus affaire à interpreter
les interpretations qu'à interpreter
les choses, et plus de livres
sur les livres que
sur autre subject:
nous ne faisons que
nous entregloser.

montaigne, essais, de l'expérience

ilustração? dizem vocês! a imagem não ilustra nada além da imagem. passando por veredas, espelhos, cidades, a imagem nada copia senão um mundo de nomes visuais. bobagem pensar no fim da palavra, proferida, televisionada, impressa, por causa do império da imagem. pois no reino daibert, quer dizer, macunaímico, rosiano, maravilhoso país, toda palavra contém miríade de imagens em buquê, e cada imagem condensa em si palavras amorosas, daninhas, benfazejas, malfazejas, indóceis pela vontade de rasgar o papel e prorromper em fantasias na vida real. arlindo reencena o mundo travestido de palavras-imagem. no roseiral de alice camuflam-se jagunços, iaras e outros mitos mais além do simples princípio de razão. ali a inter*versão* imagem/palavra se chama adequadamente *a-letra*, como em gsv, valha a corrosão da analogia – vsg by daibert. partem-se em definitivo o estanho e seu espelho.

ademais onde começa e acaba o livro? seria o mundo livro ou o livro, mundo? mas como impor limites ao ilimitado, se a consistência de ambos é não ter demarcação alguma? o livro ao contrário do que sonham alfarrabistas não se contém em volume, pois um tomo é feito de vários desde sempre. tal como tampouco o mundo se contém no universo. livros são feitos de todos os que se escreveram e vão ainda ser escritos no espacitempo. universos são tudo o que existe além deste em que supostamente vivemos, catalogado pelo gênio da física. oceanos de astros, mandala.

não esquecer nunca: toda palavra é uma figura numa paisagem ou, se quiserem, toda palavra pintada e/ou escrita é uma árvore numa floresta de sinais. mais ainda: toda palavra pronunciada e ouvida é um bicho ou um vivente numa paisagem com figuras. em outros termos enfim: *onde há palavra, há figuração*, começos de vida, por mais abstrato que muitas vezes pareça.

pós-escritos:

1- é preciso ter cuidado com as imagens, senão elas trincam. brotam sobre fundo de silêncio e portanto carecem que se respeite sua origem. porém, como visto, a imagem fala – então mudez e música, em vez de se oporem, combinam à maravilha. um sutil pianíssimo de satie.

2- na escritura como no desenho, na escritura-desenho, interessa esquecer a caligrafia e rasurar a letraset, o lirismo bem comportado do livro de ponto, buscando outros "monstruosos" caligramas, murmura visivelmente ar   lindo.

(16.IV.05)

sabres
(sílabas)

> *é que só ele sabia –*
> *só ele e nenhum outro iniciado –*
> *como era fácil jejuar.*
> *[...]*
> *– porque eu não pude encontrar*
> *o alimento que me agrada.*
>
> *franz kafka, um artista da fome*

nada pior que um homem que se considere "realizado", alguém que a uma certa luz crepuscular enxugue o suor do rosto, contemple os frutos de sua plantação, a casa construída, a mesa posta, a família bem instalada, e exale "estou satisfeito!", como quem diz "estou completo!" nada falta, nada mais importa a não ser o que já foi feito... não que precisemos ou devamos defender a incompletude e a insatisfação a toda prova, como quem se espoja na fratura, em toda a extensão da palavra. não, não há que se fazer uma apologia da infelicidade, mas se felicidade há esta dificilmente consiste em se satisfazer com uma vida bem-feitinha, como há escritores que escrevem "bem", os chamados calígrafos que hoje abundam... e que só fazem isso, uma escrita muito correta, nada acrescentando de seu. sem risco.

o acréscimo viria de um excesso na falta. é porque as peças do quebra-cabeça não se juntam de todo, é porque resta sempre um desajuste como desafio, que posso exclamar, em qualquer momento da vida e sobretudo no limiar exultoso da morte: – não basta ainda, luz mais luz, só um pouco mais e garanto rasgar a última fantasia, o gole não ingerido, a dose não aplicada, a palavra não dita, a última, sempre a melhor. luz mais luz portanto nesta teia inelutável de escuros. por favor, o melhor ainda não foi dito, mesmo que pareça que já disse tudo, o melhor está por vir, o melh...

em tais casos, pouco importa o trecho em que se intercepte a trajetória. a interrupção será sempre percebida como corte abrupto, suspensão do curso, trágica intervenção sem retorno. nunca esquecendo que são sempre os outros que morrem, nunca "eu". mesmo quando "eu" morrer queria que fosse atestado que os outros é que morreram comigo, pois morrer, no duro, não satisfaz. morrer não me completa, morrer quando vier me deixará perpetuamente num estado de suspense como aquele ou aquela que não se bastou, que precisou ainda e mais de alguém mais no minuto final.

(quando arandir beija o desconhecido no asfalto num ato que nunca será inteiramente elucidado na peça de nelson rodrigues, será que está tentando injetar vida no agonizante ou simplesmente desejando morrer em seu lugar? ele dirá, para fugir do escândalo, que o moribundo é que pediu o beijo, mas infere-se por diversas outras indicações que ele mesmo decidiu beijar, num ato de amor pelo desconhecido, indo mais além da piedade. de ponta a ponta a tragédia encena o desejo *do* morto, persistente, que é também o desejo *da* morte. este somente se realizará ao final, pelas mãos também apaixonadas do sogro, que jamais perdoou arandir por ter beijado um outro e não ele...)

mas a vida apenas deveria valer a pena se atingisse o *quase* impossível do morrer sem morrer, do deixar morrerem em seu lugar. não um morrer factual, mas encenado como peça ou jogo, e por antecipação. como num xadrez, a mais plástica das matérias, a matéria-xadrez que se faz toda de reposicionamentos, incisões no espaço, acoplamento de peças para sempre disjuntas. o xadrez como a dança i-material do cérebro, ali quando os dedos exercem a vera função bailarina, em comum acordo. se viver é escavar o sentido, ao fim do processo vital pode-se certamente contar com o vazio, quando todo o significado (que, de resto, inexiste) ter-se-á dissipado. pois se o significado é o que confere o peso metafísico da existência, morrer bem seria perder em definitivo essa ambição teleológica, que é também teológica. a bela morte teria como senha "tanto faz".

no fundo só tenho a palavra como matéria e memória do vivido e do por-viver. toda palavra seria uma espécie de título que anuncia coisas, objetos, dados, fatos e outras plasticidades. colada à palavra vem uma paisagem figural ou desfigurada. mas isso não quer dizer que não haja nada além de palavras, pois estas são apenas a forma precária do que ainda não tem forma, como um anúncio do porvir, se vier. um monumento que já nasce como ruína do experienciado. palavra, palavra.

quando uso determinada palavra, sinto-a tanto como coisa mental quanto como coisa corporal, uma sendo apenas o desdobramento da outra, já que *a mente é essencialmente corpo*. nesse sentido é que se fala hoje em um cérebro circulante, entre-células; o espírito se fazendo matéria, desde o princípio.

(20.IV.05)

saliência
(viseira)

segundo godard, em o elogio do amor, quando vejo uma paisagem vejo mais que a paisagem, quando leio um livro compulso mais de um volume. pois eu, quando vejo um vidro pintado ou esculpido a chumbo e outros metais, vejo a coisa vítrea, a estrutura metálica, as ranhuras e muito mais. vejo a vacância que *não* circunscreve as formas: a obturação, o ângulo de visão que é também um ponto cego. o vidro me dá o instantâneo de praticamente tudo sem apaziguar a vista, uma vez que o vidro se vê no ato de olhar. filtrando o mundo contemplado, o vidro obviamente é o mais *transparente* dos objetos.

vitrificação é o lugar de passagem por natureza, daí a necessidade vital das vidraças/vitrais/vitrines, que são formas inconcisas do respirável. o grande vidro sustenta a respiração, é alento, sopro, combustível. à diferença do espelho, que, rijo, apenas reflete, o vidro desnuda como raios x. viver através do vidro se torna um vício. nele todos nos tornamos testemunhas oculares, solitários solidários, ímãs irmãos, imas irmãs.

(21.IV.05)

perdas
(ganhos)

considerados provavelmente como coisa inútil para a história da arte e para a história em geral, a maioria dos ready-mades originais de duchamp se extraviaram e deveriam ser chamados na verdade de *objetos perdidos* (que foram refeitos a partir da década de 50, com autorização do inventor). a não ser, claro, que os consideremos como objetos conceituais, cuja única finalidade é indagar o que é a arte, respondendo com a impossibilidade de defini-la. mas um conceito nunca é apenas um conceito, atingindo sempre a rasa dimensão do concreto.

o ready-made talvez seja o maior achado da arte no século 20, pois provavelmente a grande questão que assombrou aquelas décadas de intensa produção foi formulada de forma direta ou indireta pelas coisas assinadas duchamp. "arte" é aquilo que não se pode definir, sobretudo não pelos conceitos tradicionais da história da arte, disciplina como tantas desenvolvida plenamente no século 19. e aí advém toda a saga das chamadas vanguardas, a busca desesperada de *não* fazer arte permanecendo todavia no solo minado da crítica e da teoria da arte.

este é o paradoxo que ainda nos assombra e perturba no novo milênio. o que fazer da arte-antiarte-não-arte dos novecentos? terá isso um fim em si ou um fim para além de si, ou ainda fim nenhum como fim total da obra de arte? onde principia e onde acaba esse longo capítulo do tomo intitulado até ontem como Arte? e a antiArte? e o que fazer com os artistas-coletores se não se propõem a fim algum, serventia nenhuma? arte é talvez mesmo o que se indefine, mas cujo único traço seria provocar o sentir-pensamento a partir do vivido e o deslocamento de valores ligados a pré-conceitos, repressões, recalques e outros entraves. a chance da chamada arte eletrônica, de que isto aqui faz e não faz parte, é relançar em outros termos as dúvidas da experiência-arte ainda e sempre em aberto, que herdamos fiel e traiçoeiramente do século 20. importaria então quem sabe descodificar o código estrito das artes, vazar o recinto.

pós-escrito: os ready-mades configuram a forma mais materializada do figurativo desfigurado, que tem o contraponto nos nus esvoaçantes de duchamp, antecipados pelos maravilhosos nus de michelangelo, em especial o de ganimedes bicado pela águia, e o nu do escravo. mesmo se o choque contra o burguês, tal como performaram os atuantes dada, perdeu todo o interesse, já que a burguesia se tornou a principal consumidora de artefatos vanguardistas, não se dissipa a força de desnudar e pôr em movimento o real cotidiano.

daí a roda de bicicleta, o urinol, o porta-copos e a série valerem por todos os que posteriormente rasgaram uma brecha no vasto tecido cultural. em vez do valor de troca, os ready-made deveriam suscitar a força de qualquer ferramenta, além da mera utilidade, escavando outros usos, novas validades. o cotidiano já pode se tornar estético, não no sentido de belo mas de hipersensível, aberto à aventura que o olhar de soslaio pode dar. será por acaso que os olhos capitosos de ressaca incomodavam tanto bentinho? com freqüência o referido estrabismo de pensamento torna visível o invisível. tudo tão ao alcance da mão. por vezes é sem nenhuma interferência que a vida comezinha rasga suas próprias vestes, expondo torso e seios...

(s/d)

transgressões
(deslocamentos)

a celia pedrosa

seria ingênuo hoje acreditar numa metafísica da transgressão.
todos os signos da rebeldia foram recuperados pela indústria
do marketing. grande parte da arte comercial dos últimos cin-
qüenta anos tirou proveito disso, de modo exemplar a propa-
ganda da coca-cola com sua estética high-tech, sua linguagem
para lá de impactante. a estética do novo pelo novo, própria
ao modernismo heróico, forneceu as inesgotáveis insígnias da
transgressão prêt-à-porter.
todavia, igualmente terrível seria aceitar as coisas como elas
vêm, via tevê ou internet, comuns lugares, achatada dimensão
cuja abertura muitas vezes inexiste. mas nem sempre. nada ga-
rante a respeito de efeitos imprevisíveis da mídia sobre seus
contumazes espectadores. de qualquer modo, um pensamento
diferencial se impõe mais que nunca perante o conformismo,
não como ruptura, quebra, reversão da ordem e outras previ-
sibilidades. talvez sim como dobra sobre o papel real.
não aceitar as coisas como pré-dadas, o que é sempre predatório
e niilista, mas praticar micro-*inter*versões no tecido que nos é
estampado em primeiras páginas impressas ou nos portais. re-
cuar para dobrar e poder avançar em outro espacitempo não
programado como um roteiro consumido por antecipação. o ato
despojado de dar sem pedir nada em troca, dar por dar, pelo
prazer da doação anônima e impessoal, pode ser um modo de
modificar o curso nada natural das coisas. assim quem sabe os
fluxos podem se entrecruzar com mais intensidade e paixão.
pois toda vez que tento romper explodir furar uma barreira
descubro que não há barreira alguma aparente, os muros mais
resistentes são invisíveis e requerem algo além de dinamite para
vir abaixo. descontinuar a intangível muralha, corroendo sua
base, pode ser o modo eficaz de derruí-la sem transgredir, pois
quando se transgride parece que a norma volta mais forta-
lecida. esse paradoxo georges bataille já identificou há tempos,
a transgressão acaba por confirmar a regra com que em apa-

rência rompe. rasurar borrar desvirtuar, em suma ver de outro modo e expor a visão do que em geral não se vê, pode ter como efeito uma persistente mutação, que começa em si e na relação com o entorno. não há projeto social sem mudança individual, reinvenção de valores – não através de quebra mas por suave deslizamento.

sobretudo sem onisciência, pois o que se expõe só comparece no ato mesmo da descoberta, como imprevisto, impromptus schubertiano, que pode ser bom ou mau. eis as chances do acontecimento. não compactuo, não aceito a orgia geral dos gestos corruptos, e assim me alio ao que de mais-vida se realiza, deslocando a mais-valia que o capitalismo teve a competência de implantar há quantos séculos.

nem contracultura, nem cultura simplesmente tal qual, nem solução dialética, um outro lugar como discreta e persistente relação com as diferenças. deixar vir o que desconheço, como vier. na verdade quem dá sempre é a vida ou a morte, e nós passiva ou ativamente recebemos com maior ou menor vibração. nesse jogo sem regras determinadas por vezes mais é realmente mais... daí pode emergir a exuberância, sem hedonismo porém, este traz sempre uma panóplia de convenções e modos de usar – já o fruir intenso prorrompe inopinadamente quando a sentença desarma

sem ponto

ou

âncora

a mais-vida não corresponde portanto a uma felicidadezinha medíocre. pode não trazer felicidade alguma. seria mais um *alongamento* da vida para além de toda contrição, artrite ou imobilidade, um a l o n g a r que facilita a abertura a inspiração/ expiração o movimento escavando artesianos poços – janelas abertas para o corpo desate rasgo moção, brilhos até na poça de lama.

(23.IV.05)

***

se a idéia de transgressão se tornou derrisória, houve, há de fato uma categoria de indivíduos que transpassam quaisquer expectativas dos tempos. o positivista dr. alfred c. kinsey fez dois relatórios entre o final dos anos 40 e início dos 50, o sexual behavior in the human male (1948) e o sexual behavior in the human female (1953), que iam de encontro a todo silêncio ou retórica moralista que se pregava a respeito do sexo e correlatos. a despeito da revolução freudiana, os norte-americanos, e o mundo, continuavam de um modo geral imersos na ignorância sobre aquilo que lhes era mais íntimo, a sexualidade e seu exercício, além das posições de gênero, a complexidade do desejo, e tudo o mais. vêm kinsey e assistentes fazendo falar sobre o inefável, registrando as experiências sexuais em laboratório e desatando suas próprias inibições como poucos. uma rara conjunção de teoria e prática, disciplina e delírio. o macarthismo não demoraria a flagrá-los como "braço" do comunismo, daí à perda de verbas, ao descaso, à desmoralização pública, etc. menos que um passo. o filme de bill condon, embora tecnicamente correto, é bem convencional como biografia, mas a vida filmada excede as limitações de qualquer época. sobretudo a nossa, visto o neoconservadorismo à la bush. BUllSHit diz a t-shirt.

a vida tende a ser conservadora, visa a preservar suas próprias estruturas. a sociedade a segue, mas se ninguém tivesse dado um passo adiante, descobrindo o que de algum modo já estava lá, como aliás sinaliza a palavra *invenção*, nada teria acontecido ao longo dos séculos e fatalmente não nos transformaríamos diante das novas situações. em pouco tempo desapareceríamos. os inventores abrem a possibilidade de a conservação se renovar, sob pena de aniquilamento. pois a própria vida vive de se reinventar, num misto de continuidade e saltos, prolongamento e irrupção. um duplo passo, uma duplicada visão, o que traz avanços, recuos, descompassos, acertos e desvios. por vezes o desvio se torna norma, por vezes a própria norma se desvia, abrindo para o inesperado. (esse é o tema geral de outro delicadíssimo filme, intitulado adaptação, de spike jonze – diretor do igualmente interessante quero ser john malkovitch –, cheio de replicações, a partir dos protagonistas mesmos, dois gêmeos opostos em caráter e dons.)

precisamos de novos obsessivos como freud e kinsey, para desbloquear o conservadorismo reinante, sob risco absoluto de sufocação. a caretice atroz reina. sou, serei sempre a favor de um certo militantismo, sob olhar crítico. é preciso que alguém ou muitos se exponham, atravessando a estrada como um porco-espinho, arriscando peles e pontas, a fim de que o horizonte se abra de vez: para outra e inusitada coisa acontecer. todo apoio incondicional à militância étnica, feminista, homo, sem os quais "negros", "índios", "mulheres" e "homossexuais" (todas as supostas identidades com muitas aspas) seriam ainda cidadãos de quinta classe, e as comunidades sociais seguiriam numa embarcação para o tédio.

(07.V.05)

***

sempre que tento atingir um limite, ele se afasta, situando-se noutro lugar. por vezes procuro ludibriá-lo, adiantando os passos e me colocando à frente, porém o limite é mais esperto e quando vejo estou pontos antes do que desejava. ensaiei fazer um pacto, ele não cedeu em nada, deixando-me para trás ou risonhamente ficando aquém, às minhas costas, um longo intervalo. quando aconteceu de o alcançar foi de maneira absolutamente involuntária, e aí não sei se valeu. isso ocorreu, por exemplo, em sonhos, não em todos mas naqueles em que despertei porejando, sem todavia sair do pesadelo. ou então quando na alegria do amor, tonto tonto tonto, lá pelas tantas desfiz minhas linhas e contornos, perdendo os sentidos e o senso do censo. desatei ou desandei fora de mim, turbilhonando em espiral.

daí que não faço nunca uma idéia exata do que seja o limite, nem seu prazo de validade, sua extensão ou alcance. talvez não seja nada mesmo, pode ser que se resuma a estar sempre aquém ou além – do desejo. um limite na verdade não tem marcos, baliza ou bandeira, desprega-se e lança-se onde menos se espera... ora em lugar algum, ora em toda parte. com certeza aleatoriamente.

faltam, ou antes, sobram palavras que dêem conta da experiência do limite, o qual justamente não se deixa contar em vocábulos, todos insuficientes, todos excessivos. e no entanto vivemos catando frases para essa coisa inenarrável, que inelutavelmente escapa, borrando o perfil riscado. quem sabe a morte, a despeito do nome que a designa, seja a única experiência que corrói nossa linguagem liminarmente e por antecipação. a morte, ou o que impropriamente se chama assim, talvez seja o termo do termo. ou o termo sem termo que nos aterra, interrompendo a logofilia.

e não devia ser desse modo. pois o que não tem termo não deveria amedrontar mas exigir nossa máxima coragem, deixando-nos por assim dizer sem palavras, em estado de pura ação. a morte nos mira sem olhos, sem bocas, não vê, não pronuncia, não sente. a maior experiência de sem-medo é aguardar a morte como o encontro marcado de toda a insólita vida. a bênção do nada que plenifica.

quando aos dezoito anos vi o filme de mário peixoto, cujo título multiplica limites, margens, fronteiras, pontas, extremos, imaginei ter tocado os meus. bobagem. fui atingido pelo que me ultrapassa e projeta além de um ou dois pontos: a idéia de transgredir a barra a barreira a barragem |||||||||||||||||| sempre à beira _ no limiar da hora, da instância do instante   do avulso

p.s.: a maior inocência hoje seria transgredir a transgressão.

(06.V.05)

**ensaio
(experiência)**

no fundo estes (micro)ensaios propõem simples exercícios de opinião, sem a marca doutrinadora do gênero. ninguém precisa concordar, nem há exatamente liberalismo. antes, talvez caiba sair da reatividade tradicional para a menos usual prática da reexperimentação. isso pode ocorrer por meio do que venho chamando de *inter*versão, pensamento, pedra, assinatura, coisas-nomes, grafismos, *quase*, sujeitos-objeto, evento, brana, etc., etc. a série, por definição, não tem começo simples nem fim, fundando-se numa ética-poética-estética-política sem fundamento único.

pode haver mais pensamento na fala improvisada da rua, da feira, dos corredores, dos bares do que nas convenções normativas. pois só ocorre pensamento, com efeito, quando há evento, poesia, transcriação, de maneira não programada. paradoxalmente tudo deve ser preparado para a vinda surpreendente de um outro/de uma outra, que pode sempre faltar ao encontro. mas quando realmente vem arromba a superfície da tela, desprega a vela, faz da navegação um escrever impreciso, venturoso, aberto ao desconhecido – numa palavra, *respirável*. tudo se orienta por essa arte sem normas fixas do viver respirando, em sentido amplo.

eis quem sabe o princípio de uma ecologia sem dogmas, inventora de uma nova lógica homem-bicho-meio, por outros meios, em nome de uma outra ética, a da solidariedade dos vivos, e não mais da sobrevivência exclusiva do homem como têm sido até aqui as políticas governamentais. interessa descobrir todos os modos possíveis e impossíveis para pensar o homem além do homem, num coabitar planetário com tudo o que vive, medra sem medo, bicho ou planta, macróbios, micróbios, cristais e outras formas no limite entre vida e não-vida. afinal o meio sempre viveu de buscar meios.

estamos hoje experimentando aquilo que assoma impossível mas é este impossível que vale arriscar – e mais-viver.

(s/d, em viagem)

percursos
(fogos)

o neoconservadorismo dominante consiste justamente em querer romper com as vanguardas, repetindo um gesto que se tornou clássico das próprias vanguardas. há um desejo de dizer: tudo isso foi válido, cumpriu seu papel porém agora não interessa mais. cai-se então numa série de valores reativos que constituem o niilismo de nossa época, ilustrado à perfeição por madame camille paglia, que não passa mesmo de fogo de palha, como estampou o mais!, insossa e estéril em sua cruzada estética e política. mesmo o brilhante ensaio de octavio paz ao insistir no "ocaso das vanguardas" se deixa tingir de uma luz crepuscular, irradiada por seu corpo estelar em extinção. peter bürger problematizou o devir-obra da antiarte de vanguarda, mas não se deu conta de como os modos de invenção a partir dos anos 60 vão ironizar ao extremo essa estabilização da atitude vanguardista. não se trata pois hoje de romper com as vanguardas, o que seria conservadoramente permanecer de uma ou outra forma no interior delas, denegando-as, diria lyotard na companhia de freud. importaria diferentemente reencená-las, teatralizando-as como uma das possibilidades de experimentação não-violenta mas incisiva e inclusiva.

vale trazer à tona duas constatações. a primeira advém da necessidade de descrer na existência de uma só vanguarda, com um discurso unificado que teria atravessado todo o século 20. ora, houve tantos grupos e movimentos ditos de vanguarda que uma catalogação completa em todos os países se mostraria de fato "exaustiva". interessa multiplicar esses olhares sobre o que se nomeia como vanguarda, averiguando a irredutibilidade de algumas correntes. o singularmente irredutível é a pedra de toque da crítica sensível. acho por demais aborrecido o crítico que só sabe generalizar, embora a generalização pareça estar na constituição física de toda crítica especializada. a segunda constatação estaria no fato de, em função dessa multiplicidade mesma, não haver mais como romper com um bloco único que nos antecedesse mas sim reavaliar os gestos vanguardistas em seus aspectos transformadores, naquilo que mantêm como força para o debate contemporâneo.

por exemplo, importaria muito ver como a noção de experiência e de experimento, para além do desgaste espacitemporal dos termos, se relaciona com o dito cotidiano estético, político, vivencial em sentido amplo – sem que este tampouco se reduza a um conceito prévio, como se houvesse um só cotidiano, vivido igualmente por todos. a experiência seria hoje algo a repensar em suas aporias e desdobramentos dentro e fora do discurso vanguardista. cabe reexperimentar a experiência, abstraindo o que ela significa de antemão. para saber saber é preciso esquecer um pouco o de-antemão das coisas, fingindo não saber saber, ou sabendo não saber...

aos que atacam as vanguardas de maneira inconseqüente, pode-se indagar se dá para imaginar o século 20 sem elas – que enfado não teriam sido os novecentos sem as invenções e aporias vanguardistas? mas, importante paradoxo, teria mesmo existido isso que placidamente se chama de vanguarda? quantos movimentos além do futurismo e do surrealismo se declararam de-vanguarda? e quem assumiria a retaguarda da vanguarda? seria até engraçado alguém hoje se auto-intitular de vanguarda, nada mais atrasado!

se o adjetivo vanguardista perdeu pertinência histórica, vale ainda pôr em perspectiva as forças que um dia o articularam nos mais diversos contextos, a despeito mesmo do título que se dê. finda a empáfia dos tempos passados, a grande arte de alguns movimentos ditos de vanguarda pode ter sua potência criadora utilizada para reinventar o século 21. esse legado não acaba nunca de se desfazer, renascer, incinerar, rearticular como um ciborgue feliz, uma fênix sem dor nem perda, toda cinzas e aço. no balanço das bossas poucas e muitas coisas sobraram. poucas, porque não interessa mais o tom gritado, a onisciência arrogante, a rebeldia vanguardista (chamaria isso de "fome de abdução", que outra coisa não é senão a vontade de viver através da alheia morte). muitas, se pensarmos que a noção de experiência que nos atravessou e atravessa ainda de um século a outro é o que nos transcria e traduz como indivíduos de uma história sem saga, de uma epopéia sem rapsódia, de um poema sem adocicado lirismo, em cada sociedade industrial, pós-industrial, virtual ou ainda rural.

(13.IV.05)

* * *

sim, amabilíssimo crítico, o senhor tem toda razão, o que escrevo *participa* da modernidade estética, ética, política, cognitiva, e o que mais desejar. participa mas não "pertence", talvez. porque nasci no século ora findo e cresci ouvindo, tocando, aspirando, vendo, comendo, bebendo e admirando o que a modernidade inventou, do mais suposto vulgar ao mais delirante sublime. não tenho outra roupagem senão a que meus pais e mães me deram, pais-mães naturais bem como mães-pais culturais. me vêm todos como rastros das experiências dos séculos 19 e 20, dentre as mais importantes as de um flávio de carvalho, por exemplo. porém são tantos e de natureza tão vária que qualquer lista corre o risco de derrapar na insatisfação. daí prefiro não nomear mais nenhum, deixando a quem interessar possa investigar aqueles que se escondem com maior ou menor eficácia nas dobras do que escrevo.

assim não nego a genealogia, muito embora conte com as pequenas traições que acaso aflorem aqui e ali em meus textos. não sou certamente a pessoa mais apta a analisar nem muito menos a avalizar tais minúsculas infidelidades. isso seria presunçoso e com todas as chances de cair em falácias intelectuais e/ou emotivas. aprendi há muito que avaliação e validação são processos legitimantes ou deslegitimantes que dependem *quase* exclusivamente dos outros. só estes podem em última instância e por recurso final estipular o que é decisivo ou não, diverso ou não do já feito, já dito, já engolido e regurgitado. *já já.*

declarar-se inequivocamente original é um gesto tipicamente vanguardista que aprendi há muito a repudiar. não tenho tais veleidades, mas seria hipócrita se declarasse que não sonho ter algum reconhecimento diferencial.

eis a questão que obsessivamente retorna, para todos e ninguém: como no século 21 criar algo de novo, se o século 20 tudo inventou? ou ainda: como fazer algo distinto da modernidade sem romper com ela? se rompo com a modernidade, permaneço paradoxalmente moderno ou modernista, pois a sua grande linhagem, desde pelo menos os românticos, se fundou em gestos de ruptura – instaurando a tradição do novo como foi bem apontada por paz. mas se continuo simplesmente o que foi feito, sem desejo de afastamento, sou esmagado pelo acervo da modernidade. nada crio de novo, permaneço na asfixia da mesma corporação. em suma, como criar sem romper nem se alinhar?

a única solução talvez seja simplesmente diferir, desfazendo os nós de erupção e conflito. lutar frontalmente contra duchamp, clarice, cabral, rosa, mondrian, proust, campos, joyce, pasolini, borges, gabbo, warhol, godard, niemeyer, beuys, etc. seria ingenuidade. repeti-los literalmente seria inócuo. resta apenas divergir, dar um tempo, abrir nova dimensão espacitemporal, onde os mestres do passado recente compareçam espectralmente, tornando-se quiçá vidraças. precisamos sim revê-los com urgência, mas simultaneamente carecemos mirar mais além, dizer o que não poderiam dizer em sua época, o não-dito interdito, sempre entredito. as múltiplas vozes do *entre*. o que não pôde ser pronunciado nem escutado por razões digamos circunstanciais.

independentemente de todo o cortejo de possibilidades de diálogo sem simples ruptura com a modernidade, o que importaria hoje seria o *singular*, a experiência vivida que se deixasse contaminar pelas letras e traços mas ao mesmo tempo lhes fosse irredutível. aquilo que ninguém mais pôde viver senão "eu", aqui, na ponta do agora, de modo não-verbal. o dado pessoal é o que brota, sem romper nem continuar simplesmente, emergindo do azul. onde e como se fixaria esta singularidade inexemplar? provavelmente num suporte ainda não inventado. sempre por vir mas de algum modo já *aí*.

(11.VII.05)

desacordo
(concórdia)

dois autores que amo em particular são coirmãos de escrita, paradoxalmente *por causa* da imensa diferença que os une: montaigne e pascal, este como leitor e crítico (não sem equívocos) daquele. o que antes de tudo os aproxima é o fato de poderem ser lidos a partir de qualquer ponto do livro, sem prejuízo da compreensão. além disso, a despeito da complexidade que nenhum exegeta esvazia, são amplamente *legíveis*. há em seus textos como que estratos diversificados, que qualquer leitor minimamente aparelhado pode sintonizar e se pôr a dialogar com. porém o mais importante é que os ensaios e os pensamentos dão a impressão de sempre acertar, mesmo quando "erram", quer dizer, quando esse ou aquele leitor deles discorda. pois o que conta mesmo é o exercício do pensamento e não o objeto ou a meta tomados de maneira absoluta.

tal ou qual reflexão "equivocada" pode, por sua força mesma, ajudar a pensar o problema em foco ou mesmo servir para abrir caminhos noutra parte. em última instância interessa a força pensante em ação, capaz de contaminar qualquer cérebro, qualquer corpo que se disponha a. isso é tão mais decisivo pelo fato de compor muito bem com certa "fraqueza" inerente ao ato de pensar, fraqueza esta baseada na disposição em aberto e imprevisível do pensamento, escapando muitas vezes à vontade consciente do autor. em suas diferentes épocas, tais textos e pensadores inventaram os próprios gêneros, convidando os futuros leitores a também descobrir os seus. recorto um trecho pascalino, que resume na teoria e na prática tudo o que tento dizer: ao escrever meu pensamento, ele às vezes me escapa; mas isso me faz lembrar de minha fraqueza, que a todo instante esqueço. isso me instrui tanto quanto meu pensamento esquecido, pois minha tendência consiste apenas em conhecer o meu nada.

discordo do tom religioso subliminar à citação, mas ela tange em mim cordas tão imponderáveis que não resisto a sua voragem e de imediato me ponho a pensar com e mais além de pascal.

(24.V.06)

lentes
(multifocais)

el canto quiere ser luz.
en lo oscuro el canto tiene
hilos de fósforo y luna.
la luz no sabe qué quiere.
en sus límites de ópalo,
se encuentra ella misma,
y vuelve.
federico garcía lorca,
el canto quiere ser luz

a estética não se resume mais ao belo, nem a seu oposto o feio. tal questão não se concentra numa única solução. a história da beleza, toscamente levantada por umberto eco e comparsa, é inteiramente parcial, pois restringe o belo sobretudo a um ideal branco feminino. o homem aí comparece a título de pobre contraponto, para amenizar o chauvinismo. não há praticamente "negros", "índios", asiáticos. ora, não se pode dizer que a mona lisa seja um belo quadro. é perfeito por fixar um padrão de época; admiramos pela artesania que excede todo preceito, mas a beleza no caso transmuta em pré-conceito, pois se prenderia à admiração sem o distanciamento que o borrão de duchamp encenou. numa pincelada gauche, a gioconda se masculinizou, tornou-se o que já era, um exato travesti como curiosamente eco chegou a declarar depois de publicado o livro.
o xis da estética hoje seriam as novas formas de sensibilização, mas não de "percepção", que é outra coisa completamente diferente, facilmente reduzível a um dos órgãos de sentido – em especial o olhar. com os novos mascaramentos, quer dizer, roupagens, cirurgias, maquiagens, implantes e toda a horda das próteses, descobrimos que não há mais padrão do belo, embora alguns ainda queiram se submeter a essa tirania. o belo de platão era decerto um padrão histórico, um modo de mirar os corpos e projetá-los em almas aladas. hoje o corpo foi dotado de asas, não há como projetá-lo para fora de si, e a alma tornou-se uma de suas "funções". a dita obra de arte perdeu totalmente

seu caráter de objeto, coisa inerte, para se tornar sujeito, coisa ativa, mutante. nem sujeito nem objeto, os dois a um só tempo – o suporte, a mão, o instrumento, o projeto, o projétil, a "obra", e o vadio espectador, sem o qual nada.

como querem muitos artistas, lygia e hélio entre tantos, nós mesmos somos a obra de arte que desconhecemos, o sujeito-objeto alado. o projétil que não se sujeita, gritando quando necessário, mas desvelando suaves vozes a maior parte do tempo. o estético agora na ágora tornou-se o hipersensível, em vez de supra-sensível. este idealizava a estética como beleza, aquele abre as portas para a sensibilidade, a qual não se liga mais somente aos órgãos do sentido, é corporal e espiritual, *experiencial*. sempre de passagem. inclui também o que outrora se chamava de significação, coisa mental, mas sem privilegiá-la. e o ser-estar sensível implica divisar os outros enquanto outros, como quando luzes iluminam parcialmente rostos na escuridão, em instalações-rembrandt ou caravaggio, raios verdes, velas véus veladuras por vezes *quase* inviáveis.

(no filme cinema, aspirinas e urubus, de marcelo gomes, o jovem alemão, que veio para o brasil fugindo da segunda guerra e passando a vender aspirinas em pleno sertão, depois de muito rodar com um caminhão ao lado de seu assistente nativo, acaba por finalmente *vê-lo*. para mim, a cena mais tocante é quando, após receber o comunicado oficial de que deve ou retornar para sua terra, pois o governo brasileiro resolveu aderir às forças aliadas, ou se entregar imediatamente, johann e ranulpho se embriagam e passam a encenar uma guerra "doméstica", alemanha x brasil, em solo sertanejo. trata-se de movimentos bélicos simulados entre camaradas. nesse momento johann desceu do pedestal de sua formação européia para, na dor e sob forma de brincadeira, ser realmente acolhido pelo dito autóctone, "ignorante". são dois indivíduos afastados do conflito internacional, mas que recebem em cheio, naquele lugar supostamente perdido do mundo, os efeitos da devastação internacional. ninguém está isento, ninguém é inocente. à margem da margem, somos todos responsáveis. a história se passa inclusive aqui, neste momento. agora.)

(02.V.05)

eles
(elas)

o que me constitui vem não só antes mas talvez e sobretudo depois de mim. sou feito pelos autores que ainda não li. alguns entrevejo nas livrarias, nos sítios culturais, nos suplementos literários, nos periódicos especializados, mas muitos se insinuam no concerto da praia, no teatro municipal, na esquina da rua. estes são os anônimos, que escrevem com o teclado de sua sutil inexistência. ignoram-me tanto quanto os ignoro, porém somos desde eras irmãos e irmãs de sangue, letra e perdão. neles me traduzo por inteiro, aqueles que estou por encontrar, sem fixar data. sempre um elas na conversa deles, sempre um eles na conversa delas, não importa o gênero. elas por elas, eles por eles, elas por eles, eles por, e assim sucessivamente. *nós.*
essa vacância em minha tela-vidro os antecipa, esboça-se um sorriso-frase, um abraço-parágrafo, rascunhos de aceno sem a tentação da identidade. perfilam uma poética dos destroços, os manos sem destino outro senão reescrever compulsivamente o traçado cursivo de suas vidas, ainda que rotas rotas. no fundo nossos diálogos não têm tradução, vivemos do mútuo e grato desconhecimento, por tempo indeterminado. poderia inventar nomes para esses tais, mas a graça está em não ceder à facilidade da nominação, que é sempre começo de fama. são a anticelebridade por excelência, sem qualquer refletor. minhas anômalas anomias do ser-não-ser.

(s/d)

o impostor
(ninguém)

batem à porta, vai abrir. ninguém. batem de novo e empurram. ninguém. nem vento nem visita. ninguém procura, ninguém ama a solidão. ninguém. palavra louca que as línguas inventaram: nobody, personne, niemand, nadie. alguém pode se entender, remete a um rosto, uma atitude, um gênero, uma possível presença, aqui ou noutro lugar. algo palpável. todavia ninguém não é nada, nada é ninguém. não há máscara, face ou corpo que justifiquem tal designação. ninguém se chama ninguém. só uma pessoa em toda a história da humanidade ousou dizer "meu nome é ninguém" – não me perguntem quem. mas, além desse louco, nunca se viu, nem encontrou, nem tocou ninguém assim. dizem que vem do outro lado, do iníquo além-mar. será? entretanto para quem jamais atravessou enseada, baía, golfo, mar-oceano, naquelas bandas não pode haver ninguém. só aqui existe, só agora importa. de que vale uma abstração, estátua de vento, erigida a e por ninguém? quem responde ao louvor ou ao escândalo? nenhum de nós. ninguém, ninguém. parece nome de deus ou diabo em figura. esse termo sem termo, pois nunca se interrompe, deveria ser abolido dos idiomas, dialetos, das tribos e nações conhecidas. indigente, ninguém contamina a existência real. ninguém ameaça a pessoa humana, até os animais, o reino vegetal e mineral. corrói tudo esse ninguém, mesmo a ternura, mesmo a nefanda guerra, o ódio, outros modos tortos de amar. ninguém sobra, nem as pedras. nunquinha. nada fica, nem o dilúvio, nem a maldição, nem a família, depois de ninguém.

– tolice o suicídio. inútil querer assinar a morte. morrer no fundo é indeterminado e apócrifo. daí as costumeiras tentativas para consumar a própria existência, até por acaso dar certo e as células interromperem por conta própria o processo orgânico. quem dita a derradeira palavra, quem escreve o parágrafo final, quem ri por último? ninguém.

(08.IV.06)

traduções
(canais)

...se porventura. não falo fluentemente nenhuma língua, sobretudo a dita língua materna. sempre me indaguei por que materna. em nossas sociedades patriarcais a língua não seria mesmo a do pai? qual o poder de fala da mãe, ou seria porque o adjetivo qualifica um substantivo feminino? e por isso o idioma é que seria paterno? mas qual a diferença entre uma e outro? o que faz de uma língua mãe e de um idioma pai? quem engendra quem? há tradução entre outra e um? quem manda mais, quem nos submete, e como podemos subtrair a lição imposta, o ditado em voz alta, a frase polida a esmeril e memorizada a fogo? como ser mais e menos que o infante capaz de decorar e regurgitar os versinhos-que-a-professora-mandou na festa escolar? que outra aula de literatura podemos (nos) dar?
falo e leio razoavelmente em francês, idem para o inglês, leio bem o espanhol mastigado como todos, conheço algo do alemão mas queria mesmo era saber javanês. do tupi-guarani trago a lembrança de algumas palavras que sobraram do estrago feito aos abatirás. mas nenhuma língua me satisfaz, nenhuma traduz o idioma que carrego na pele, a palavra esboçada na língua de fato, mastigada entre dentes. sobretudo a não-palavra. busco versão para a experiência que não tem nomes, só marcas, nos órgãos fonadores, auditivos, degustadores, farejadores, tateadores, visuais, lascivos todos – canais abertos ao que vem, em vagas ou impulsos,

à   d e r i v a

(03.III.07)

polilóquios
interiores)

*a ana chiara, com quem
pude compartilhar a dor*

dor tem cor? se tem, qual é a cor? dói para baixo ou para cima,
para a frente ou para os lados? dor sobe escada, pula cerca, per-
corre distâncias? lança dardos? mas o que faz mesmo doer? dói
de vez em quando? ou só quando sorri, a seco? dói de qualquer
jeito, mesmo ou sobretudo sem querer? ana disse que dor tem
que ter medida para suportar, mas que fazer, me digam, com
dor desmesurada? dor assim sem objetivo, finalidade, razão...
dor sem adjetivo. dói mais, ou menos, ou nenhuma das opções?
dói para sempre, dói eternamente, dói sem tempo, lugar, aber-
tura, dimensão? ou dói só de mansinho e monstruosamente?
para um apenas ou para todos? pode-se doar a dor ou isso é falta
de generosidade? mas se der passa, ou piora?
dói feito mói, ou feito rói, corrói, destroça? dói onde mesmo,
nos ossos, na cabeça, no peito, na garganta (seus nós), nos ar-
telhos, na palma da mão, no mindinho, na cutícula, no ven-
trículo, na retina, na memória, ou no corpo todo? onde se en-
contra a dor quando parece que dor não há? aonde foi dar?
parar, quem há de? dói também no vazio, meio sem motivo?
uma dor sem órgãos, sem veias, sem casca, assim meio abstrata
mas tão real que até respirar dói. e se dor de fato não existir, se
essa corrente que vai do sistema periférico ao central, passando
por intestinos, pulmões, coração até chegar ao cérebro, se tudo
for fantasia de um corpo-alma enfermo? com que roupa, costu-
me ou hábito se veste, transveste ou reveste a dor? ou doer de
verdade é nu, raro, cru, duro, difícil de achar em estado puro?
dor não se compara, ou maneira de agüentar é comparando a
menor e a maior? a maior e a outra, excessiva? qual a extensão
então desta que extravasa além de parede, muro, dique ou qual-
quer contenção, além de metro ou centímetro cúbico? tão mi-
núscula que só o aparelho de última geração vê ou tão imensa
no final do fim do mundo, colossal apocalipse reduzindo tudo a

nada, tanto que nenhum telescópio ultrapotente dá conta de registrar? dor assim do tamanho do universo, se este tem um, ou menor que grão de aveia ou de alpiste, micro, nanométrica, espectral? dorzinha de nada.
bicho sente dor, ou dor é coisa de gente? planta sente dor, ou dor é coisa de bicho-com-nervos? e pedra, pedra sente dor, ou dor é coisa de planta, bicho, gente? e estrela, qual a dor de estrela quando explode, vertendo matéria vital por todos os lados? astro dói e morre por dentro feito pedra, planta, bicho, gente? será dor de estrela abismo, buraco negro ou fonte? qual a fonte da dor, precisa de, ou dor aguda jorra sem origem, vindo de qualquer canto, de qualquer espora, de qualquer aresta, espinho? qualquer dor é uma, ou o próprio da dor é nunca ser qualquer e aflorar única? mas houve, há, haverá dor, ainda, mais e mais, e até quando? me digam, quando?

(12.V.05, camacã–porto seguro)

do amor
(suavidade)

talvez a supressão da violência em definitivo seja o impossível mesmo, tangenciando o utópico. se o que institui a vida é um dom original e ambíguo, na medida em que disputa espaço com a vida preexistente, o ato vital em si mesmo é impuro, quer dizer, afirmativo, não-niilista, nem anárquico, apesar da necessidade do *caos*, sem o qual não há criação. o caos criador é matéria-prima para fazer brotar uma semente nova e potente. porém, uma vez germinada, a semente e seus brotos disputam território, e aí começa a saga colonizadora, o cruzamento do ódio com o amor original. sobre esse ódio há e haverá muito a dizer, sempre.

o amor original, todavia, que inaugura e afirma a vida enquanto tal, dentro de um acontecimento que envolve um vir à luz e toda a fotossíntese, esse amor original se converte em seguida numa droga potente que pode tanto matar quanto dar mais vida. chamo ao processo como um todo em aberto de *respirável*, aquilo que abre *zonas de respiração* no suposto coração do ser; ou como prefiro pedestremente designar, no coração do estar... estar sendo, ter sido, como diz hilda hilst. isso implica dar de comer ao outro, ser "comido" mas sem destruição, nem devoração antropofágica ou, pior, canibal (ver acima). comer, tal bem diz a língua portuguesa do brasil, para amar/ser amado, apenas: the greatest thing you'll ever learn is just to love... interrompo a canção propositalmente pelo meio, a fim de evitar o comércio que a continuidade dos versos estipula. o dom do amor se dá como puro dom, sem pedir nada em troca senão a *quase* impossível possibilidade de se dar, mais e mais. um dom sem troca, inegociável, intransigente em sua carga de afeto, mas sereno em seu exercício de amar. um dom que negocia decerto com as formas históricas do amor, reivindicando sempre ir mais além, empurrar para mais adiante os limites do afeto, com a mão firme da delicadeza, mesmo quando o coração pulsa e treme. aí a violência e o ódio não desaparecem de vez, mas se mantêm em suspenso, como ameaça pairante, tornando a promessa de felicidade (que, por exemplo, de modo liminar a literatura encerra) um desafio permanente.

para que a promessa amorosa do literário se cumpra, importa que se inscreva como ato de destemor. sem álibi, ou seja, sem auto-enganos que adiam a felicidade possível com o outro. é isso o que barthes quer dizer com o viver junto, o categórico imperativo de amar a diferença noutra pessoa, que me constitui antes mesmo de eu ter um nome. as sementes vêm do outro e da outra, sugere lévinas, não importa se os conheço ou não; em seguida ocorre a fecundação, a gestação e o parto, como atos contínuos do mesmo amor, mas nem sempre sem contaminação de ódios.

tudo isso só é comparável ao ato sem igual de ganhar um nome, de ter outra vida ainda muito cedo, por receber o chamamento que vem do outro. o nome do outro, como ato de doação, me delibera a tarefa de continuar a viver, como uma *vocação* que paradoxalmente vem do inominável. embora a comunicação se faça por meio de nomes e designações, o inominável, como reserva sem fundo de marcas e sinais, é que dá origem aos nomes. por assim dizer, a extensa faixa de terra e todo o ar que se encontra diante do infante (aquele que por enquanto não fala) é habitada muito mais pelo que não tem nome do que pelo que já tem.

o inominável é o vestígio desse alguém que não identifico previamente. a travessia da experiência no desconhecido, rude e sensível, é que me faz sair de mim mesmo, de minha mesmidade que nunca é original mas sempre derivada. sou sempre o outro de mim, um eu outrado desde o começo, desde as sementes que me foram confiadas até o nome e o sobrenome que me deram, pai e mãe reais ou virtuais.

a acolhida de quem ainda ignoro é a condição mínima para que o incondicional do amor se realize. nada pior que um amor cheio de exigências e interdições, ilhas de previsibilidade. reconhecemos muito bem esses casais eunucos ao primeiro olhar, nada têm a oferecer senão filhos desenxabidos, que vão repetir ad aeternum a esterilidade reprodutora dos pais. essa talvez seja a diferença entre reprodução (do mesmo) e repetição (da diferença singular). neste último caso ocorre invenção no coração da matéria – no primeiro há repetição de morte, acefalia, sufocação no absolutamente irrespirável.

sujeição in-voluntária significa abrir mão ainda que provisoriamente da soberania, tornando-se súdito de outro alguém, que não reina soberano, mas invade territórios com sua estranha familiaridade. algo o torna sempre reconhecido ao primeiro olhar, embora irredutível às formas do mesmo.

heterômico (fora da lei) e heteronímico (inventa novas regras de autoria) a um só tempo, o outro ou a outra desfazem os códigos preexistentes e exigem novas normas, novas palavras para diferentes situações. claro que por questões de soberania individual e nacional nem sempre a invasão acontece, e a infamiliaridade do outro é tanto banida quanto sufocada. as formas históricas do negativo são infindáveis, embora algumas estejam bastante catalogadas: tortura (campos de concentração, gulags, abu graib, guantánamo, inúmeras prisões brasileiras, encarceramento político na china e em diversas outras ditaduras que se perpetuam no planeta, mas também nas supostas democracias), expulsão, repressão, silenciamento, extorsão, esmagamento, aviltamento de toda ordem, etc. o etc. aqui aponta para o infindável em espaços de confinamento.

(mas é preciso não esquecer que o ódio é uma forma intensa e invertida de amor, daí que pode reverter em seu contrário. dizer *eu te odeio* é colocar-se nas fronteiras do *eu te amo*, inadvertidamente. a cura para esse outro e insondável amor está no esquecimento involuntário ou na indiferença afirmativa, sem rancor.)

amor é o nome para aquilo que não tem nome próprio e que paradoxalmente precisamos nomear assim. de repente estou amando. e há tantas formas de amar e ser amado que a catalogação é totalmente precária. há o amor de acoplamento, genital, mas há também sutilíssimas formas de amar que não carecem de genitalidade, como a da amizade, a das relações de parentesco, as do companheirismo. nesses casos muitas vezes a sexualidade talvez seja apenas objeto de interdito, mas nem de longe se faz impossível... não se pode ter certeza de que, numa relação que envolve amor, algo de sexual em sentido estrito nunca vá se manifestar. nada garante que uma bela amizade não recubra afetos mais carnais. tantas vezes se viram amigos e amigas dormirem juntos e estenderem mais além os laços de carinho e de ternura!

um traço perpassaria as relações de amor, qual seja, o da delicadeza. não há tesão ou ternura que não exija algum cuidado com outros e consigo, desde sempre com outros que estão em si mesmo, ainda ou já no autocontato. e mesmo nessa experiência voluptuosa e única em que se toma a si como objeto de amor, a masturbação. há no hábito ou na incidência masturbatória todo um capítulo ainda não escrito da literatura. algo do se tocar através da escrita, assim como nas outras artes através do pincel (a estupenda pictografia de bacon e os enigmáticos caligramas de magritte se auto-referem numa seqüência todavia bastante exterior, diferida) ou da câmera (o fotógrafo de blow-up, de antonioni, sumariza um vasto repertório de técnicas e obras das artes visuais, no momento mesmo em que o mecanismo dispara por si, e *se expõe*).

o intempestivo acontecimento do amor não destrói o ato de auto-afecção masturbatória que as artes exemplificam no limite da derrisão. simplesmente o amor reduplica esse amor de si, faz do retorno posterior do mesmo uma coisa mais intensa, pois agora contarei com uma representação (parcial) dos outros em mim. representação esta como todas deficiente, mas capaz de desatar inúmeras sensações que o rastro dos outros propicia. quem não conheceu nunca a delícia de se tocar na ausência de quem se ama, tendo-o no entanto em permanência junto a si, ao mesmo tempo *dentro de si / fora de si*? é o amado ou a amada que se acaricia então, se tocando e sendo tocada por esses outros tanto ausentes quanto intensamente presentes.

a presença ausente de certo alguém no ato masturbatório que a escrita e as artes encenam é da ordem do indefinível: nisso não estou mais só, auto-afectante, mas tampouco estou inteiramente acompanhado. torno-me dois em um, dois para um, e não mais um sozinho, rumo à imobilidade. esta solidão se encontra povoada de companhias, e a amizade aí traz um suplemento de gozo que nada fazia prever antes. não sou mais meu nome apenas, aquele que me deram como batismo, recebo outras tantas nominações, substantivas e adjetivas, que sozinho jamais poderia inventar. o nome sem dúvida é o que vem de um estranho idioma, que aprendo suditamente a repetir, a gozar enfim. o desfazimento da mesmidade é, pois, um ato de amor ditado por alguém a que me submeto com voluptuosa contravontade. isso se chamava outrora de *paixões*.

(08.VIII.05)

vertigem
(cinematógrafo)

*tudo começou com o que vim a chamar de
MANCOQUILAGENS (MANCO (CAPAC) + MAQUILAGENS):
invenção de NEVILLE: paródia dos concerns do artista:
a COCA q se dispõe em trilhas acompanha
o pattern design q lhe serve de démi-sourrire
para o q se conhecia por plágio: a MAQUILAGEM
se esconde na própria disposição
q assume como se fora parte do desenho
hélio oiticica, a propósito das cosmococas*

naquela manhã de verão acordou bem cedo, pouco antes do
nascer do sol, mas não abriu os olhos. reviu mentalmente as
últimas imagens do sonho que acabara de passar. não, não fora
pesadelo, como a intensidade do vivido levaria a suspeitar, por
exemplo, pelas batidas aceleradas do coração. fora sonho ape-
nas, mas distinto de tudo quanto. acontecia numa cidade de
que não se lembrava bem, não tinha mais certeza se salvador
ou paris, já que as ruas tortas do quartier latin, embora mais
antigas, muito lhe lembravam os becos do pelourinho e da saú-
de, onde cruzara adolescências.
as cores do casario eram de uma tonalidade inqualificável, como
borrões que ultrapassavam todo o contorno, esvaindo-se com
fragor e clarões, vermelhos, verde-limão, laranja, como só na
capela sistina. e havia uma história que nunca fechava, per-
dendo-se entre torres e túneis, como se cada parte do sonho se
interligasse com fases distintas de sua vida, em cruzamento e
rede. ali de bruços onde revia as cenas, palpitante, fez exercícios
respiratórios acelerados, para acompanhar o ritmo das coisas
precipitadas. foi então que, antes de virar inseto ou coelho, des-
cerrou as pálpebras, atendendo quem sabe a uma voz íntima,
que lhe soprava com uma calma infinita, como nada no mundo,
abra os olhos:
abriu. num relance os objetos no lusco-fusco matinal se tingi-
ram de um púrpura, rosa ou azul inexplicáveis. bastante exces-
sivo para a penumbra da hora, que todavia começava a abrir

269

seus naipes, como se linóleo ou vidros de farmácia. eis senão quando o mais inesperado aconteceu, os matizes carregados arrefeceram, o mundo perdeu a cor. tudo ficou muito alvo, próximo do desbotamento, em cascata. o que está sendo descrito sucedeu num intervalo curtíssimo, o tempo de uma piscadela. durante todo o dia, o entorno ficou assim lívido. – estou ficando cego, disse, e foi a um oftalmologista que nada de anormal atestou. sua visão permanecia tecnicamente intacta, sem nem mesmo o declínio da percepção que a idade mansamente já permitia. nada, o médico poucas vezes vira tão boa vista àquela altura. deu-lhe um tapinha e mandou-o para casa despreocupado.

mas permanecia embebido no mistério, o mundo à beira do sem-cor. simultaneamente se deu conta de que muita coisa havia tempos esquecida revinha, não sob forma de visão. retornavam só como palavras, as coisas vividas, lidas, palpitadas, agora postas em revista. mais os contornos se perdiam, mais as informações da vida inteira, algo torta, como todas, emergiam em enxurrada. – vou morrer, pensou. porém não, quando se morre a vida volta em turbilhão cinematográfico, de preferência em technicolor e dolby stereo, como sem dúvida a maior parte de seus sonhos. eram extraordinariamente visuais, palpáveis até, senão nem retinha. sempre associara isso ao fato de ter desenhado e pintado quando adolescente, na capital e nas férias na fazenda do pai, horas de lazer e júbilo. atividades autodidáticas que abandonara quando começou a escrever profissionalmente, porque antes disso conciliava muito bem escrita e pintura, realizando auto-retratos e histórias em quadrinhos para consumo impróprio.

conversou longo tempo com o grande amigo ao telefone, de olhos pesadamente fechados, desenhando objetos de forma automática, rabiscando palavras, como costumava fazer, por distração, cadernos empilhados nas gavetas com aquele tipo de anotação psicotelefônica. mas quando desligou com delicado até-amanhã, estranhamente na caderneta não estavam os costumeiros desenhos, pouco decifráveis mas ainda de fato figurativos. agora havia rabiscos e alguns restos de cor. como hieróglifos, desbotados ou borrados por novas inscrições sobrepos-

270

tas. não configuravam o traçado habitual, por si só enigmático. tornaram-se esquisitamente ilegíveis, como mensagem cifrada cujo código. passou asperamente os dedos tentando entender, e o mal-estar do dia redobrou. quem sabe não estou sonhando, raciocinou, assim vou dormir e quando despertar estarei de volta ao mundo real, longe desse pesadelo que se tornou ver as coisas em fatias.

mergulhou sem escafandro nas trevas do sonho, e lá o clarão do dia se repetia, os objetos se reduzindo a traços e palavras, as imagens em fading evasivo, passando rápidas e furtivas. esse mundo não é o meu, não o reconheço mais, pensou, embora não estivesse de todo infeliz, o sentimento era outro. e o pior, ou o melhor, dependia do foco, era que o maremoto de recordações sem imagem não cessava, como se toda a sua vida lhe fosse dada de volta num átimo branco, repleto de pontos. de tudo lembrava, até do minúsculo brinquedo que o irmão desventrara na infância, até das crises insuspeitas de asma, da primeira ejaculação como urina, do abraço no colega, do beijo na boca da prima, do toque do professor nas costas, tudo coleção de inutilidades repassada involuntariamente.

o arquivo de uma vida que não era certamente apenas sua estava ali no presente como oferenda. respirava, respirava, respirava. havia muito descobrira a grande arte da respiração, a que dedicaria sua existência. sopro ora entrecortado de múltiplas vozes vindo assombrar o momento em que seu corpo inteiro se concentrava num ponto qualquer para suportar a vaga. quando de novo acordou o mundo continuava o mesmo, quer dizer, outro, obturado das imagens contumazes. os delineamentos, todas as linhas, como se perdiam no momento em que se divisavam. só sobrava o ruído das formas em dissipação, como ondas que se afastam para se reerguerem mais altas, cada vez mais, e rebentarem sob modo de memória falha, nada, esta espuma.

o arquivo agora assomava ingente e monstruoso, pois não tinha rosto, só pequenos pontos, que rapidamente ele podia converter em palavras. então lhe deu um branco total. as coisas vinham como rapsódia inútil e pálida. cúmulos de sensações sem sentido final, daí a proliferação de mensagens, brancas brancas

brancas, no vazio, por sinais claros. a cor que prescinde da cor e exubera.

nos dias seguintes os amigos compreenderam que tinham a seu lado um megaprocessador, inigualável em operações, realizando sinapses de que nenhuma máquina até ali fora capaz. passassem-lhe quaisquer dados ou cifras, mesmo as mais absurdas, e ele podia repeti-las de pronto e na ordem que desejasse, pois nada era assim tão arbitrário, ainda conseguia ordenar os fatos arquivados conforme a circunstância, regurgitando-os. sentia-se praticamente cego, o que entrevia era suficiente apenas para absorver a informação, bruta ou refinada, e convertê-la em matéria estocada, ao dispor de todos, por sinalizações algébricas, soltas sílabas, impressões.

(curiosamente a perda da visão, por mais que doesse, foi lhe trazendo de volta seu corpo, este tão maltratado corpo que antes se encontrava muitas vezes reduzido ao puro olhar. a máquina inteira processava tudo nesse momento limítrofe da glória e do ridículo, em que nada a um raio relativamente longo de alcance escapava. seu corpo esbelto e sutil, imerso todavia em trevas, se ressensibilizava por inteiro. e apesar de o visível lhe ser interditado, tanto por dentro quanto por fora, havia um êxito imenso na captura dos sinais sensoriais que lhe chegavam em conta-gotas.

o mundo se tornara oblíquo, mas esse modo indireto de acesso era infinitamente mais rico que o anterior, uma perda valendo por desmesurado ganho, a vida em caótica sinfonia que ressumava mais e mais sensações. o redemoinho sensitivo revolteava, como se toda a natural cultura de que fazia legitimamente parte o elegesse como um captador de sensibilidades, um vasto ponto que irradiasse emoção impessoal.)

tornou-se fenômeno de imprensa, quiseram privatizá-lo como o cérebro de grandes corporações, que controlaria todas as máquinas, colocando-as sob desígnio central. recusou-se, como rejeitou o convite do governo para gerenciar as operações de que nem os técnicos nem seus sofisticados aparelhos davam conta. só trabalhava para os amigos ou para pessoas carentes, que tiravam proveito de sua carga informativa. tinha repertório para mil existências, multiplicava-se a serviço do bem comum. era o corpo todo que captava e registrava dados, como se pequenas antenas se distribuíssem sobre a pele, nada escapando.

não via mais nada com precisão, o tanto exato para registrar, processar e devolver como informação sofisticada, alterando a qualidade das vidas que dele dependiam, das quais a seu modo também dependia, ele que já não tinha mais vida própria. não era exatamente infeliz, repito, sobrevivia de modo furtivo com um e outro contato. mantinha o duplo prazer, solitário e acompanhado, ambos movidos pela imaginação, e esta nunca falhava. o erotismo particular era o único estoque de imagens que não se perdera, amantes, encenações pornô, toda uma cartografia libidinosa, a ultimíssima visão do mundo antes que submergisse em definitivo numa montanha de dados, confundindo-se com o ambiente que inexoravelmente captava. quando sumiu de vez, ficaram nos lençóis umas manchas algo brancas, desfeitas, não se sabe se de suor, sêmen, saliva ou lágrima; o bastante para deixar uma marca, que nunca se perdeu de todo. como seu nome cujas iniciais. aconteceu assim, mais uma vez, como todas, o fim do fim do mundo.

(12.VI.06)

idiomas
(estúdio)

sentimento de que não tenho rigorosamente nada de meu. a língua que falo não é minha, nem mesmo pertence a esta terra, veio de além-mar, e por aqui recebeu inúmeros enxertos. mas tampouco conheço nativo algum, de país nenhum, que possa dizer que é o legítimo proprietário da língua. esta não é senão o reino flutuante de que falava ferdinand de saussure, onde ninguém é senhor mas todos assujeitados súditos. a língua submete impiedosamente, mas não há nisso nenhum fascismo, ao contrário. os nomes todos, as ditas palavras estarem a nossa disposição, tudo isso é bênção, podemos assim renomear o mundo. isso outrora se designava como literatura, o poder do nome que não pertence a quem fala-escreve mas que lhe é dado pela força da língua. embora o que mais interesse não pertença ao nome nem a ele volte.

alguém já se deparou com uma língua? alguém já a encontrou de corpo presente? a língua não cede presença a ninguém, simplesmente não comparece, nem se manifesta, desliza. a língua está aí o tempo todo, falando-nos, mas em si mesma não é nada. e somos, sou, os despejos desse corpo ausente e manifesto a cada segundo. uma soberania abstrata, a da língua, mas sem sufocação, um dos lugares mais potentes do respirável. o que plenifica a língua são seus poros, aquilo que até pouco tempo se chamava de *materialidade*, irredutível me parece a um empirismo ingênuo. a matéria da língua é essa massa de sons, sentidos, ruídos e lacunas que nos atingem em vagas, logo processadas e repercutidas alhures. daí a i-materialidade.

a língua sempre remete a um outro lugar, um além da gente mas que começa em nós, com nossa singularidade. na europa me espantava ao ouvir que no brasil falamos o "brasileiro", o que é verdadeiro e falso. falso porque não temos uma outra língua. a única de que dispomos, como disse, não nos pertence, vem da península ibérica, mas verdadeiro porque ultrajamos tanto a soberania do português luso que acabamos por enlouquecê-lo. a loucura da língua portuguesa se chama o português do brasil, clamando-nos a renomear os nomes que nos legaram, doudamente. "nosso" idioma, o brasileiro: é como se os europeus tivessem decretado o sonho marioandradino de materializar a língua brasileira.

o idioma na verdade é o que fazemos com a língua que nos foi dada, reelaborada. a sucata da língua se torna em muitos casos irreconhecível ao olhar autóctone. se não possuo a língua, por vezes com ela copulo, e o resultado é essa coisa inefável chamada estilo: o que sou mas que tampouco está em lugar algum, intangível, alucinatório; todo um romance de traição à língua materna. o nome que me foi dado, meu maior dote, seria esta seta apontada para um centro alucinado onde em princípio residiria o "meu" estilo. mas este centro não consiste em rocha, pois multiplica-se em mil focos dispersos. magma dissoluto. se a língua não é una nem pontualmente localizável, o estilo este surfa nas ondas que a língua espalha.

(10.I.07)

saberes
(quereres)

numa quarta-feira hibernal reluzindo a estio, encontro fh* por acaso na santa clara esquina com a nossa senhora de copacabana. fábula a manter oculta, uma vez que já foi narrada aos pedaços no livro proibido e inédito. pulo portanto esta página, economizando espaço em disco rígido e papel impresso, mas não resisto a comentar de passagem o que me faz não ter o desejo de me reaproximar de fh* nem de reinseri-lo no contexto de minha vida, como se dizia outrora. falta leveza em quem tanto pregou a própria, discípulo irreconhecível de nietzsche. estou falando de um dos mestres fundantes de minha singularidade intelectual e até mesmo afetiva.

mas o pior é seu desprezo pelos saberes contemporâneos. admiro a ciência em todas as suas disciplinas como têm se desenvolvido até aqui. o problema não são os saberes, mas o modo como são disciplinados, formatados e transmitidos nos espaços institucionais. todavia o mundo informacional, como simples exemplo, estabeleceu uma revolução que só poderá ser bem avaliada dentro de no mínimo meio século. não temos ainda o parâmetro para entender os desdobramentos disso que sem dúvida equivale ao advento da imprensa no ocidente ao final da idade média.

estou certo de que uma nova velha civilização está se erguendo da ainda muito jovem cultura do livro, a qual ainda resistirá por algumas décadas ou talvez séculos. pois não há que se opor o livro ao não-livro. a rede se fará cada vez mais de livros absorvidos e retransmitidos, como já está acontecendo em toda parte. mas só nossos descendentes estarão aptos a compreender o que seus antepassados, no caso "nós", fizeram. ainda não temos a medida do alcance que nosso saber erguido sobre fundo desconhecido alcança.

então não há nenhum desprezo nem mesmo temor pelo que hoje se propõe como investigação. tudo o que escrevo, penso, se faz na linha fragílima desse pesquisar que se opera e se perde na esteira de transformações contínuas. uma operação no limite da inoperância, pois o melhor felizmente nem sempre serve aos circuitos de antemão integrados.

claro que o aparato digamos ideológico que cerca um tal procedimento merece ser devidamente posto em questão, desde dentro. a astronomia e as viagens espaciais recolonizam o universo, a física quântica se apossa do nanocosmo, mas ambas apontam para um espacitempo não-colonizador das relações de busca e encontro.

(02.VI.05)

montanhas
(solventes)

> *le détruire et le construire sont égaux en importance, et il*
> *faut des âmes pour l'un et pour l'autre; mais le construire*
> *est le plus cher à mon esprit. o très heureux eupalinos!*
>
> *paul valéry, phèdre – eupalinos ou l'architecte*

as mundivisões, como o nome diz, pedem o olhar diviso, múltiplo que inclua necessariamente a cegueira. não se trata de inverter o paradigma, privilegiando a deficiência visual, que é sempre dolorosa (sobretudo nos trópicos em que o serviço público é insano, mas isso não impede a existência de cegos muito bem adaptados, levando vida normal). o que interessa é incluir a falta de visão na própria visão, a fim decerto de evitar o olho absoluto, panóptico, que tudo vê, crê, pode. dividir e multiplicar os olhares é somar pela subtração da onisciência, num país de mandarins onde os que ascendem ao poder querem obter todos os privilégios de uma vez, seguindo a parábola de quem-tem-um-olho.

não, não somos nem estamos totalmente cegos, não queremos sê-lo, há uma atenção desdobrada neste momento para o lixo do planalto; brasília, o sonho do arquiteto, virou pesadelo nacional, construtivismo às avessas, niilismo acabado. mas o sonho pior foi o do operário no poder que rapidamente se comprometeu com as forças corruptas de sempre. há agora um dilúvio de lama, onde certamente os ratos passearão – mas os roedores na verdade nada têm a ver com essa história de humanos venais. essa é uma novela repetida, gasta até o último centavo dos tesouros estatais, tornados privados à custa de nossos olhos, da cara. aqui seria preciso mesmo reinventar a visão, centuplicar os modos de observar e agir, desfazendo a trama, descosendo o enredo em que há séculos nos emaranhamos sem fé nem lei nem rei.

em tours, montaigne laborava a crônica de seu tempo, num estilo pontiagudo, como se fosse fácil desferir sulcos e abrir *picadas*, esta linda palavra do português que outro pensador já no século 20 extraiu como pepita. picada é o caminho desbravado pelo homem na selva selvagem mas que pode se camuflar no mato como uma de suas trilhas naturais, misto de civilização e pura natura. a picada pode ser o lugar de reinvenção do caminho, novas trilhas na *silva* política nacional, em busca de outra postura pública, nova relação com o privado. para além do denuncismo, podemos estar divisando um modo de surpreender os públicos e podres poderes a fim de fraturá-los, submetendo-os ao nosso desejo, e não nos deixando tragar pela fúria fisiológica de quem tudo armazena, retém, controla, ou seja, o mesmo grupo, os mesmos interesses, o mesmo do mesmo em nossa seara de desigualdades.

se remover montanhas é praticamente impossível, embora a história conheça inúmeros desmontes, que pelo menos se rasgue a rota e se veja um pouco além do barrado horizonte, da arquitetura do mal que nos devora desde dentro. o erro do cálculo foi projetar uma capital longe de todos, oculta à vista, e tão soberana quanto o próprio e invisível poder. quantos brasileiros terão visitado o distrito de difícil e restrito acesso?

assim à sombra da política federal os brasileiros retraçam outras formas de participação, esquivando-se da suserania que nos faz a todos cordeiros docilmente entregues ao abate. precisamos descobrir nossa própria soberania como um modo de compartilhar a hospitalidade com quem chega e realmente vê, mesmo no breu total.

– brasília é uma lindíssima e errônea fábula do arquiteto.

(05.VII.05)

logo
(silogismos)

o que faz alguém tomar-se como modelo, pintando auto-retrato? certamente não é o fato de considerar sua vida como *exemplar*, a não ser que se entenda o termo em sua função substantiva: uma mostra de vida. só assim. claro que rembrandt, ramos, böcklin, proust, bacon, cecília, portinari, pompéia, mappletorpe, plath, freud, nadar, torga, lúcio, frida, ashbery, cocteau, schiele e tantos outros podem ter cedido eventualmente à tentação de se verem como subjetividades "exemplares", no sentido adjetivo. mas essa pretensão não se sobrepõe ao outro desejo de expor não propriamente uma intimidade, como se faz tanto hoje em nossa cultura de celebridades, mas a trama dos afetos, encenados diária e diretamente ao vivo, com todas as cores. esses eus são absolutamente comuns em sua fragilidade, mas especiais pelo modo mesmo como expõem sem cair no exibicionismo gratuito.

(isso não acontece propriamente em "tempo real", pois a expressão ganhou com efeito um sentido completamente irreal, tornando-se um artifício de realidade. como se, pelo fato de a exibição se dar simultaneamente ao vivido, a veracidade já estivesse garantida. nada mais enganoso. o tempo real da mídia e da internet pode ser totalmente fabricado em estúdio, mesmo que aconteça noutro lugar. como as guerras do golfo e do iraque, espetacularizadas, tanto quanto todas as reportagens que se seguiram às invasões.)

tudo são quadros, espasmos, poemas, esboços, instantâneos, até quando já não há moldura, pois agora faz parte do campo da arte perder cada vez mais seus limites, confundindo-se com seus duplos, a vida, a morte, ou a-vida-a-morte. esse é o plano aberto dos encontros, desencontros, excitações, contentamentos, quereres, frustrações, *sucessos* em suma. o "como se" da ficção é o que une biografia e arte, perfazendo a bioficção.

quanta auto-ironia lançada no ecce homo de nietzsche! de modo que ali toda legítima pretensão vem modulada por um talvez.

tal vez: a vida que sempre poderia ter sido mas que para sempre ficará em dívida. ou alguém ainda acredita em mulheres e homens perfeitos? ao contrário, essas vidas comprovam o caráter permanentemente tosco do humano.

– alguns nascem póstumos.
– outros natimortos...
– outros ainda nativivos!

(02.IX.05)

logo II
(discurso)

para onde olham os pintores quando pintam a si mesmos? que ponto vazio é esse em que supostamente nos encontramos, os telespectadores, mas que não nos representa jamais? ou somos vistos, sem querer, dentro dessas pupilas dilatadas, sutilmente irônicas, de um rembrandt, de um goya, de um van gogh, de um otto dix enquanto, imobilizados frente ao espelho, miram-se a si no ato puro de retratar? o quê? quem configura quem, o artista a si ou o espectador ao artista, na atividade de *se* pintar? e quando um bruce nauman com todo o fôlego tinge seu corpo num vídeo, ou uma parte dele, a cabeça, o tronco, os braços e mãos, mirando não o outro lado da tela retamente, aqui onde estamos, mas um ponto mais abaixo – quem está ali naquele lugar, por assim dizer imaginário, para capturar a intensidade do olhar?
são homens e mulheres absolutamente comuns, pintores de corpo-e-alma, que põem ambos, alma & corpo, na superfície da tela, pano ou líquido cristal. esses auto-retratos estão congenitamente condenados ao inacabado, falta-lhes um verdadeiro assunto, pois *se* retratar não é nada. sinalizam a pose fatal de quem captura o instante além do instante, aquele da marca e da mancha, da assinatura. (seria esta quem sabe a verdadeira "marca d'água".)
assim é que mel bochner propõe conceitualmente seu self/portrait, sem figuração nenhuma, todo com palavras dispostas em duas colunas – o perfil verbal indo do self ao lifestudy, espécie de heterobiografia pessoal. selfhood e egohood são dois lindos monstros lexicais, não acham? a exposição do ego seria mesmo uma teratologia mal disfarçada. é a mim mesmo que pinto, diz montaigne, entre modesto (não tenho outra matéria) e desafiador (convido-os a fazerem o mesmo, prezados leitores). frida kahlo se representava insaciavelmente, seu rosto era o único tema, ultrajado com rigor em texturas, paredes, segundas peles, pelos, buços, matérias, abjeções, dúvidas, alvos, inspirações, ex-

pirações, poros... já warhol fixou a própria imagem em polaroid e silkscreen, mas suas autodefinições são tão importantes quanto as telas e fotos, as fototelas (fotoformas, resumiria mais tarde geraldo de barros). com ou sem camuflagem. hopper sintetizou a pincelada: não penso que alguma vez tentei pintar a cena americana; estou tentando pintar a mim mesmo.

(02.IX.05)

***

independente do auto-retrato explícito, desconheço alguém que desenvolva um tema qualquer em que de modo incerto ou direto não se inclua. a obsessão por determinados motivos é o índice mais alto de identificação "espontânea". atenção, pois, ao que escolherem como tema, para não se verem fisgados na teia que teceram como inocentes críticos... o arquiteto da muralha da china emparedou-se em seu monumento. o mesmo aconteceu ao construtor dos jardins da babilônia, terminou os dias suspenso por ordens do imperador. as majas desnudas e vestidas são goyas travestidos. madame bovary sou eu, definitivamente, diz flaubert.

tal como nos arabescos de juan miró, quando se mira um horizonte assestando dardos, acaba-se por penetrar e fazer parte – o corpo todo vai junto. já stéphane mallarmé, num escrito autobiográfico encomendado por verlaine, projetou toda a sua existência no Livro, que nunca chegou a materializar, mas que deixou em partes tanto nos textos que publicou quanto nos esboços. como queria, sua vida inteira desaguou em literatura, num livro único, sempre e ainda por vir. a pergunta que fica: essa existência se realizou por completo, ou ficou eternamente inconclusa?

em todo caso, mallarmé buscava bem antes de duchamp o anonimato literário, como discorre ainda acerca do impossível volume, adjetivando seus escritos como trapos e molambos: e isso conterá diversas séries, poderá mesmo prosseguir indefinidamente (ao lado de meu trabalho pessoal, que, creio, será anônimo, o Texto falando de si mesmo e sem voz autoral).

relendo essas páginas percebo como o autor de um lance de dados tinha o perfeito sentido da modernidade enquanto esta ainda estava se fazendo, por assim dizer no meio do caminho. compreendia-a de um modo muito mais agudo que muitos de nós, que todavia temos a vantagem de alguns séculos de modernidade nas costas e queremos nos lançar mais além, anunciando apocalipticamente a pós-modernidade. não que eu concorde inteiramente com suas palavras, mas por isso mesmo...

(08.IV.05)

***

algumas pessoas costumam se dar uma importância que não têm. quanto a mim, não me dou importância alguma, por isso escrevo como quem pinta no avesso da tela. para me apagar por trás do auto-retrato abstrato. a pergunta é sempre quem me lê antes ou depois de mim? warhol novamente, olhem a superfície de minhas pinturas e filmes, aí estou. não há nada por trás. henri michaux confirma: muitas vezes aparecem, em meu próprio retrato, as máscaras do vazio.

muito próximo da heteronímia pessoana, ensor também se coloca numa tela entre várias caras, certamente a dele mesmo não é a mais autêntica de todas. o eu e seus outros se compõem de uma mascarada que nenhuma autoridade central comanda. o rosto alheio, essa face nada gloriosa, felizmente não é um simples decalque de "mim". o que faz de um outro outro, isto é, diferente, irredutível, é não se submeter a minhas leis, sobretudo as que tratam do alheio. nesse reino da diferença absoluta, tudo me excede, nada me completa; as coisas e figuras me contemplam sem complacência, soberanas, *quase* indiferentes.

(20.XI.06, dia da "consciência negra")

***

se um dia tiver um verdadeiro ofício, este será o de tradutor, ou melhor, de *transleitor* de culturas. pois tenho várias, todas relativas apenas aos lugares e situações que vivi, experimentei, destilei. camacã, itabuna, ilhéus, salvador, rio, paris, grenoble, rio, vitória, juiz de fora, rio, rio, rio. nada disso vem sem misturas, nada poderia ser traduzido intacto para uma supralíngua. de tudo fica um resquício de intraduzível, aquilo de que não dou conta, de que não há contas a dar, e permanece como irreconhecível a qualquer código, apólice ou fonte limpa. o melhor de mim talvez continue para sempre impuro, porém jamais diria "corrompido". ao contrário, essa mistura é o que de mais incorruptível trago. provavelmente tem a ver com meus últimos nós que há pouco se desataram para "eu" ganhar mundo de vez. sobraram os fios nas mãos, teleguiando com leveza.

– desenho, fotografo, teclo, recorto, colo, escrevo, duvido – logo existo?

(02.IX.05)

        * * *

há os que, desistindo de pintar a si mesmos, passam a utilizar o ambiente de trabalho como *motivo* (matéria, assunto e razão do que fazem). tal daniel senise, que em sua técnica atual transpõe para as telas o estúdio de nova york. tetos, portas, paredes, janelas são minuciosamente reproduzidos, sob estado de manchas e estrias. o recinto se torna uma extensão do corpo do artista e de seu trabalho, a arte se converte em algo estritamente ambiental, num amplo sentido. por conseqüência, o próprio mundo se encontra investido naquele pedaço de vida.

todo retrato de si é um retrato de cego, tateando impalpabilidades.

não escrevo uma linha que não seja auto-bio-grafia. faço-o através de "meus" outros, próximos e distantes: amigos, escritores, pintores, músicos, engenheiros, atrizes, porteiros, fotógrafos, ilusionistas, guardas, cineastas, motoristas, designers, costurei-

ras – o leque infindável das artes e ofícios com que compactuo.
se elaborasse um tratado de matemática seria "auto", quer di-
zer, "alter".

(03.X.05)

• • •

ecce homo: o que me encanta no auto-retrato de johannes
gumpp não é apenas a presença do gato e do cão, selos registra-
dos de sua produção pictórica, como se a identidade devesse ser
dada pela contrafação animal. nem somente o fato de na cena
se distribuírem três "pintores", um no espelho, outro na tela
pintada dentro da tela, e um terceiro no primeiro plano, repre-
sentando o pintor *real* porém de costas. (isso me faz involun-
tariamente lembrar dos três leitos "pintados" por platão na re-
pública.) o que me encanta realmente é o estar-de-costas para o
espectador deste ultimo gumpp, fazendo com que o triângulo
formado pelos pintores se quebre. – como assim? – porque sim-
plesmente o tecido escuro das vestes é o ponto cego, o quadro
negro, por sobre o qual todo e qualquer espectador pode es-
crever e assinar nas costas de quem pinta.
há um quarto "pintor" excluído da representação, que por assim
dizer a rebenta. o leitor-mais-que-vedor se insinua por sobre os
ombros daquele que se recria através da pintura, suspendendo
a relação de johannes consigo mesmo. não há portanto mais
auto-retrato em estado simples, mas um deformado quadrilá-
tero que inclui o outro desconhecido, sem o qual bem pouco
acontece. a imago idealizada de si resulta em impossibilidade
de imagem. catástrofe. eis o homem, diz-nos o quadro, ex- o
homem dirá o deceptivo espectador. a imitação do semelhante
se inviabiliza, pois há um semblante que nunca emerge de todo,
o rosto oculto. (na verdade são cinco os atores, pois deve-se su-
por ainda o gumpp "real", tornando mais complexa a encena-
ção pictórica.)
algo parecido, porém em menor grau, se passa no auto-retrato
com um arquiteto amigo, de giovanni battista paggi. nesse tam-

286

bém, o suposto modelo está de costas, examinando-se no es-
pelho mas acompanhado do amigo arquiteto, em olhares de
soslaio, como é comum nos auto-retratos. o pintor tem o dedo
da mão esquerda levantado como um personagem da ceia de
leonardo, enquanto a direita empunha um compasso, à espera
do acontecimento. no papel à frente as figuras nem mesmo se
encontram em esboço, uma ainda abstrata tela.

(15.IX.06)

recobrimento
(camadas)

no vídeo, passando de uma pigmentação clara básica para um escurecimento progressivo, bruce nauman "se enegrece", como diria jean genet. despe-se da tez branca, experimentando na própria pele a existência "negra", sem ter que passar pelo que muitos afro-descendentes passam. tal como aqueles comediantes de hollywood que antigamente se pintavam de preto para representar papéis de "negros". ou como os atores shakespearianos, em sua grande maioria europeus "puros", que se travestem de mouro, em otelo, por exemplo, mas isto é mais que um simples exemplo. e nem seria preciso ter cor sugestivamente escura para estagiar na miséria, bastaria nascer em berço pouco esplêndido.

a indústria do consumo já inventou o black fashion. revendo uma foto de jean-michel baskiat by warhol, reconheço de imediato todos os traços de beleza negra idealizada: corte radical, ar desafiador, petulância, roupas de griffe. na frança o termo black designa expressamente esse lado vogue da "raça", enquanto noir remete para o comum dos mortais, despossuído ou não, mas, pela simplicidade, desinteressante. black é sensual, noir é vulgar. nègre é mais pejorativo ainda, algo como nosso crioulo, distinto do créole francês, palavra aplicada à mistura de línguas africanas com idiomas europeus, segundo a cor local.

chique é ter um black todo seu, desde que não seja um mero noir, não vivendo principalmente em guetos. o black é o noir esbranquiçado, domesticado, suavizado em seus tons de fera, fauve. um pouco como pelé e ronaldo no nível mundial, e os pagodeiros no nível local, ninguém mais os reconhece como "negros". aliás, este ano mesmo constituiu um falso escândalo na mídia a declaração de ronaldo, dizendo que jamais sofreu discriminação lá fora, possivelmente por não ser "negro". ao que seu pai retrucou renegando as palavras do filho, a bastardia da raça.

mas qual é mesmo a cor? a quem se aplica a pigmentação, ao "negro" nauman ou aos "brancos" pelé e ronaldo? qual o problema, se para michael jackson, aqui como alhures, pouco importa ser preto ou branco? ou branco e preto, a ordem muda alguma coisa? pb = bp? e "pardo", segundo consta na certidão de nascimento de muitos brasileiros, que cor é essa que nos deram de nascença? se no breu todos os gatos o são...
meus lábios foram pintados de índio ou de africano, e o nariz meio achatado, e os olhos puxados, orientais. meu deus, e a mecha loira quando criança, serei um homem ou uma composição "monstruosa", híbrida e rudimentar? por que os pais não burilaram o perfil, ou a presumida riqueza, se houver, está nisso? quem idealiza mais, o europeu que se vê como o espelho da humanidade, modelo narcísico da beleza grega, ariana, nórdica, caucasiana, ou o outro europeu que volta e meia dá meia-volta e declara que belo mesmo é o mestiço, pois rica é a mistura? sem falar de toda a mitologia brasileira, fundada na superioridade da mestiçagem... (constatei recentemente com grande espanto que em meu registro foi assinalada a cor branca... talvez meu destino seja oposto ao de machado, terei no atestado de óbito "pardo" ou quem sabe "negro", mulato.)
mas qual povo nasceu puro de misturas? quem é descendente direto de adão, o vero e único filho de deus, já que o segundo a deter esse título era na verdade o próprio deus em pessoa? sou quem sou... e por que pintam cristo de louro, quando na verdade deveria ser um guapo moreno de olhos castanhos ou bem escuros? mas seria mesmo guapo, em que língua? quem, como, quando começou essa história de pureza do branco e correlata impureza do negro? eta branco sujão! diz o cantor baiano, ele mesmo "embranquecido" pela mídia. onde, me digam, estamos? qual o tom politicamente correto a ser adotado hoje? e onde se encontra a incorreção? no fundo quem corrige quem nessa coloração da verdade? ademais, verdade esta branca, européia e feminina, helênica em suas origens? eram os gregos todos deuses e brancos? quem, os mediterrâneos gregos?!

(03.IX.05)

**noturno
(diurno)**

> *on ne s'afflige point d'avoir beaucoup d'enfants,*
> *quand ils sont tous beaux, bien faits et bien grands,*
> *et d'un extérieur qui brille;*
> *mais si l'un d'eux est faible, ou ne dit mot,*
> *on le méprise, on le raille, on le pille:*
> *quelquefois, cependant, c'est ce petit marmot*
> *qui fera le bonheur de toute la famille.*
>
> *charles perrault, le petit poucet*

era sempre o último a saber. levou muito para ler, escrever, assinar, proceder. mais tempo ainda para dominar as regras de montar cavalo, bicicleta, e mesmo veículos automotores, cujo verbo mais tarde aprenderia a conduzir. bem antes ignorava as normas de encaixe e funcionamento, cubos ardilosos, trens elétricos, montanhas mágicas, tantos engenhos. na dança nunca acertou passo, desafinado. nadar só para sobreviver, contra poços sem fundo, marés, redemoinhos. para o resto, carecia de manual, instruções.

enquanto o irmão passava a perna, perito em tudo, da magia das letras, o fabular abecedário, às incognoscíveis cifras. esperto experto, expedito o dito. já ele apenas entendia de desenho, pintura e minipoesia. um sopro só. aos seis anos fundou escola, pôs os primos nos trilhos, rezou cartilha. com esses se entendia bem, eram novinhos, submissos. bom mestre, aprovou gestos e maneiras, todos com nota dez, a mil, risonhos. lobo se fazia de bobo. tresmalhava.

continuou felizmente sem dominar a arte de pegar passarinho, os sábios sabiás, os ariscos nhambus, sanhaços, e outras penas sob espingarda de ar comprimido – como tampouco manejava a contento o anzol, deixando escapulir piabas, traíras, robalos, deslizantes tais. ao fero mano nada escapava, regiamente instruído desde o batismo, rei nato, rastreava coelhos, desfraldava veados, até ninhos de corujas, rãs e sapos, havendo. o pai abençoava, contente, o destro caçador.

cresceram lado a lado, um como medida negativa do outro, dividindo o teto, extremos opostos, fronteiriços porém afetuosos. não muito tarde, cerca dos dezoito, desperta de supetão, o outro dois anos mais velho apontando arma, para si, bem na fronte, ali ó. ensaio de partir, sem volta. o domador virava caça. primeiro sinal de crise ou interna luta, um treinamento certeiro começava a travar. o primogênito não prima mais, tarda e falha o mecanismo, a rudes contragolpes. aos vinte e cinco a negra valsa por acidente, batida, adeus, ponto. a partir desse instante ele carregaria no íntimo seu duplo desmedido mundos afora. um mar de gentes, nomes, escritas, falas insurgia desde então, mas uma companhia nunca lhe faltou, decalque, entretida sombra sem alarde. restou da época um vermelho, negro e verde cromo de chagall, dociamara província vitebski (poderia ser itabira, castleford, ilhéus, tânger, grenoble, rimini, nanchang, ou qualquer outra; são todas dessemelhantemente iguais). a sorte, boa ou má, nunca tergiversa, galopa e assalta.

resumo desta história com dois fins: a vida, modo de usar e desusar, amorosamente.

(11.IX.05)

roteiros
(cenários)

meu deus, meu deus, a quem assisto?
quantos sou? quem é eu? o que é este
intervalo que há entre mim e mim?

pessoa bernardo soares,
o livro do desassossego

cultivar o deserto
como um pomar às avessas

joão cabral de melo neto,
psicologia da composição

quem foi esse pessoa ou essa pessoa (o gênero importa e muito) que teve tantos nomes e na verdade não teve nenhum, pois pessoa convenhamos não é nome de gente, nem próprio. pessoa é nome comum, qualquer um, servindo para designar a espécie e não o indivíduo. assim, pasmem, pessoa não houve nenhum, nenhum mesmo. pessoa é ninguém, como o francês bem o demonstra e ressoa, personne. (com efeito, a língua portuguesa pertence a ninguém, daí ser a mais expatriada das falas do mundo inteiro. ver o filme falado, de manuel de oliveira. mas de passagem relembro, língua não é bem nem mercadoria para troca ou venda. talvez falar, escrever, desenhar, pintar, filmar, sonhar seja o que mais desapropria e despersonaliza, embora também configure auto-retrato. afinal, as melhores biografias são sem fato.)
conseguem imaginá-lo na baixa, no rossio, na alfama? não combinam, creio, o nome e um real andar, seria antes uma fantasmagoria sobrenomeada bernardo, alberto, ricardo, alex, etc. desses sim posso ver o vulto sereno numa esquina do bairro alto, no cais do sodré, na mouraria, numa mesa de café, à brasileira. na rua estreita do mundo. sempre uns sem o outro, sós consigo mesmos, mais leitores que escritores, vagantes, conscientes sonâmbulos. vazios, como as avenidas desertas que são desertas não por não terem passantes mas porque eles tran-

sitam ali como se fossem desertas. nunca esquecer, o deserto está povoado de densas aparições, vivíssimos mortos, nossos e alheios, concretamente impessoais. miragens são bem mais que devaneios.

(14.IX.05)

continentes
(externos)

há essa coisa de ser artista, escritor latino-americano. tais qualificações são sempre duvidosas, remontam ao imperativo oitocentista de ligar uma nacionalidade a uma literatura, ou o contrário, pela vontade de auto-afirmação. claro que há relações entre algumas coisas que se fazem aqui e no méxico, no chile e na argentina, venezuela, peru, equador, uruguai, mas daí a querer inventar uma supranacionalidade cultural me parece limitador. é a permanente tentação da analogia que faz sufocar as diferenças sob camadas de semelhanças. identitário, como adjetivo substantivado, está na moda, nada contra elas, as modas, tudo contra as vagas que sufocam a dissonância, o não-idêntico. o sonho de integração só estará completo quando incluir os eua e o canadá nesse cânone "alternativo". sobretudo porque ambos estão cada vez mais vivenciando suas tensões internas como ausência de fronteiras externas absolutas.

os filmes crash, de paul haggis, e marcas da violência, de david cronnenberg, giram em torno disso. o primeiro, de haggis, é inspirado em altman e no próprio cronnenberg. já a history of violence, título original de marcas da violência, é de um realismo que vai além, caindo num hiper-realismo mal controlado. o protagonista não atende simplesmente ao clichê do anti-herói, banalizado pela imprensa catalogadora, de resenhas dominicais. não. é a história de um homem com um terrível passado, um imenso pesadelo, a ser transformado em mais um sonho americano. porém os fantasmas voltam inopinada e assustadoramente, claro, quando menos se espera. esse retorno não é em si original. diferencial mesmo e complexo é o modo como o cruzamento de duas existências num mesmo sujeito, bandido-herói, se resolve ou não se resolve nunca. as marcas do passado não se apagam com um simples desejo de esquecimento, fosse assim a psicanálise como prática seria absolutamente desnecessária, ou até inviável.

é preciso o viés do real para desmontar as estruturas de terror e impotência que uma vida delinqüente ergue. e no real os traços do caráter anterior nunca estão de todo desfeitos, o pior pode sempre eternamente retornar. nunca se é mau de todo, tenta explicar didática e irritantemente o crash de haggis – nunca se é de todo bom, explica com todas as letras e sem nenhuma inocência history of violence. não há, provavelmente nunca houve, uma única américa "branca", sábia, rica, poderosa, wasp (white anglo-saxon protestant). a cor branca sempre esteve borrada com múltiplos tons, alguns relativamente pacíficos, outros hiperviolentos.

a paz e a guerra, na américa do sul como na américa central e do norte, a riqueza e a pobreza, a doçura e a aspereza são termos para *reler*, em conjunto e em separado. eis nossa impossível identidade, para além de toda fantasia de *uma* cultura latino-americana. esse título parece corresponder ao sonho intrínseco de perpetuar uma imagem populista, paupérrima e cordial de nossos tristes e belos trópicos, um paradiso que traz as marcas violentas de uma estação no inferno. o mito terceiro-mundista congelado até a eternidade.

(lembro que o termo "américa latina" foi criado pelos franceses no século 19, para enfrentar a hegemonia dos estados unidos, que já então se impunham sobre o resto do continente. se ao menos econômica e politicamente a frança não triunfou entre nós, seu neologismo deu certo, criando um "muro" para com o chamado mundo "anglo". o intelectual colombiano josé maría torres caicedo, que tinha relações privilegiadas com a oficiali-dade francesa, ajudou bastante na divulgação inicial do grande invento. criou-se assim uma barreira ontológica entre a américa latina e a da norte, ou a américa simplesmente...)

(16.XI.05)

xingamento
(explícito)

ao chamar de racaille, escória, rebotalho, e o mais, a população jovem da periferia dos centros urbanos que incendiou a frança nos últimos quinze dias, o ministro do interior, nicolas sarkozy, disse o que toda a elite do ocidente, com exceção de poucos, pensa daqueles que explora. não foi nem mesmo um ato falho, ou seja, dizer aquilo que preferiria não ter dito. I'd prefer not to, declarava solenemente o escrivão bartleby, de melville, dizendo algo sem nada dizer de fato. já o ilustre e nada ilustrado ministro quis dizer o que realmente disse, que esses jovens descendentes de árabes não passam de restolho da sociedade francesa, e é assim que merecem e têm sido tratados há tempos. um entulho irreciclável.

os pais desses jovens "beurres", que imigraram entre os anos 50 e 70, ainda mereceram algum respeito, pois ajudaram os franceses a enriquecer. mas deveriam ter voltado para casa uma vez cumprida a missão da construção nacional. o mal deles foi querer ficar, desejando também que seus filhos ali nascessem e permanecessem como outro francês qualquer. porém eles nunca se tornarão filhos da república, ou da pátria, os famosos allonsenfants, pois nunca serão tratados como tais. vivem como apátridas; na frança são franceses sem raízes, se retornarem ao maghreb serão considerados traidores, degenerados, miseráveis sem cultura ou alma legítimas.

ralé aqui, ali, acoli. nada nenhures e algures. mas um nada que cobra seu preço, o peso de sua existência em ouro, depredação, incêndios, comprovando a tese ministerial de que só servem para isso, ou seja, para provar pelo avesso a superioridade dos filhos da elite. marcas de uma ultraviolência, vindas de um passado recente, que retorna.

(quando perguntado pela televisão francesa o que achava dos turistas que o fotografavam no carnaval de veneza, um nobre que punha diversas fantasias durante o dia respondeu: c'est la populace. é o populacho... patuléia é o termo preferido de um de nossos mais conhecidos jornalistas – não sei nunca para quem vale a ironia, se para o povão mesmo, único "culpado" por sua pobreza... ou se para os dirigentes que mantêm os miseráveis em seu "devido" lugar... lembro ainda como certa vez me chocou imenso ver um político de camacã utilizar com galhardia o termo zé-povinho. em nossos dicionários, a sinonímia é farta: além dos citados, há gentalha, zé-ninguém, povaréu, mundiça, fezes, *lixo*, gentinha, plebe, vulgo, bagaceira, etc... o grifo é meu.)

(16.XI.05)

evento
(macro)

no começo de outubro deu-se então o acontecimento. posso morrer, posso viver. de agora em diante nada mais se separa em mim, eu é de fato outro, o outro se me é, a vida se me dá. inteligência, sensibilidade, literária ou não, existencial ou não, é tudo a mesma coisa infinitamente diferida de si. o outro diferente, diferido, desferido. sou um leão ou pássaro desferido. vôo com minhas asas e mordo amorosamente com minhas presas leoninas. a juba cintila como plumas ao vento solar. sou um sendo muitos. a vida se me é. eu se me sou. fui!

este mundo é muito misturado, reclama riobaldo tatarana, mas isso é bom. a arte estaria em fazer a mesma sensível inteligência atuar o tempo todo, em qualquer circunstância, para desatar **•••**

(20.XI.05)

montanhas
(depressões)

> *siboney, yo te quiero*
> *yo me muero por tu amor.*
> *siboney, en tu boca*
> *la miel puso su dulzor.*
>
> *ernesto lecuona, siboney*

há pelo menos quatro tipos de filme. na verdade há vários outros, a lista por definição é incompleta, como todas, dependendo de quem recebe e processa. para mim: 1- películas que pedem fruição, com certo distanciamento, tais os musicais de hollywood. 2- filmes que envolvem o espectador, criando um páthos identificatório com a história narrada; ocorrem-me o oliver twist de polanski, e todo o neo-realismo italiano, dentre outros; 3- filmes que não provocam reação alguma, ou por serem absolutamente nulos, conseguindo no máximo irritar, ou porque nos deixam indiferentes, como se nunca entrássemos naquela comédia ou naquele drama. há inúmeros na história do cinema, é praticamente toda a indústria de hollywood exceto as coisas geniais. 4- filmes que, sem propor identificação, realizam aquilo de que falam, no ato. o último wong kar-wai, 2046 – segredos de amor, participaria desse quarto tipo. exatamente por estar mais que expondo uma cena, antes performando uma ação, tais filmes em situações particulares conseguem mobilizar as forças corporais do espectador, além de seus sentimentos e intelecção. trata-se de um vasto cinema das sensações, aberto, desestruturado, e por isso aliciador. para mim estritamente, 2046 seria uma das primeiras obras de fato do século 21, junto com o elogio do amor, de godard (por razões político-estéticas), e brokeback mountain, de ang lee (por razões sobretudo políticas, mas também estéticas, em outro sentido).

(14.I.06)

gente
(perdões)

à pergunta colocada por tolstói: é possível amar a humanidade? a resposta só pode ser indubitavelmente, sim! toda a humanidade? sim! mesmo os nazistas? mesmo os terroristas? mesmo o bárbaro colonizador (o europeu genocida desde o século 16 pelo menos, mas essa história começou muito antes)? sim, sim! desde que não se confundam amor e perdão com esquecimento. "amar" o criminoso é a prova que nos impede de repetir seu gesto, destruindo-o. mesmo radicalmente anti-humano, ele tem o direito à vida que consigo carrega, embora deva pagar pelos atos cometidos, diante das leis que poderão fazer tudo com ele, menos torturar e matar.

amor pela humanidade implica, por meio do perdão (nem indulto, nem anistia), reduzir ao mínimo a força da pulsão cruel que leva ao sofrimento gratuito e à supressão da vida dos outros em sua singularidade. o amor da humanidade seria o limite mesmo do pensamento, o que desafia a acolher a radical diferença. não para tudo aceitar, mas para negociar com sua disparidade, num processo de familiarização e aceitação que, finalmente, é a própria história do ocidente – mas qual cultura não age assim, evocando seus outros?

não se pode evidentemente "amar" o nazista por si, mas é possível sim amar a parte de vida que o anima e, por isso mesmo, exigir a reparação por seus atos atrozes, com a interdição todavia de lhe retirar a própria vida. assassiná-lo, ainda que se apoiando em alguma legislação vigente, seria repetir o gesto da pulsão cruel que também nele habita. não há como corrigir crueldades e injustiças cometendo algo de mesmo teor. um dente não vale outro, nem olhos merecem extirpação.

(20.I.07)

"estética"
(do lixo)

e o *lixo*, o que fazer com o lixo, como não torná-lo simples matéria de reciclagem, nem reinseri-lo no circuito da produção industrial? como afirmar o lixo simplesmente enquanto material a um só tempo orgânico e inorgânico, fonte de recriação permanente sem ócio nem negócio? finalidade sem fim, sem sentido, inoperante, o lixo do lixo, sem luxo recuperador, adornante, encadernador. o lixo que não se presta a consumo na era em que o que mais se ingere é o "outro" lixo, pré-fabricado, pílula dourada, sem viço – trash impuro em sua cristalina pureza. a transpoética do lixo, não a estética do fragmento mas do caco, o microdetalhe, ou seja, a fabulação pessoal. claro que a cadeia produtiva capitalista e o fator industrial são iniludíveis. o mundo se aburguesou em detrimento da grande maioria desprovida, mas a chance do lixo é se propor enquanto tal. lixo impuro e simples. daí a necessidade da "arte bruta", que não pertence a jean dubuffet, estando além de suas possibilidades – realmente intratável, nega o valor de arte no momento mesmo em que paradoxalmente o reafirma. arte, mas qual?
há ainda kurt schwitters que saía com seu filho para catar lixo, sempre um bom programa. eis a melhor educação paterna. já bispo do rosário vivia às custas de seus próprios detritos, fictícios, mentais e existenciais – tudo para um dia encontrar o bom deus.
pintinho ciscando no lixo: refugo e resistência à homogeneização. sinto-me hóspede inteiramente acolhido pelos que outra casa não têm senão aquilo que recolhem das ruas, do monturo. vadios porém sem maldição, caramujos: carolinas e vicentes, mários e joões, ritas, anitas. todos trapeiros, trapezistas, todos anônimos mas hospitaleiros, ébrios como num poema de baudelaire. (e vem em vaga a lembrança daquela tarde no leblon em que dois homens moradores de rua riam muito e acabaram por se divertir sob a tenda armada entre a areia e o calçadão – tal

um famoso cartaz com o beijo dos mendigos, pelo fotógrafo-voyeur acidental.)

profissionalizado, o antigo catador de papel e tralha vira neste mês de março de 2005 um "classificador", segundo a terminologia da prefeitura do rio de janeiro. e eu que amava o seu, deles, inclassificável, ou mais. todavia prefiro assim. que sejam mulheres e homens com profissão e que possam morar em novas casas, aposentando as antigas, móveis, que traziam nas costas. para um dia quem sabe dignamente se aposentarem de vez. nobreza obriga.

hélio oiticica e lygia clark deram o salto definitivo que os lançou num abismo de invenções, dúvidas, plural de encantos, mesmo quando ela propunha alguma terapia... ambos conheceram na pele a estética da fome, sem cosmética alguma. basta ler as cartas. diz lygia, por exemplo: aliás, num momento de grande penúria já me levantei de madrugada, tirei uma costeleta do lixo, lavei-a e a comi como um selvagem, mas era de fome, *não um hapenning*... (as reticências e o sublinhado são dela.)

seria preciso uma outra crítica para avaliar a crise da *arte em decomposição*. tal escrita e/ou fala não deve tomar partido, somente ter imaginação. pois, mais que nunca, o inventor vive hoje daquilo que recolhe, ajunta, acumula, numa palavra coleta e transmuta não em ouro$ porém em lixo sobre lixo. montoeira de vestígios, da antiga civilização novecentista, oitocentista, setecentista, ou muito antes. acima do mercado da arte sobretudo. aí artistas-coletores, catadores, críticos e *interatores* podem juntar forças para virar a mesa do capital.

(05.III.05)

sonhos
(fictícios)

> *escrever uma autobiografia me daria grande*
> *prazer, pois seria tão fácil quanto anotar sonhos.*
>
> *franz kafka, diário,*
> *17 de dezembro de 1911*

eis o e-mail que enviei há pouco a ad*, ex-aluna e amiga capixaba, que confessou estar reescrevendo seus sonhos a fim de compor volume:

(quarta-feira, 4 de maio de 2005, 17:03)

ad,* querida

fiquei encantado com a idéia de você estar transcrevendo seus sonhos, para transformar alguns deles em livro. seria bom se os reescrevesse efetivamente, sem medo de torná-los "literários". para mim, a literatura é que é o sonho (a quadratura do círculo). esta é a única definição que tenho para a palavra, hoje tão em desuso – dizem até que vai ser banida das escolas. escrever literariamente é sonhar, de olhos bem abertos. textos literários, se há, são sonhos diurnos. alguém que transcreve e reescreve seus sonhos é de fato candidato a escritor, ou como prefiro a reescritor, pois está atravessando e copiando a senha da própria vida, que é sempre outra quando relida. se escolher alguns de "meus" sonhos, pode citar o nome do protagonista (mas haverá alguém mais senão você mesma?) sem problemas. confio em seu gosto. pode-se ser altamente confidente sem perder o segredo da coisa. em literatura, o segredo mal contado, disfarçado sob mil véus, é o que conta.
boa sorte nesse projeto maravilhoso. sorte mesmo é ter uma memória assim!
beijos, com toda a afeição

e*

a morte
(da literatura)

a italo moriconi

fala-se muito no fim da literatura. na verdade a literatura, se há, vive de seus fins desde o começo. as possíveis mortes estão inscritas em seu princípio mesmo, como tema e *iminência*. maurice blanchot entendeu muito bem que a essência da literatura é dispersar-se um dia no mais silencioso nada. seu por vir como se dizia até bem pouco *falta*. blanchot estava ainda excessivamente preso ao paradigma lançado por stéphane mallarmé no século 19 e retomado, em outros termos e sem linhagem direta, por jorge luis borges no século 20. ou seja, literatura é ficção, palavra sobre palavra, sem referência última. (recordemos a epígrafe de seu livro por vir: maurice blanchot, romancista e crítico, nasceu em 1907. sua vida é totalmente dedicada à literatura e ao silêncio que lhe é peculiar.) a vida literária começa e acaba entre livros. vale reler a biblioteca de babel, junto com diversos outros textos de borges, sob esse ângulo.

em certa medida isso é absolutamente verdadeiro. não há instância derradeira que sancione os exercícios de respiração literária. todavia, de uns tempos para cá me interessei em acompanhar com outras lentes o caso notório de seqüestro do real. não sei se ao fim conseguirei tocar em algum ponto que não seja mais palavra só. não sei mesmo, mas vou tentar.

quando terá começado a literatura – com os latinos? com os gregos? com os egípcios? com os hindus? com os chineses? depende de um tipo de escrita? qual? alfabética, ideogrâmica, hieroglífica ou onírica? há literatura sem sonho? há literatura em sonhos? como surgiu mesmo isso que faz pelo menos dois séculos se chama com paixão ou indiferença de coisa literária? qual o valor desses autores e suas assinaturas?

quanto custa escrever noutras palavras? e pode-se escrever senão em outros termos, quer dizer, reescrevendo o dito por si mesmo ou por outros, teleguiado, em suma? haverá romance, poesia, carta, drama, ensaio, biografia, relato sem esse outro que me dita, sendo o ditado alheio a transposição de gêneros que diariamente se inscreve em papel e cinza? pois a melhor literatura corre sempre o risco de ir para o fogo, sabia-o franz kafka, e todos os outros incendiários. consta que até martin heidegger teria incinerado a segunda parte de ser e tempo, o que dá muito a pensar. graciliano ramos não perdoava seus pecados narrativos, queimava-os na brasa do cigarro se necessário. cinza e brisa muitas vezes, eis o perigo. porque ao permitir dizer tudo a letra literária se expõe também à censura, no instante mesmo da maior liberdade. muitos dos melhores textos no passado foram de um modo ou de outro proibidos. a letra desdobrada se interdita, depois retorna, fortalecida. como em nelson rodrigues e em lúcio cardoso, os textos mais fortes negociam com a moral que tanto põem em questão. daí ser preciso olhar tudo isso de soslaio, como quem nada quer, para que o além do sentido imediato aflore. há excelentes autores inéditos, bem sei, outros tantos esquecidos em escaninhos que ninguém se dispõe a consultar e exumar. caberia à crítica ativa escavar o valor novo no presente ou no passado e lançá-lo de volta ao futuro. *reinvenções críticas* daria uma bela coletânea de ensaios.

contraditoriamente sempre me fascinaram aqueles textos e autores cuja marca é não fazer apenas literatura. os que não consolidam nem rompem com a instituição literária no sentido estrito. fazem outra coisa. escrevendo em silêncio, não fetichizam nada, nem o poema, tão fácil objeto de culto, nem a narração de fatos reais ou inventados, nem o drama dialogado, nem mesmo o refinado ensaio. todo o esforço é para escrever ao lado. por apostar tudo no leitor é que tais escritos, infinitamente reescritos e transcritos, dificilmente se perderão. podem sair do suporte papel, da letra impressa a tinta, mas sempre encontrarão franca existência no real virtual em que já navegamos. machado de assis é um autor do século 21 e depois, perfeitamente hipertextual.

o que importa no que se nomeia como literatura é a possibilidade de o leitor acessar e modificar totalmente a informação, dessignificando tudo ao corroer o sentido já posto, e propondo outros. a vera ficção principia no modo como o fio da coisa-palavra é lançado para que um outro o pegue e reate em seu tempo e lugar, recosendo histórias, recifrando, ressensibilizan-do-se. a tela do laptop onde atualmente me instalei se cristaliza em azul, ação e ócio. quando está acesa é porque nada faço senão lhe propor, amado(a) leitor(a), que me tresleia também neste escuro anil, de onde observo as ruas.

(29.IV.05)

* * *

memória intensa do dia em que li no caderno mais! a matéria sobre a correspondência entre clarice lispector e fernando sabi-no, as cartas perto do coração, agora num já distante e sintomá-tico ano de 2001. outubro exatamente. no dia seguinte fui cor-rendo à livraria no centro em busca do volume recém-publicado. não consegui parar de ler e escrever, quer dizer, o modo usual a que já aludi de ler-escrevendo. essa é praticamente a única forma que hoje encontro de me interessar pela "literatura". cada vez mais me dirijo a outras artes e matérias, embora continue amando a letra literária de forma especial, mas sem nostalgia diante de seu possível desaparecimento. então não resisti a es-crever um e-mail à editora do idéias para saber se. ao que ela respondeu, solicitando para "ontem" e repetindo o gesto da pri-meira vez em que me convidou para publicar no caderno do jornal do brasil.
em febre, reuni as notas colhidas ao longo da leitura, começan-do a compor um longuíssimo texto, muito maior que a versão em jornal. como sempre acontece em tais casos, são doze pági-nas em média para uma resenha de três laudas no máximo. mas dessa vez foi fácil, não parava de reescrever o romance entre os dois. aliás, um romance inexistente, pois ao que tudo indica nada, nunca, aconteceu, só uma irresistível atração de almas e corpos que bem deveriam se entender. fascinante mesmo era o romance ocluso no romance, a história da maçã se escrevendo no escuro porém que jamais vinha à luz, pois não havia editores

interessados. não foi certamente a primeira vez, nem a última, que um importante manuscrito brasileiro ficou anos entregue ao descaso.

eram cartas do rio e de washington, cruzando os céus para aviar a publicação do grande texto, que punha em processo a noção mesma de obra. só que no meio do enredo entre clarice e sabino acontece a catástrofe. ao receber os originais, ele sugere a supressão da figura do autor ou autora, achando excessiva numa escrita já tão autoral. ela aceita a recomendação amputando o fruto por assim dizer de sua polpa. jamais o perdoarei por isso. terminava a resenha conclamando o escritor fernando sabino a trazer de volta as marcas autorais. ele respondeu, em privado, num belo telegrama, que chegou a meu pequeno apartamento na praia de botafogo, agradecendo bem perto do coração. foi seu modo matreiro e afetuoso de misturar o primeiro título de clarice, inspirado em joyce, com o do volume das cartas trocadas entre eles dois. na época do episódio da maçã no escuro, ela vivia em washington como esposa de diplomata, em seu papel de mulher sem profissão, enquanto ele cá permanecia, tentando se encaixar em algum ofício. sempre isso de buscar um teto todo seu, que torna a vida de escritor um delituoso canto do cisne.

(sobre esse período final de casamento, que as duas biografias existentes de clarice tratam muito mal, jh*, amiga de meu querido ti*, contou detalhes. mas que faço eu com esses pormenores íntimos da escritora? as pessoas que a conheceram tanto prazer sentem em expô-los como ônus da amizade... – olhem, eu a vi de perto, sei até minúcias sobre o caso, etc. que posso com a fofoca sequiosa de flagrar a autora em sua fragilidade? há um lado meu que gosta dessas evocações, pois trazem a silhueta para bem perto. em princípio qualquer história literária me interessa e muito. porém há um outro lado mais poderoso que as rejeita, pela mesquinhez dos comentários. freqüentemente falta o dom. não acho que tudo o que se diga a respeito de um autor deva ser glamouroso, mas tem que ser sempre denso, intensivo, carinhoso; disso não abro mão.)

arrebatava-me a história do título, cuja primeira possibilidade será descartada. estou copiando meu romance, diz clarice, por assim dizer terminado. acho que vai se chamar "a veia no pulso". mas o nome me parece tão solto, às vezes. quanto eu daria para você ler e me dizer o que devo ou não tirar, se o livro está ambicioso, só deus sabe, eu não sei. [...] fernando, que editor você acha que quereria publicar "a veia no pulso"?

mas havia o cacófato da aveia no meio... daí a opção pela maçã no escuro, que já constava como título da terceira parte do livro. muito do que acontece em literatura tem a ver com títulos. o do presente volume, por exemplo, passou por uma consulta eletrônica a amigas e amigos, mas ninguém se entendeu. dividiram-se em dois grupos, um que amava lápis, título original, e outro que odiava, por ser elementar demais, além de obviamente digamos metalingüístico. um que adorava o infamiliar, e o grupo contrário que detestava, pelo academicismo. houve títulos menos aceitos, acabei rejeitando até os dois favoritos, justo porque nessas coisas decisivas sou bastante indeciso. acatei os argumentos das partes em conflito, recusando finalmente o leve favorecimento para lápis.

por longo tempo hesitei no desejo de não pôr título algum, certamente alguém já o fez, pois tudo já foi feito. porém aí se coloca o problema legal, como dar crédito a um livro sem título, se este é o que consigna o direito autoral? pensei em pôr s/t mas ficaria deselegante além de enigmático, ainda que um dos mais belos títulos da ficção crítica seja justamente o s/z de barthes, só que também poderia ser acusado de falta de originalidade, logo eu um estreante. até que sem consultar mais ninguém me ocorreu o que acabei preferindo a qualquer outro, esse mesmo da capa e da folha de rosto, pois tal assunto na verdade não dá para compartilhar muito. caberia lembrar, entretanto, que alguns títulos foram dados por terceiros, e alguns livros foram mesmo compilados postumamente por discípulos, como no caso dos dois tratados fundadores da lingüística moderna, o curso de lingüística geral, de saussure, e o how to do things with words, de austin. não estou certo de que tais pensadores aprovariam as respectivas publicações. a estética de hegel incorre no mesmo caso.

mas falava de clarice e sabino e me desviei nas sendas perdidas do título. aliás, holzwege é um belo e intraduzível título de heidegger, chemins qui mènent nulle part é absolutamente insuficiente. depois dessa resenha, sabino passou a me enviar regularmente todos os livros que publicou ou relançou até sua morte, sem falha. vinham sempre com bela dedicatória. provavelmente perdi o último, que era também, salvo engano, seu romance de estréia até então inédito. esse deve ter ido para o antigo endereço, como tantas coisas. sei disso porque um colega também enviou exemplar sobre nietzsche para botafogo, que jamais recebi.

fiquei encantado com os presentes de sabino, embora estivesse claro que toda a paixão pela correspondência tinha ocorrido por causa de clarice. do romancista e cronista mineiro tinha vaga lembrança do encontro marcado, que perdi ainda na adolescência, e de algumas crônicas esparsas lidas em jornais. nada que fascinasse, embora respeitasse muito a assinatura. o problema é que houve o lamentabilíssimo episódio da biografia de zélia, a poderosa e destrutiva ministra da era collor. mas isso deixo em suspenso, sem qualquer outro comentário a não ser o superlativo que acabei de usar. bentinho conhecia muito bem a força dos superlativos.

evoco esses fatos também porque moro perto do leme, e inúmeras vezes sinto clarice deslizando, esvoaçante. embora não tenha certeza de que ela gostasse de caminhar pelo calçadão, eu mesmo levei um ano para fazê-lo, consigo divisá-la, infraleve. não sei exatamente o prédio onde morou, apenas a rua. espanta-me que até hoje não haja placa nem estátua, só se existir e nunca atentei. talvez a negligência se deva ao fato de se tratar da mulher que corroeu o sistema literário nacional desde dentro. uma estrangeira que interditou a possibilidade de relacionar literatura e identidade brasileira, ela que só escrevia praticamente em português mas que, segundo consta e ela mesma declara na famosa conferência sobre vanguardas, sempre o pronunciou com forte sotaque de-língua-presa, além do acento nordestino. clarice não tinha outro idioma senão o "nosso", que todavia não

309

era sua língua literalmente materna, pois a mãe falava uma outra. há um circuito lingüístico nessa história que não fecha. trata-se mais de um curto-circuito.

ela seria a escritora mulher por excelência, se a adjetivação faz sentido, e para hélène cixous faz todo, como me contou numa tarde esplêndida ainda em 2001, quando lhe fiz uma visita a fim de convidá-la para um colóquio, a especialista franco-argelina de clarice lispector, detendo também uma vasta obra pessoal. cixous habita em paris na área onde eu mesmo morei durante dois anos, perto do gracioso parc montsouris, um jardim à inglesa, com suas curvas e lagos, saliências e concavidades, seus secretos desejos, bem diferente dos geométricos jardins franceses, que têm árvores podadas e escovadas. os britânicos são mais selvagens, ao menos em matéria de jardinagem. as outras mulheres são fazedoras de frase, disse-me ela então. só clarice deteria a força da escritura. ponderaria apenas que cixous essencializa, com um só golpe, as mulheres e a literatura. clarice se torna símbolo máximo da potência literária feminina e símbolo em última instância da própria Literatura, com maiúscula. traduzindo: dentre as mulheres, só clarice escreveu de fato, mas também exclusivamente ela, junto com mais alguns poucos eleitos, representou a instituição literária à altura.

sempre me indaguei como o pensador amigo de cixous acolhia suas leituras de clarice, autora que, como outros escritores, foi incapaz de separar literatura de pensamento, tanto quanto de outras coisas. pois a graça do literário é jamais se auto-identificar, deixando sempre uma margem pulverizada que não pode ser reconduzida a um centro. descentrada, a margem está indefinidamente à beira. planando, como os anéis em torno de saturno – não, a imagem não serve. a literatura, se o nome ainda importa, vive de recusar posições centrais em definitivo, de reinventar seus nomes, de abrir-se em possibilidades de inscrição, titulação e autorias. até o anonimato, gozo último do escritor, mas isso também tem seu preço, rubem fonseca o sabe perfeitamente.

daí que a idéia de um cânone literário, único, autocentrado é a balela mesma que destrói a força da escrita. asnice digna de constar no besteirol de bouvard e pécuchet, personagens de flaubert, inventariantes do legado literário. ao contrário do que o catalão enrique vila-matas com toda a ironia sustenta, a literatura não precisa ser defendida. tolice imaginar, mesmo por brincadeira, que seja um recinto sagrado sob risco de invasão bárbara, para o que seriam necessárias muralhas tão poderosas quanto as da china ou do ex-muro de berlim, ou ainda do muro de israel, infelizmente em construção. nada disso, a literatura recria a cada século seus nomes, suas texturas, regenerando os tecidos, corroendo outros. de modo tal que cada candidato a reescritor tem um rol imenso de possibilidades de escolha, desde os mais tradicionais aos mais vanguardistas e além. por exemplo, se o século 20, como quer a crítica literária, foi borgiano, o 21 só poderá ser pós-borgiano, em múltiplos sentidos, até o avesso do consenso. tudo depende das novíssimas estratégias e intenções. não é preciso nem possível matar borges, antes que o façam seu espectro já se multiplicou numa galeria de espelhos e duplos. o gesto deveria ser outro. qual? não me perguntem, não sei.

quando digo que clarice corrói nosso sistema desde dentro é porque sua escrita faz fronteira com a enigmática beleza informe. macabéa e o ovo estão entre os personagens, se ainda serve o termo, mais desconcertantes da literatura mundial, esse divã oriental-ocidental onde goethe gostaria de repousar para sempre. o ovo e macabéa, além de muitos outros *bichos*, são o transgênero por natureza, nem propriamente coisa, nem propriamente pessoas, mas, como diz pierre michon, minúsculas vidas que falam do inenarrável viver. pulsações. a vida aquém e além da vida, o momento em que uma célula se une à outra dizendo sim, sim.

não precisamos fetichizar o nome feminino clarice para ver mais claro, mas ela é a marca mesma do sentimento de cornitude de que fala tão bem o mal de montano, mal este que habita todo antigo escritor, inclusive seu autor rosário girondo, o duplo de enrique vila-matas. não foi necessário aguardar o século 19 para entender isso com machado e dostoiévski. muito antes homero, sófocles e shakespeare, o primeiro como precursor dos outros dois, já expunham que o drama da literatura estava nesses indivíduos masculinos, habitados por vozes femininas, as quais questionaram desde o século 19 pelo menos o lugar categórico e imperativo em que se instalaram. os escritores, velho bando, esses homens! as fantasias literárias dos autores masculinos sempre foram sutentadas por fiapos vocais femininos, eu jamais diria reprimidos, mas reimpostados de outro modo, em permanente tensão com a voz dos próprios escritores. a partir de clarice, bem como de dickinson, sand, cecília, duras, woolf, hilda, moore, plath, lygia, bishop, beauvoir, sarraute, brayner, nélida, ana c., e muitas outras, a literatura se desregula de vez, abre-se ao que ela não é, ao belo informe que a formata a partir de seu interior. a linha de pobreza que alimenta e põe em causa nossa riqueza espiritual-material. nosso patrimônio humanista e viril, valha a redundância.

pois sabemos todos que o nome de helena funda e afunda a civilização ocidental, exigindo decifração ou gozo. helena goza de e conosco desde eras, quando pouco ainda havia desse futuro acidente cognominado ocidente. todo escritor homem de algum modo sofre, como homero, do complexo de menelau. daí a necessidade de refundar confrarias de espadas, como conta a história de rubem fonseca. tolice pensar que penélope é a origem da literatura ocidental, por estar no centro da odisséia. toda a culpa recai sobre helena, o pivô da ilíada, aquela que fugiu para gozar de verdade, muito antes do movimento feminista. penélope não chegou nem ao estágio de histérica, estacionou na condição passiva e submissa de aguardar o marido e, enquanto isso, ludibriar os pretendentes, enganando a si mesma. perdendo um tempo imenso, ela foi a que abriu mão de desfrutar e assim redimir eva por antecipação. nossa verdadeira fonte literária é a ilíada, que dará muitas dores de cabeça aos homens pensantes desta banda do planeta. esse capítulo machado deixou de escrever com todas as letras, apenas delineou sorrateiramente, segundo seu método habitual. fica aqui a sugestão, para quem desejar. façam bom proveito. tiro partido da ambivalência do verbo lograr em português. penélope logrou a si e a todo mundo. já helena logrou enorme êxito, na troca de parceiros. a ela, os louros; a menelau, outros enfeites.

sentimento de cornitude não é uma expressão minha. ouvia-a na declaração de um compositor popular. aplica-se como luva às canções de lupicínio rodrigues. pronto, nomearei a partir de agora a síndrome como mal de menelau ou mais adequadamente mal de lupicínio, que faz com que as artes ocidentais sejam uma tentativa fracassada por parte de seus criadores masculinos (o que não exclui figuras femininas) de controlarem suas desvairadas mulheres. nos anos 80 foi até traduzido um livro sobre isso, xi, esqueceram a senhora freud! os homens escritores sempre foram os lobos ou lobisomens de suas mulheres, sem desconfiar que, na calada, estas davam o troco. pois deram.

aquelas que até o século 19 eram apontadas como histéricas, por serem impedidas de satisfazer seus impulsos, se caracterizam pelo desejo do coito absoluto. a expressão coito absoluto é de y*, achei-a perfeita para o caso. não consigo imaginar um homem que deseje um tal coito. nesse sentido eles conhecem mais seus limites. sabem que morreriam logo depois, fosse de enfarte, fosse de exaustão, provocados por suas viúvas negras, as que matam os esposos depois do acasalamento. se a definição não se aplica aos homens, isso não impede que haja alguns histéricos, embora, como freud disse, um certo psicanalista vetou essa possibilidade, pois o termo viria de hystéra, que significa útero em grego, e como os homens em princípio e até hoje não têm esse órgão não haveria histéricos, só histéricas... deixo aos leitores a decisão.

macabéa, cria nordestina de clarice, uma brasileira-ucranianade-língua-presa, impõe outra tonalidade na dicção masculina nacional e internacional, tonalidade esta de que vivem joão gilberto noll e dalton trevisan, de que viveram ana c. e caio fernando abreu. de que vive hélène cixous, essa autora pensante, judia de origem magrebina. no momento mesmo em que dedilho o teclado, imagino clarice toc toc em sua velha máquina de escrever, sinto arrepios. penso nos fundos de seu apartamento, como os desfiladeiros de um grand canyon, onde ela se refugiava noite e dia.

adquiri recentemente um palmtop, que será minha máquina de reescrever e transcrever, com que refarei todos os escritos dos últimos meses em qualquer lugar do rio, se calhar. cr* virá daqui a pouco para me ajudar a instalar o programa com que pretendo ganhar a rua, durante algum tempo. não mais apenas com o sentimento de cornitude da tradição, porém com a sensação de ser habitado por duas almas, uma bem masculina, outra feminina. uma quem sabe rosiana outra clariciana, nossos pais ficcionais do século 20, com os avós machado e alencar por trás. ou uma joyciana e outra virginiana, se preferirem, dentre outros espectros. faustianamente. mas à diferença de fausto não me queixo da duplicidade, antes amo-a, vivo dela, sou-a.

essas almas se multiplicam em tantas outras que a simples duplicidade se perde, não sou ninguém exclusivamente. viro como queria mário de andrade uns trezentos e cinqüenta, ou mais. a literatura é um modo de inscrição que sobrevive de estranhar seus nomes, daí seu título merecido seria sempre o de estrangeira. nem brasileira, nem argentina, nem ucraniana, francesa, inglesa, chinesa, indiana, norte-americana, marroquina, angolana, cubana, mas estrangeira. literatura estrangeira, aquela cujo rosto sempre está por se fazer conhecer. que qualquer um pode redesenhar à vontade. bastam papel e lápis, bem o sabia martim, de a maçã no escuro, ninguém nunca precisou de mais que isso. todos esses aparelhos de última geração somente complicam o que os instrumentos mais elementares, lápis e papel, sempre deram. odes mínimas de uma tosca tecnologia, engendrando a mais sofisticada das escritas.

* * *

não concebo a literatura nem como enfermidade nem como saúde absolutas, muito menos como sintoma. nem salvação nem assassinato. a literatura, tal como seus duplos, a vida e a morte, carece de se multiplicar, de se outrar, num processo de desidentificação que é a própria história literária. daí a dificuldade de catalogá-la, de encerrá-la em nichos, como querem muitos, seguindo essa ou aquela moda. em vez de um retorno às origens, cumprindo o ciclo fatídico das odisséias triunfais, a literatura se expande, tal como contam a respeito do universo, só que sem big bang. não haveria nenhum risco em sua morte iminente, pois o ameaçador ciberespaço é o lugar mesmo das dobras, das passagens, das transpirações literárias. claro que é também o lugar fabuloso das falsificações, onde tudo pode ser inventado e haverá sempre quem acredite. tal como na literatura. procurem kafka, lá está. procurem ovídio, alencar, keats, lá estão, em páginas e páginas, verdadeiros e falsos, replicantes, vorazes. ao contrário do que choram os viúvos da literatura, fênix, ela renasce todos os dias dos incêndios que ela mesma ateou. tudo começou e acaba em literatura, dizia mallarmé, porém disso não estou mais certo. passei a desconfiar sistematicamente desse credo.

lembro de um famoso poema de clarice que correu meio brasil e provavelmente ganhou o mundo. tão ilustre quanto medíocre, autêntico como scotch paraguaio. mas desde o quixote, ou muito antes, o que caracteriza o literário não são mesmo as contrafações e nos piores casos as falcatruas? a celebridade de borges sem dúvida se deve em primeiríssimo lugar a sua habilidade falsificadora. estou mesmo convencido de que ele nada escreveu de seu, nem uma vírgula. copiou de alguns anônimos, outros nem tanto. pilhou, maculou, rasurou nomes autorais, inventou muitos. borges era o nome de um copista que se auto-imitava, bem como a diversos escritores, que chamava de precursores. do ponto de vista biográfico, borges vivia de imitar jorge luis, o bibliotecário. nem isso ele tinha de seu, uma vida realmente vivida, sem falsetas. mas cansei um tanto de borges, a realidade se tornou tão mais vertiginosa que sua biblioteca, ainda bem comportada nos limites de um único universo, já não basta.

portanto, caríssimos, não há que temer as cascatas de cópias on-line, a coisa começou provavelmente na idade da pedra, um artista imitando o vizinho e se passando por sábio. lascaux inventou um dos primeiros sistemas de fotocopiadora. e por esse motivo, na internet ou mais além dela (quem pode em sã consciência imaginar quais as novas tecnologias do próximo século?), a literatura continuará respirando. pois, mais importante que inspirar, a coisa literária respira, desliza em membranas e negros túneis do tempo por onde nós hiperleitores podemos atravessar, reabrindo outros caminhos. nesses dias mesmo os deputados franceses se digladiam entre a aprovação de um projeto ultra-restritivo sobre os direitos autorais na internet e a liberdade total. a sociedade e os políticos de lá vivem o impasse por excelência de decidir entre os valores do mercado e os da livre circulação dos bens culturais, sem etiqueta de preço. não é de estranhar que os liberais de direita sejam os mais conservadores na matéria, restringindo toda liberdade de téléchargement, como traduzem o download, enquanto a esquerda defende a livre troca, ou pilhagem legalizada, se preferirem.

baixa, antes de dormir, a visão de clarice em conversa com gullar na fiorentina, narrada pelo próprio poeta em testemunho recente. circula diariamente por aquele restaurante uma série infindável de autores-defuntos, sequiosos de novidades, entediados pelo eterno repouso. até machado, que só viveu o comecinho do século 20, tem lugar cativo, um canto todo seu. a estátua de ary barroso faz as vezes de anfitrião. amo a algaravia desse bar-cemitério, aonde vou com amigos de vez em quando cear.

(25.I.05)

sonhei na noite passada um mesmo sonho com várias seqüências. um desses em que entram e saem personagens, sem que o todo faça muito sentido, um pouco ao modo da história de alice. acordei com palpitações e dois trechos na mão. no primeiro, mas aqui a ordem é arbitrária, impossível lembrar o que veio antes ou depois – no primeiro trecho então éramos um grupo de uns cinqüenta alunos. fazíamos parte de um grupo de teatro experimental, com professor-diretor e tudo. estávamos encenando uma peça por nós mesmos escrita, coletivamente, e de forte conotação erótica, embora velada.

no momento dos exames, mostro ao professor os originais da peça que acabamos de redigir e lhe pergunto se não é injusto ser encenada como obra grupal, já que cada um deu sua contribuição particular e seria muito fácil identificar textos e autores, apondo as devidas etiquetas. pelas páginas que exibo ao mestre, vejo claramente que o livro em questão é este mesmo aqui ora publicado, nem mais nem menos. ele responde que não, se a função maior da obra é ir ao palco, mais que virar texto impresso, não há razão de individualizar a autoria de uma criação coletiva. estampo, como último sinal de protesto, uma cara feia de insatisfação. continuo os exercícios teatrais porém revoltado com esse anonimato em que finalmente resultou a (minha) escrita. que coisa!

segunda seqüência, estamos numa espécie de motel ou bordel, como distinguir? fui parar lá depois de uma noite trepidante por bares e boates que anjos não freqüentam. faz muito tempo que não tenho essas noitadas, perdi o interesse, tornei-me aquilo que sempre fui, pacato, doméstico mas ainda muito voraz, penso eu. nos últimos minutos do motel-bordel me encontro num grupo que tenta compor uma roda, todos seminus. do lado esquerdo está um marido que me oferece a esposa para fazer amor. não sei por quê, talvez pelo semblante poético e risonho, identifico-a com a literatura. ela ri entre oferecida e resistente, desenvolvendo seus jogos feminis, bastante ativa e disponível. o casal é muito sexy, não propriamente belo porém excitante, o que é muito mais importante na cama. nunca fui a um clube de swing, nem creio que aquele fosse um. lugar decididamente indefinível.

não nos relacionamos os três de imediato porque o grupo é bem grande e realizamos um espetáculo coletivo. ninguém é de ninguém, homens e mulheres estão totalmente à vontade para se acasalarem uns com os outros, sem inibições. todas as possibilidades do corpo humano acontecem naquele curto espaço de tempo, menos zoofilia e sadomasô, o resto vale sobre o tatame. homem-mulher, mulher-homem (entendam a inversão), homem-mulher-homem, homem-homem, mulher-mulher, mulher-homem-mulher, homem-homem-homem, mulher-mulher-mulher, e assim por diante. anal, vaginal, oral, dedal, tudo e um pouco mais acontece na orgia das taras literárias.

317

depois de certo tempo e desse modo misterioso que os personagens de sonho têm de sumir de cena, encontro-me sozinho com o casal marido-traído-e-esposa-literária. transamos feito loucos, gozando alucinadamente. com proteção, claro, mesmo em sonhos há que ser precavido. até que o camareiro vem avisar que a noitada acabou, o quarto está reservado para outros clientes, que, aliás, começam a chegar antes de pormos as roupas. despedimo-nos com beijos prolongados, ainda haveria energia mas deixamos para outra noite. fico na dúvida se a engravidei, porque no último lance imprudentemente fui até o final sem camisinha... volto cheio de remorsos para casa, pelo descuido. ai, ai, ai, como sairão meus filhos com a literatura? imagino que nascerão gêmeos ou tri, suspiro. só espero que não me venham xifópagos, seria o cúmulo. e se vierem monstrinhos? e se não puxarem ao pai? ou pior: e se eu peguei o vírus da literatura? e se eu adoecer desse mal? e se não tiver cura, o que será de mim? seria o fim do mundo, pelo menos do meu. logo acordo com a porta do quarto rangendo por causa de um vento forte. o coração bate levemente acelerado, e sinto a umidade nos lençóis. havia tempos não tinha polução alguma. rd* a meu lado ressona angelicalmente, nem de longe poderá suspeitar de minhas peripécias noturnas. a traição na calada da noite, night shadows.

lembro de súbito que o primeiro romance que escrevi, nunca publicado como tudo o mais, se chamava aberração e terminava também em orgia. (involuntariamente bernardo carvalho me plagiou, outro dia vi em livraria que um de seus primeiros livros se chama também aberração. reivindico primazia.) acho que voltei às minhas origens adolescentes, quando datilografei a historinha na máquina do pai, aos catorze anos. era um pastiche de jorge amado e de érico veríssimo, autores que eu lia na época, junto com traduções de clássicos estrangeiros, charles dickens e mark twain no topo da lista. até os vinte e cinco anos tinha os originais datilografados, dentro de um saco plástico lacrado. depois de minha estada na frança, nunca mais achei a ficção seminal, que decerto fornecia mais de um tema para o gozo solitário. servirá a literatura para isso? questão que deixo ao digníssimo público. mas é tudo verdade, juro, até o que sonhei, até o jorro final. ainda trago as marcas da noite em que gozei muito com a literatura. todavia penso que nunca escreverei um desses textos feitos para se ler com uma mão só, de que falava stendhal.

sim, adorabilíssimas leitoras e prezadíssimos leitores, ao contrário do que diz susan sontag, em a doença como metáfora, acredito que as doenças fornecem boas (ou más) metáforas. tão legítimas quanto quaisquer outras. não há que interditar as enfermidades no campo metafórico, seria pura discriminação. segundo penso, talvez desde sempre doença é igual a metáfora, e vice-versa. as metáforas, belas ou feias, são estados enfermos da linguagem, altamente contagiosos. mirem o exemplo dos românticos, sobrevivem por meio das tremendas metáforas que criaram e dispersaram, gerando uma enorme epidemia que dura até hoje. creio mesmo que o mal é crônico, de raízes profundas, impossíveis de cortar.

não que imagine contudo estar o futuro da humanidade nas metáforas, longe disso. desejaria um dia a cura para elas, chegando a hora em que uma rosa seja apenas uma rosa, um cachimbo, cachimbo, etc., mas por enquanto não vejo saída. não vamos então diabolizar o inimigo: metaforizemos, como fazem os místicos e os simbolistas de todas as plumagens. até atingirmos um tempo em que não haja mais mundo algum a ser simbolizado. só haverá metáforas que terão reenviado o universo para o nulíssimo nada, de onde jamais deveria talvez ter saído.

dar-se-á então o triunfo absoluto do mal da metáfora, da metáfora do mal, do mal de montano, de menelau, de lupicínio, de borges, de vila-matas. o mal de todos os homens e mulheres do mundo, mas sobretudo dos primeiros. o mal do mal, sem remédio nem fim. não tem dúvida alguma, o câncer do mundo são as metáforas, os símbolos e as interpretações que os acompanham. montaigne entendeu isso perfeitamente, mas a culpa não é dele, la boétie não concordaria. já apontei a origem maior da praga. montaigne ao contrário é antídoto ou no mínimo pla-

cebo, emplastro. serve para amenizar, por indução sugestiva.
mas não cura, nada cura. do mal. nem de sua correlata melancolia, que atravessa os séculos.

(26.I.05)

* * *

o nome literatura poderia recobrir o que lida com a sutileza dos afetos, e muitas vezes é isso. não resolve nossas complicadas relações, mas infunde desejos, abre portas, dá a ver. literatura é doação, pura e impura, de uma a outra veia, no pulso, vibrando sem retorno. uma vez dado, pronto, o sangue se foi, não há como pedir de volta. zaratustra falava para escrever com sangue, fazer palpitar as artérias em cada página. há uma gota de sangue em cada poema, dizia o ainda imaturo (?) mário. tem sangue eterno a asa ritmada, cifrava cecília. pois é com o sangue dos poetas que se fazem os melhores filmes e versos, lavrava soberbamente cocteau. plath assim arrematava seus inúmeros males: o jato de sangue é poesia.

e como não há literatura em si, uma única coisa supostamente nela me atiça, desde criança, o visgo e o vício começaram cedo. o dom da literatura, para mim, é poder expor um segredo sem no fundo nada revelar. em relato, biografia, ensaio, drama, carta, poesia, ficção, tudo é dito e nada de fato é contado. o segredo exposto fica como um gancho para os leitores também ostentarem os seus. amo no que leio essa revelação da intimidade sem ser propriamente uma violação. o dado precioso fica lá, ofertado e ao mesmo tempo preservado.

tenho um segredo, por exemplo, mas é só um exemplo dentre outros, e vou revelá-lo até o fim, basta ler nas entrelinhas. sou escritor realista, e, como tal, narro tudo sem pudor. mas não encenarei a falácia hoje tão comum de exibir as peças íntimas como sujeira de que se tem o máximo orgulho. aqui tudo tem seus disfarces, mesmo a pedra dura dos fatos. "pedra dura" é uma pedrada, não acham? "lítera dura" também, litografia. realista sim, desde pequeno. só o real me interessa, cru, nu, despido de fantasias sem viço mas pleno de fantasias outras, sexuais, estilísticas, viris, feminis, dúbias. não, definitivamente os acontecimentos não me aborrecem. amo-os.

sigo dois impulsos contraditórios, e já são tantas as duplicidades... uma parte de mim me impele a cortar tudo, a outra exige que acrescente, mais e mais. ambas solicitam, na mesma medida, o esforço descompassado de cortar e acrescentar. sou um reescritor de catálises e de sínteses, sem decisão simples, mistura de fome compulsiva e de muito fastio. a maior parte do tempo sinto que vence o anjo torto do acréscimo, artista da fome voraz. quando corrijo, a outra mão, tonta, vai e aumenta pontos. daí minha dificuldade de publicar. vejo-me diante da tarefa exaustiva de, a cada vez que suprimo, ter de multiplicar o dito, adivinhem onde isso vai parar. proust findou sua vida imerso em papelotes, se vivesse na era do copiar-recortar-colar iria certamente à loucura, de pura sofreguidão.

sei que o editor, como no caso de valéry e seu cemitério marinho, é que tem o poder de interromper o conflito. e o melhor editor de textos é pura e simplesmente a morte, a tecelã amorosa e fatal que nos acompanha toda a vida.

sim, estou convencido de que a grande experiência da literatura é a da morte. não se trata de cultivar a flor da morbidez como a mais rara orquídea. o pintor sevilhano valdès leal compreendeu muito bem, a medida, macro ou micro, da vida quem dá é seu duplo, nem mais nem menos. pois valemos em vida quanto pesa a vaidade, tema de muitas pinturas clássicas e barrocas, a caveira de hamlet sobrepairando. (vanitas é o termo para esse tipo de arte.) cedo ou tarde nos encontraremos nessas paragens de onde não tem retorno, nus como viemos ao mundo e sem um deus demasiado humano que nos proteja. rigorosamente sós, despidos do pior e do melhor, apenas carnes, músculos, vísceras, tais esses cadáveres embalsamados que o doutor gunther von hagens desde 1997 passeia pelo museu de horrores do mundo. dia virá em que o grande espetáculo será unicamente esse, os corpos no desnudamento final. mortinhos da silva.

outro dia y* me deu um santinho com a imagem da nossa senhora desatadora dos nós. tomei um susto, deve ser a padroeira dos editores, psicanalistas, delegados de polícia e outras autoridades competentes. todas se incumbem de *desatar*, por vezes desastradamente enredando mais a gente. é bom ter cuidado com tais "santos". em nós desfeitos, só confiem se não sobrarem pontas para de novo amarrar. segundo a história narrada por dn*, a fisioterapeuta, um empresário, dando-se conta de que cairia de cima do furgão cheio de finas mercadorias, segurou a corda, certo de que ficara bem presa. espatifou-se no chão, estava sem nós, desprendida, entendam a moral. sem nenhum nó também não dá, há que ter algum, para ligar. não esquecendo que há outras damas tão poderosas quanto a dos nós, nossa senhora das flores de genet e nossa senhora dos afogados de nelson, por exemplo. amo ainda as delicadas imagens barrocas de sant'anna ensinando nossa senhora menina a ler a bíblia, a educação pelas escrituras.

já foi dito que a maior parte dos diários de escritor versa sobre doenças. mas, se servissem para alguma coisa, chazinho, erva terapêutica, lenimento, quantos não teriam sido resgatados à beira do abismo. quantas tramas finalmente deslindadas. caderneta terapêutica, era com que sonhava ana c. acho o inverso, podem acentuar sintomas, sofrimentos, efeitos destrutivos. a letra dura pode enrijecer o quisto, o cancro, recrudescer a ferida. a abundância de exemplos dispensa citações. são bem conhecidos os poetas suicidados. também por esse motivo sou realista, proliferei os especialistas em torno do "meu" mal, e agora, no meio do caminho, procuro outros, sempre mais. nenhum me basta, todos servem mas ninguém resolve nada. a cada um sua delícia, sua dor. as minhas não se comparam, aliás nada se compara a nada. (apesar do que disse, creio mesmo que a melhor literatura pode ser de auto-ajuda. não certamente à la paulo coelho. mas aquela que recria essa miseriazinha de vida que recebemos, um minúsculo lote num universo para lá de vasto.) talvez porque não haja solução para o caso. não pensem que vou choramingar, não faz meu estilo. sou antes de agüentar sem anestesia nem paliativos. prefiro a dor aguda que exige tratamento à levíssima lesão que mais tarde vira cratera. mas não opto nunca pela tragédia em vez da comédia, pois só escrevo no fundo para obter alegrias, confirmando prazeres antigos e desdobrando outros. a coisa só é passada sob mil filtros, para não destruir ninguém. abalo, ocorrendo, vem imprevisível, nem eu mesmo sei quando. pois também, a meu modo, ambiciono o desassossego, não o tédio, nem o sem-gracismo da hipocondria, sintoma de decadência permanente. não mesmo. meu "mal" é apostar sempre na casa da euforia, muito embora.

mas não peço discípulos. isto aqui não é partido, manifesto nem testamento, por dois motivos. primeiro porque não vou morrer. não agora, nem amanhã certamente, deixo reserva em aberto. segundo porque não tenho herdeiros, não vou transmitir a felicidade ou o martírio da existência. o que me deram finda comigo e só será legado eventualmente de forma impessoal. sei que do ponto de vista jurídico isso é um logro, pois tenho sobrinhos, exatamente seis. mas esses já estão criados, sabem se cuidar. o que não haverá é transmissão direta, de pai para filho. meus rebentos, se houver, são esses aí, no mundo, proliferando histórias.

certa vez tentei modificar meu nome, recuperando o erre. minha vida começou errada desde o registro. erraram o pai, a mãe, o tabelião, os vizinhos, o prefeito. já referi o episódio da cor na certidão de nascimento, deveras obscura, quer dizer, clara. erraram todos, erramos. o mundo erra, e alguns pagam. pois um dia exigirei o erre de volta, sem rebelião nem revolta, questão de livre-arbítrio, expressão com três erres ou "rês", como se diz no nordeste.

parece que a humana comunicação se baseia em oitenta por cento de equívoco, ou mais, o cálculo nesse caso é necessariamente arbitrário. nunca estou satisfeito com o que contam a meu respeito, sobretudo com o que contam sobre o que contei. jamais corresponde. e vamos vivendo como se. aí começa a ficção, todo mundo finge que se entende e vamos seguindo. se parassem para checar, seria um deus-nos-acuda, ninguém escaparia. os amigos é que mais traem, porque atraem, estão juntos, nos amam de verdade, então se acham no direito de proferir disparates. já me acostumei, aceito, faz parte do carinho que me têm e que lhes tenho. provavelmente ajo do mesmo modo, inventando o que não vi nem ouvi, ouvidos moucos, poucos. a outra rima, conhecem bem. e se um é, todos são. ninguém escapa, a sanidade é somente um estado de prontidão para não degringolar de vez.

nas coisas que acrescento, sei que tenho urgência de publicar. mas a forma, a forma custa caro, diz também valéry. mas se custa, qual é o preço? estou disposto a pagar, logo logo. quero suar o pão, amassar o trigo, moer o grão. e lhes vender gatos, lebres. antoine compagnon me lembrava que em outras línguas a expressão "gato por lebre" existe. é sempre a idéia de uma feira ou mercado, onde se oferece uma coisa em lugar de outra. tipo moeda falsa, tipo a literatura de que falava momentos atrás. somos todos quem sabe moedeiros falsos, vivemos de contrabando, andré gide entendeu tudo. mas, atenção, não esperem de mim discurso marginal, fetichizando a coisa literária como o uísque falsificado. essas idéias rebeldes estão muito gastas, já disse. nada mais kitsch que ser maldito, nada no fundo mais venal. não me venham com essa. há editores aos montes dispostos a fazer qualquer negócio pela literatura de presídio ou de ex-drogados. o mundo cão há muito se tornou uma etiqueta de luxo. só tem equivalente na evaporante atmosfera dos místicos. uma das maiores fraudes literárias de todos os tempos foi a da americana j. t. leroy, que escreveu livros se passando por um ex-garoto de rua. infância miserável, prostituição, travestismo e, aos poucos, mudança de sexo, supostamente "transgênero". vendeu enormemente no mundo inteiro, teve dois filmes adaptados para as telas, até que no final do ano passado descobriu-se que o garotinho (a garotinha) tímida atrás dos óculos escuros era mesmo (suspense) uma mulher! tudo inventado, a literaturaverdade não passava de grotesca falcatrua. indago, estarrecido, para que servem esses escritos, cuja principal qualidade era serem "verdadeiros"? onde estamos e para onde vamos com a indústria da verdade, do documentalismo sensacionalista, naquilo que seria o último reduto ético, ou seja, a investigação e o depoimento fidedignos?

pois não abro mão do real em literatura. a pedra rara, a preciosidade, é a realidade que cintila e some. creiam-me, a literatura é vera, vera, a despeito da fabricação que acabei de expor. ainda que a verdade escape, areia entre dedos, busco-a apaixonadamente, lutando contra seus aproveitadores. daí este testemunho urgente sobre uma vida absolutamente comum mas verdadeira. visitem maternidades, cemitérios, manicômios, e saberão, lá mora a verdade. a ampulheta se escoa a contragosto, contragolpe, contrapartida, contra tudo e todos. malgrado a crua atestação, digo, sim, sim, à ávida e queridíssima vida. ignoro quanto tempo me resta, ninguém adivinha mesmo. em francês, a palavra hasard é acaso, léu, deriva. em português azar é o que conhecemos... mas vale sempre tentar a chance, arriscar pele e ossos, para não morrer em vida, inerte.

concebo então a literatura como coisa pessoal, sempre a vida capturada por meio de escritos. vida entrevista, por prazer ou dor, e a arte está em converter esta naquele, com refinadas técnicas de transmutação. sem cair no esteticismo romântico. na verdade só me interessam as vidas realmente literárias, aquelas que souberam reinventar as letras reais. o desafio para as novas sociedades é tornar todos capazes de reinvenção, sempre senti e pensei assim, desde criança dando aulas no quarto-escola aos primos. e letra para mim é música, poesia, desenho, arquitetura, cinema, teatro, em suma ficção. tal deveria ser o porvir de nossos estabelecimentos de ensino, dedicados ao cruzamento dessas artes. isso se traduz na palavra amor, sob mil máscaras de sedução, recriando o aprendizado por meio de uma pedagogia dos afetos. se tal ponto fosse atingido, a literatura deixaria de ser privilégio de nefelibatas ou, pior, de pseudomarginais.

– caro, a literatura não vale um cachorro morto, rá rá, que dirá um cachorro vivo. pois no cachorro morto há ainda os traços palpáveis de uma vida existida, enquanto na literatura... defendo a literatura extraliterária, uma que até comece como narrativa, poesia ou ensaio mas que na verdade se dirija desde sempre para onde nos encontramos, eu e você folhetinescos leitores. não quero saber de literatura-panteão, de literatura-pedestal, prefiro a literatura-lama, a literatura-lodo, no limite do neo-realismo, do neonaturalismo, em que as feridas do cão sejam feridas do cão. em que o cavalo do romantismo seja revezado por seu duplo, o do realismo, vindo ao século 21 como um pós-hiper-realismo – multiplicarei o quanto for necessário a quantidade de prefixos, para chegar ao que quero dizer. preciso tocar o nódulo vivo do real, o cerne, o é da coisa, onde estiver.

pois estou farto desse ficcionalismo desossado, dessa coisa superlírica de duplos, de duplos de duplos, em que os contornos da realidade se esfumam. já assinalei que borges é o grande culpado da desmaterialização do mundo, com seus andaimes de bibliotecas inexistentes. julien barnes, chegaremos a ele, e o famigerado vila-matas ainda se sustentam com a ambrosia literária confeccionada por borges. quero a boa literatura de volta, quando uma rosa era uma rosa, era uma rosa, e a pata da gazela não passava de um membro animal. quando um cachimbo era apenas um cachimbo e ninguém seria capaz em sã consciência de pôr isso em dúvida. aí veio a síndrome que atacou o mundo das letras e das artes, e todos resolveram que rosa, pata, cachimbo não designavam mais as coisas para que sempre apontaram. começou o delírio de dissociar as palavras das coisas a que sempre estiveram ligadas, e a humanidade passou a sofrer desesperadamente do mal de magritte.

proponho uma volta ao pé no chão, as orelhas ligadas e os dentes afiados. um real todo sensações, consistente. *hoje*. mesmo que o hoje se divida em vários instantes que não mais permitam segurá-lo com simplicidade, como outrora se segurava um cachimbo, uma pata, uma rosa, um guarda-chuva... entendam o parangolé, quero os espinhos da rosa, o filete de sangue no nariz, a água suja do bebê que escapa pelas malhas da maldita tradição.

na verdade, o que move é a necessidade de pensar uma coisa e seu contrário, a vida e a não-vida, por exemplo, a literatura e a não-literatura, a arte e a não-arte. nenhuma das duas me satisfaz, sonho com trazê-las juntas, a linguagem e o que a perfura, a realidade e o que lhe escapa. sim e não se alimentam mutuamente, a partir de um fundo que os sustenta – ou desampara. a pólvora nos dedos que tocaram a tela do computador e a folha de papel perfurada pela inimputável bala perdida talvez anunciem o retorno do real. talvez, talvez, nada mais duvidoso que projéteis à solta.

uma senhora foi seriamente baleada em seu apartamento na avenida oswaldo cruz, dentre as mais chiques do rio, quando assistia à tv com os familiares. supostamente o projétil veio enfraquecido de um morro situado a alguns quilômetros dali, não se achou outra origem. o valor do condomínio do prédio, mil e quinhentos reais, explica largamente o acontecido.

– olhe, entendo seus motivos mas isso está me soando panfletário...

– não é, não. a única forma de ressensibilizar este país é fazer sentir o cheiro da pólvora e o leve sabor de sangue. de outro modo morre-se de simples distração. puro entretenimento.

– ...

(15.I.06)

* * *

não creio que o mercado tenha um conceito de literatura. a estratégia mercantil está em não definir nada com precisão, porque ela lida com valores financeiros e tem pressa de vender, embora, claro, se interesse sim por um tipo de legitimação que a consolide. rever o exemplo de leroy. a literatura, se existir uma, apenas uma, coisa em que não creio, também lida com valores, mas em princípio sem muita pressa e não necessariamente para ter ganhos imediatos de capital. receber dinheiro faz bem, nada contra, mas escrever só para lucrar faz muito mal, com bem poucas exceções. é melhor que o ganho seja uma derivação e não o motivo da escrita. defendo, pois, sem nenhuma ingenuidade, um certo desapego na tarefa do escritor.

quanto ao conceito de literatura, essa coisa ubíqua e ao mesmo tempo inconfundível, cada escritor inventa o seu. e é por isso que ele se afirma socialmente como reescritor, para além de toda mitologia da originalidade. noutros termos, apenas sobrevive quem redefine *sua* literatura, que é também um modo de abordar e transcrever o mundo, com suas mundivisões. qualquer dessas noções pessoais do literário pode se impor em certo momento e desaparecer em seguida, pois sozinha nenhuma subsiste, dependendo dos ativos leitores para continuar atual. provavelmente cada século, cada década inventa seus conceitos de literatura, que sempre estão se modificando. quem acredita numa concepção única e definitiva do literário esquece que só a partir do século 18 o termo passou a ter o uso atual, consolidando-se no seguinte. antes existiam as prestigiosas belas-letras, que agora têm apenas sentido pejorativo. beletrismo tornou-se sinônimo de afetação, preciosismo, inutilidade e conservadorismo. duchamp insistia, aguardemos a posteridade, o sucesso de hoje pode ser o fracasso de amanhã, quantas glorificações relegadas ao esquecimento! quantos césares se foram depois de triunfar durante anos! sim, só a posteridade pode determinar o valor de um artista, mas o problema é que a posteridade não tem fim, continuará tempos afora a se alterar, com o surgimento de novíssimos valores, a serem deslocados adiante por mais novos ainda. brás cubas captou muito bem em seu delírio a fugacidade do instante que se quer eterno. drummond bradou o referido cansaço da modernidade, sonhando com a eternidade, não sem muita ironia. bob dylan fala da necessidade de ser contemporâneo. acertou em cheio, penso. a questão não é mais ser moderno nem eterno. importa ser contemporâneo – de si e de todas as épocas. um inventor desse tipo poderá ser compreendido por qualquer faixa temporal. seus escritos sobreviverão independentemente mesmo da autoria. a velha questão de saber se homero existiu é ociosa, interessa que os relatos sob esse nome continuam a nos falar, extemporaneamente, para além dos tempos. os autores e textos mais fortes são supreviventes, tratarei disso num livro que pretendo escrever.

328

não há nunca instância última que legitime a literatura, ainda que se trate da maior autoridade na matéria (tal como se arvorou harold bloom, o qual escreveu aquele que já foi considerado um dos livros mais autoritários, o cânone ocidental). isso não quer dizer que os autores se equivalham, nem que a arena literária seja um vale-tudo. creio profundamente que o valor de reinvenção permanece, e ele é determinante para a sobrevida mais longa ou mais curta de um escritor. quando no século 16 montaigne começou a compor seus ensaios provavelmente não tinha noção de que estava inventando um novo gênero. sem dúvida, via-se a si mesmo muito mais como um continuador dos autores latinos, tais sêneca e cícero, que citava compulsivamente. falava de si por meio dessas outras vozes, autobiografava-se através das próprias leituras. leitura como autobiografia, eis um lindo tópico da história literária, ainda insuficientemente tratado pelos especialistas. por configurar essa combinação de retomada de textos anteriores com vivência pessoal é que os ensaios de montaigne jamais poderiam ser a simples repetição da tradição. o dado pessoal irrompe misturado ao detrito das leituras, a leitura mesma se faz como experiência praticamente intransferível – e aí o inusitado ocorre, aquilo não pode mais ser assimilado ao já visto, sentido, escrito.

como em proust, como também em clarice, já não se trata de um pastiche de saint-simon, nem das mil e uma noites, nem de mansfield, nem de joyce. outra coisa emergiu e permanece boiando, feito essa bolinha dentro da caveira como narra riobaldo, parodiando a história do rei hamlet, envenenado através dos ouvidos, enquanto dormia, pelo irmão em conluio com a própria esposa. a literatura é essa bolinha, fruto de um envenenamento regicida, que fica boiando na cabeça de seus leitores, até que venha um outro e aplique o veneno em novos leitores, e assim sucessivamente. eis uma nova versão para a saga secular da morte *na* literatura. fundo sem fundo, a literatura se hipertextualiza, vivendo para sempre de suas mortes. supervivendo enfim.

se preferirem outra forma de metáfora (há tantas e tantas haverá), a literatura é um origami, funciona como uma única folha de papel, que se dobra, redobra, em todos os sentidos e segundo a habilidade de cada um. pode resultar em edifícios ou em grutas, chapéus, foguetes, aviões ou barquinhos para atravessar canais e abismos. sabe-se que muitos que adquirem fama literária são maus escritores – mas quem pode mesmo afirmar isso, onde estaria a instância de juízo final? importa que o que se nomeava até há pouco como obra literária é uma grande ilusão, um teatro de sombras, que sobem ao palco, desfilam e em seguida desaparecem atrás das cortinas, depois dos aplausos. quando há.

quanto mais múltiplos forem os contatos criativos, mais rica a literatura de um país, menos nacional em sentido negativo, mais aberta ao mundo, mais estrangeira, como disse. pois a vocação literária, hoje mais que nunca, é ser supranacional, porém radicada no mais particular e mesmo no mais provinciano. toda literatura de fato começa na província, é lá que se gestam os lances futuros. e província para mim não é só a cidade pequena mas qualquer lugar que seja particular a um indivíduo e que ele possa dividir com outros além-fronteiras. o *interior* de cada um vira ponto de partida, plataforma de lançamento.

só agora entendo isso, eu que aos dezoito anos renunciei a fazer escrita criativa, pois não tinha vontade de realizar uma literatura regional, e ainda não tinha experiência cosmopolita suficiente para subsistir com uma visão pretensamente universal. percebo todo o engano, pode-se ser provinciano, caipira mesmo, sem ser regionalista, tal raduan nassar, o renomado matuto dentre nossos refinados escritores.

a mais cosmopolita das cidades hoje, nova york, tem em um de seus bairros uma província fecunda, manhattan, na verdade uma faixa minúscula de terra, uma ilhota, dentre as mais densamente povoadas do planeta, como bem o sabem allen e auster. a ficção de ambos é extremamente interiorana, plena de uma cor local que só eles captaram, transverteram e difundiram pelo globo. o rio foi e sempre será um quintal machadiano, o eterno balneário, assim como paris não passa do sítio de monsieur proust, roma o de pasolini, londres o de wilde... (lembro de amigos americanos criticando paris, como capital provinciana; esqueciam apenas de onde eles também vinham.) esse é o valor "privado" do literário, inegociável, que todavia se relaciona sem oposição aos valores do mercado, deles se distinguindo por exigir conceitos efetivos, sensíveis ao tato e à mais ampla mundivisão. o mercado depende mais do cálculo que da sensibilidade, precisa de retorno, de preferência imediato.

desde o século 19 pelo menos, a literatura pode esperar, embora também muitas vezes se impaciente, tudo depende do ritmo e da voracidade do escritor, bem como ou talvez sobretudo da demanda de seus leitores. mas a forma, repito, a forma custa caro, seu peso em ouro vale dias e dias de aflição, também de contentamento que súbito pode reverter no contrário. pois todo reescritor, tal flaubert, no fundo entende que o que propõe pode não valer nada, ser relegado ao desprezo, mofar nos escaninhos do Tempo, como proust conclui lindamente em busca do tempo perdido. na montanha-russa da história ninguém está seguro de ocupar um lugar confortável. vale mais gozar o que se faz, com bastante humor, rindo principalmente dos néscios que se imaginam perfeitas "sumidades" e acabam sumindo...

nada garante nada, lançar um livro é uma loteria às cegas. e por isso mesmo se reescreve obsessivamente cada linha, cada frase, cada palavra, até a exaustão, ou até o momento em que um editor ou um bom agente literário passe em casa e furte os arquivos originais. ontem mesmo joão ubaldo contou a respeito de sua depressão diante de fato semelhante, que lhe aconteceu com viva o povo brasileiro, roubado de suas mãos antes da hora. mas o prazo nunca é suficiente. por isso os de expressão inglesa inventaram o dead-line, a linha-morta, linha de morte, linha da morte, limite fatal, após o qual cortam-se cabeças. tampouco jamais se está inteiramente satisfeito com o publicado, as falhas proliferam. todavia, para muitos, livro lançado, livro morto. a narrativa se torna natimorta para que o autor sobreviva e conte outra.

(17.IX.05)

* * *

imagino um leitor do século 22 relendo o início do século anterior, este nosso, e detectando a existência de uma antiga arte, a literatura, que foi se esgarçando ao longo do tempo, até se confundir com outras práticas e teorias, terminando por desaparecer de vez. antes de sumir de cena, essa antiga instituição, já sem serventia, assumiu as feições daqueles e daquelas incumbidos de realizá-la, os ditos escritores. esteve em voga, até a década de 30 do século 21, tratar eletronicamente as próprias vidas como literatura, e a literatura como vida. de modo tal que uma acabou se fundindo com a outra. quem perdeu no final das contas foi a literatura, que sempre quis ser independente de uma instância milhares de vezes mais ampla e absorvente que ela.

contam que assim ocorreu a tão na época discutida morte desse tipo de escrita que praticamente ninguém hoje conhece mais. muito teriam contribuído para o sumiço da literatura as novas formas de abordagem crítica, que passaram a desconsiderar quaisquer hierarquias no antigo campo das letras. mas há controvérsia, já que outros estimam ter sido isso mesmo que deu à literatura seu último alento. assim transcorreram alguns anos durante os quais dois lados se atacavam numa luta fratricida, pois o inimigo ao que parece estava noutro lugar, por assim dizer fora de campo. de um lado se aferravam os que defendiam a autonomia e a especificidade do literário em relação a qualquer coisa, outras artes, esportes, ciências, culinária, prestidigitação. de outro se posicionavam os defensores de uma ideologização não só da literatura mas da cultura, que devia ser vista como um todo, podendo-se migrar de um quadrilátero a outro sem problemas – fora decretado o fim das especializações.

pureza contra impureza, essência contra ideologia, eis que um dia no horizonte dessa disputa aferrada se descobriu que não havia mais razão para brigar, o suposto objeto de contendas simplesmente sumira do mapa mundial. os do segundo lado se deram por vitoriosos, pois o propósito era esse mesmo, destruir qualquer vigência permanente do literário. os do primeiro lado tiveram para o resto de suas vidas do que se lamentar, sentiam nostalgia imensa do tempo em que eram autoridade na matéria, mandando e desmandando nos assuntos capitais, construindo e demolindo carreiras.

fato é que nenhum dos lados deixou herdeiros, ninguém entende mesmo hoje em dia o sentido da querela entre os antigos empedernidos e os pós-modernos ideologizados. só uns poucos especialistas em filologia da passagem do século 20 para o 21 conseguem elucidar alguns pontos. mas o sentido mesmo, crucial, do conflito se evaporou no éter que desde sempre nos cerca, como bem constatou aristóteles há mais de dois milênios. isso não impediu que alguns daqueles textos antigamente qualificados como literários, por uns, e não-literários, por outros, tenham sobrevivido aos rótulos. encontram-se agora ligados aos valores recentes, estes aliás propulsores de renovadas disputas. há pelo menos dois lados bem configurados, prevê-se uma guerra sem fim, pois não chegam a um acordo, sem perceber o verdadeiro inimigo, que já está com vários corpos de vantagem na competição.

(data possível do registro: 12.I.2106.)

– será este século mais tarde analisado por extraterrestres como aquele momento em que nossa espécie, como tantas outras, tendo atingido o ápice, entrou definitivamente em colapso e desapareceu? ou nosso melhor ainda está por vir? ou nada disso?

(12.I.06)

* * *

escrever é gratuito, antes de se ter uma carreira literária ninguém pede que se escreva. ao contrário, tudo é feito para que não se exerça a escrita criativa, com o risco de não se ser considerado sério se se ousar o desafio. uma vez que se começou a publicar e que se consegue algum reconhecimento, a literatura se torna uma profissão. a partir daí cobra-se periodicamente um novo texto. o que anda fazendo fulano que não publica, será que assumiu sua tendência rimbaud ou raduan, abortando uma carreira de sucesso?

mas para quê e para quem se escreve afinal? alguns certamente visando a se tornar o best seller da hora. outros em princípio desejam ganhar prêmios, resenhas elogiosas, declarações amorosas na imprensa. em suma, ambicionam o que se chama de prestígio. outros ainda escrevem sem fito algum, escrevem por escrever, por um imperativo cego, que não controlam, uma exigência interna provocada decerto por acontecimentos externos. por fim há os que escrevem para a universidade, buscando leitores superequipados.

é possível que nenhum desses artesãos exista em estado puro. são todos (mesmo os não-escritores, os que desistiram de qualquer escrita antes de começar, os bartleby convictos, que preferiram não) uma combinação de tudo isso, atendendo aos mais diversos impulsos, com maior ou menor consciência do que buscam. cada um retoma o barro generoso da dita literatura e o molda a seu prazer. oleiros mais ou menos fracassados, mais ou menos bem-sucedidos, vão misturando e recombinando formas e gêneros, acabam por descobrir novas técnicas. porque no fundo todo gênero é transgênero, o poema está sempre mirando o ensaio, que mira o romance, que mira a mensagem eletrônica, que mira a tragédia ou a comédia íntima.

tudo no fundo é *diário* (uso o termo desta vez em sua função adjetiva), datado e assinado, nos melhores casos transfigurado. também nesses melhores casos, a reinvenção traz a marca do vivido, aquilo que ninguém mais, em tempo nem lugar algum, pôde viver. só eu, ali e então, experimentei, capturei, consignei, em data e local únicos. por isso também a literatura seria das espécies de discurso aquela que mais pensa a si, como se precisasse o tempo todo voltar ao local do crime, entender o que se passou em tal ou qual circunstância. o registro absoluto fracassa, e o que sobra são rastros insuficientes da experiência única, a serem interrogados pelo resto dos tempos.

posso ser acusado de teorizar em demasia, porém a literatura vive de refletir sobre si própria, seus limites, sua *quase* não-existência. por definição, ela é teórica, crítica, inventiva. pensa, repensa seus modos de registro e consignação, sua fragilidade mas sua potência também. todo mundo que pega a pena ou aciona o teclado recria, teoriza e critica a literatura. basta ler dom quixote desde a primeira linha, a partir do que está fora do texto até o final, para constatar isso. outro belo exemplo são as pseudocartas de josé de alencar ao dr. hélio jaguaribe, na esperança de que ele o ajude a proteger seu mais novo rebento, iracema, contra a má vontade dos leitores em sua terra natal. toda uma visão de história, cultura e política literária se espraia pelo prefácio e pelo posfácio, sem falar nas inúmeras notas que o autor espalhou ao longo do próprio romance. dificilmente se imagina um escritor tão consciente de seu ofício, sabedor das conseqüências de se desfechar um golpe literário daquele porte. como e por que sou escritor... imenso capítulo da literatura de fundação romântica.

(mais um momento dramaticamente intenso é quando, já próximo do final da trama, o narrador-personagem, que ao mesmo tempo é o escritor do citado 2046 – segredos de amor, de wong kar-wai, se dá conta de que a história vai acabar mal. há mesmo um personagem que lhe pede para modificar a conclusão. ele tenta, a câmera captura a pena pairando sobre a folha de papel, horas decorrem e nada acontece. num filme que cruza vários momentos temporais, do mais remoto passado ao futuro ano de 2046, narrar é ainda e sobretudo pensar o narrado. mas isso já está na ilíada e na odisséia, nos cânticos bíblicos, nos relatos ameríndios, nos cantos africanos. a recontar.)

– na verdade escrever, estou convencido, é expor-se ao possível ridículo, enfrentar as críticas mais absurdas sobretudo agora quando faltam leitores refinados na imprensa, com exceções, claro. todos os que publicam ficam entregues à possibilidade do escárnio, às veleidades malévolas do crítico desinformado (o que digo não imuniza nem um pouco quanto a isso). ingênuo quem achar que fazer literatura traz fama, sucesso, dinheiro. só em raríssimos casos isso acontece, o normal é ficar às moscas, entregue aos cinco leitores que brás cubas tanto prezava.

por isso amei o livro de paulo henriques britto, merecidamente premiado, embora os louros sejam contraditórios em relação a uma escrita tão auto-irônica, beirando o derrisório. macau é um livrinho nada manso, mas muito despojado, denso, superficial, pretensiosamente humilde, hilário com aquelas palavras feito cágado de pernas para o ar. eis também a maravilhosa figura do escritor que me interessa hoje, um cágado ou um inseto que não consegue voltar à posição normal, lembrando a metamorfose, de kafka. a narradora da quinta história de clarice fala em baratas esturricadas desde dentro, por meio da ingestão de um preparado com gesso, cruel amanhecer em pompéia. baudelaire pintou o poeta como albatroz, esse pássaro de asas desproporcionais, completamente desajeitado, que por vezes acompanha as embarcações em alto-mar. drummond retoma essa imagem deplorável em seu gauche, filho espúrio de um anjo tortíssimo, talvez aquele mesmo da expulsão do paraíso.

tudo isso são formas e forças para quebrar a aura do escritor consagrado, da pose-poeta. podemos voltar quantas vezes forem necessárias ao gesto duchamp. comparemos: quem hoje seria capaz de abandonar nova york, tendo a possibilidade de nela viver como artista, e se enfiar numa periferia qualquer para iniciar (ou assassinar) uma carreira? vista retrospectivamente, depois de um século de rebeliões estéticas, parece fútil a atitude de deixar paris no momento em que era a capital cultural do mundo para viver num canto do outro lado do atlântico, isto é, a mesma nova york que hoje reina e que na época pouco era. a coragem foi de fato imensa ou, antes, se impôs a impossibilidade de agir diferente.

duchamp não tinha vocação para alimentar os egos artísticos, o seu próprio e os de todos os seus contemporâneos. sem falar no trato à vontade com os colegas, sua receptividade ímpar, capaz do diálogo infinito com quem ainda estava longe do sucesso. além disso, fez uma obra mínima, que cabe em duas salas no máximo – no entanto cada peça é mais importante que *quase* tudo o que se fez então e depois. arte do século 21, como antiarte, não-arte, desarte, e o mais. sobretudo é um exemplo para não ser imitado, ao contrário do que se pensa, pois não se deveria em princípio copiar identicamente o gesto irruptivo, mas deixá-lo solto, flanando à toa, como seu suposto autor.

eis o e-mail que enviei a y*, incitado por uma mensagem recebida e por tudo que tenho vivido e pensado:

(quinta-feira, 19 de janeiro de 2006 14:21)

querida,

você não imagina que sensações despertou em mim com essa história de se sentir jeca. sempre me vi assim, um matuto desejando mas perdido na grande cidade. cresci, mudei e a coisa não se dissipou, ao contrário se confirmou mais e mais. lá na europa me achava uma coisa, nunca dominei o francês como desejava, menos ainda a cultura. e você sabe como alguns deles são, olham atravessado quem comete erros lingüísticos ou deslizes culturais.

até que vi como os espanhóis e os italianos se comportam, lixando-se para falar o idioma estrangeiro com perfeição e se sentindo em casa onde quer que estejam. fiquei mais em paz com minhas gafes, arrematei muitos males, relaxei. mas isso não impediu que na volta continuasse como um caipira no rio, de uma timidez incurável. a diferença é que agora tentava extrair algum proveito disso. virar o jogo a meu favor. como dizia um antigo mestre, se você é tímido, finja-se de tímido, que estará curado. hamlet se embaraçou ao fingir-se de louco, acabou como outros, morto. no meu caso o remédio tem funcionado razoavelmente, mas o risco do vexame é uma ameaça constante.

estou convencido de que somos todos, sem exceção, do presidente à faxineira, jecas totais. no rio e no mundo. os mais espertos transformam isso num benefício aparente, mas detrás das cortinas, nos bastidores... máscaras mal disfarçam a pobreza, capitães indefesos.

então descobri a literatura, o único lugar em que as pessoas se expõem ao ridículo de graça – publicar livro, poema, romance, veja só! mas talvez seja porque é aí também onde se amestram os macaquinhos e se domam as feras. cheguei a escrever um poemeto relativamente inspirado nisso. envio-o em anexo, junto com outro, esse "extraído" de pessoa.

sonhava eu quando pequeno ter uma vida artística, literária, hoje vejo que é a maior viagem. a literatura, a arte, é uma ninharia que a gente tenta transformar em ouro, sem sucesso algum. titica, já dizia vadinho, grande gozador. nonada, tutaméia, sinalizava rosa. daí esse gostinho de quero mais, de insatisfação... rester sur sa faim, dizem os franceses quando um enredo não corresponde à expectativa criada. estou sempre com fome, enredado em algumas de minhas vontades frustradas, meus projetos inviáveis, essa proximidade do fim, desde sempre aí mas que se acentuou nos últimos anos. em suma, um nadinha, zero à esquerda. sem chances, como bem se diz agora.

por isso mesmo busco baixar cada vez mais a bola, para evitar quebrar a cara e assim talvez marcar algum gol. sem jeito, sem arte, mas um gol de verdade, meu. sonhar-se gênio é fácil, mas a humanidade abortou tantos que só devem ter restado uns dez. dez, que digo, no máximo uns seis, cinco. platão e sócrates foram gênios, cristo, se existiu, foi outro que tirou muito proveito do ideal platônico, maomé foi gênio, newton também, galileu idem, einstein. porém a lista não avança muito mais, a não ser que se lance mão de referências não-ocidentais, que infelizmente pouco conhecemos, etnocêntricos e machocêntricos (termo de um ex-aluno) que somos. pois, quanto às "gênias", falta principalmente uma reflexão sobre o lugar da excepcionalidade feminina. de qualquer modo, gênio ou gênia, ocidental ou não, o que predomina infinitamente é o povo miúdo, fazendo render a inteligenciazinha que a vida legou, quer dizer, a todo mundo, a gente. "nós".

sei que seus dramas não se comparam aos meus, cada um conhece a pedra e seu sapato, seus calos, dores, afetos. mas, amiga, esteja certa, ninguém é isso tudo que pinta. quanto mais arrogante for o *indivíduo, cedo ou tarde a barra pesa, pois no fundo ele sabe que não é ninguém. seu ninguém, amo essa expressão nossa, será que os portugueses dizem isso?*

não estou aqui propondo autoflagelação nem praticando exercícios de falsa modéstia. esse é provavelmente um dos sentimentos mais verdadeiros que me acompanham a vida inteira. sensação de inseto, barata tonta, embora muitas vezes o leão assuma o palco. mas até esse leão é no diminutivo, com a pata ferida e a juba cortada, hélas. não cultivo o fracasso como penhor nem glória, apenas não quero ficar submergido nele, daí eu brinco, rio, distraio, escrevo. talvez o pior de mim seja o que tenha de melhor. nessas coisas, perdas podem por vezes equivaler a ganhos, depende da alquimia do verbo. pior mesmo, sempre, é se achar, o tal, o bambambam, o rei da cocada preta (e da banana-d'água, como dizia uma amiga – risos).

lembro do nada saudoso paulo francis, arrotando anos a fio prepotência, além de ignorância aos montes, atestada por qualquer pessoa com um mínimo de cultura, em sua coluna modestamente intitulada diário da corte. certamente ele era o mensageiro do governador geral da colônia, encarregado de enviar notícias lá da metrópole. ou quem sabe estava mais para bobo da corte. desconhecido e bobo, pois quando se foi, segundo li no jornal do brasil, não saiu nenhuma notícia em periódico americano, enquanto a morte, na mesma época, do artista chico science mereceu pelo menos uma nota no new york times. é chato falar dos mortos mas esse foi um dos tais que atormentam a vida de qualquer mortal com sua fanfarronice, típica também de alguns seus camaradas, os tais. além disso, bom ou ruim, proclamava-se escritor, e assim pode ser comentado, em todos os sentidos, em qualquer circunstância.

desculpe essas inconfidências desajeitadas.

beijos,

e*

(20.I.05)

* * *

no ano de 18**, a marquesa de *** saiu às cinco, para encontrar seu amante, o conde de ****. valéry não suportava mais narrativas que começassem assim, ele que nasceu numa época em que existiram os últimos nobres de fato mas não de direito. provavelmente rejeitava os clichês da classe social e da literatura juntos. fascinam-me até hoje esses asteriscos usados à larga nos séculos 18 e 19, para esconder o ano, o local e o nome do personagem, evitando-se assim a confusão com pessoas reais, ou antes, reforçando o fingimento literário por atiçar a curiosidade; quem sabe as duas coisas ao mesmo tempo. inaugurava-se então o princípio de anonimato e morte do autor em busca de seus reais personagens.

* * *

gostaria que m* fosse a verdadeira protagonista desta história, meu coração singelo. (a diarista, vejam que título!) sonho até mais, que ela seja a mestra de uma narrativa que faz água por todos os lados, cheia de furos. eu seria então seu discípulo e servidor. como se rodrigo s.m. (sua majestade? substantivo masculino? ou sadomasô, como quer o crítico?) se convertesse em personagem de macabéa, em a hora da estrela, de clarice lispector. pura utopia: apesar de datilógrafa, macabéa mal tem o domínio das letras, a escrita é porca, traz a marca suja de sua vida. daí a culpa do narrador-escritor rodrigo que não sabe como lidar com uma vida que mal se escreve, penando em deixar rastro. macabéa nunca chegará a ser. o momento do encontro consigo afinal coincidirá com o atropelamento, a morte e o fim da narrativa que nunca veio a acontecer. diz rodrigo: a morte é um encontro consigo. deitada, morta, era tão grande como um cavalo morto. o melhor negócio é ainda o seguinte: não morrer, pois morrer é insuficiente, não me completa, eu que tanto preciso. macabéa me matou.

a nordestina perdida na grande cidade, estrangeira com-sotaque, tal como clarice fora várias vezes migrante – da ucrânia para maceió, de maceió para o recife, do recife para o rio, do rio para o mundo, até voltar e morrer aqui, conosco, quando eu ainda me iniciava em sua textualidade transversa.

macabéa é um capítulo fundamental na história da pobreza em literatura. à diferença dos miseráveis de victor hugo, de toda a panóplia *abjeta* de charles dickens – à diferença também dos retirantes de vidas secas, de fabiano e família, seus conterrâneos nordestinos, que todos ainda tiveram uma vida, "maca" não passa de esboço, vã tentativa de respirar enfim, que resulta em vômito. mas é preciso não se render à tragédia dessas vidas, encontrando uma alegria que luz no fundo. estrela de mil pontas.

li numa resenha que no novo livro de um escritor paulista é dito que clarice dava comida aos pombos na praça serzedelo correia, em copacabana. difícil imaginar essa cena, porém tudo em ficção (como se diz "em teoria") é possível. mas isso me lembrou de imediato duas coisas. uma, que lá se encontra a última morada do escritor paulista-carioca joão antônio. outra, que o lugar é ou era chamado informalmente de praça dos paraíbas, termo pejorativo mas muito usado na zona sul para designar o imigrante nordestino. "nós", que não somos cariocas da gema, como lembra rodrigo, pois glória, colega de macabéa, é que é da gema do ovo, de peitos e coxas fartos, a tal, o nome diz tudo. eu mesmo lá morei quando cheguei ao rio, num trecho da siqueira campos colado à praça. na época, aos domingos de tardezinha realmente paraibanos, baianos, cearenses e outros macabeus ali se reuniam. não sei se isso continua acontecendo depois que cercaram o local com grades, como em todos os prédios da cidade e do país. habitantes enjaulados, para grande espanto dos viajantes europeus, vivemos todos num grande curral, ou num imenso presídio, conforme prefiram. visões bem longe do paraíso. o brasil não é longe daqui, decerto.

dizem e concordo que todo imigrante precisa passar por copacabana. enquanto baiano paguei a entrada, confesso que com certa má vontade, assim que pude mudei para a gávea. como tantas pessoas, sempre vi copa com desconfiança, mistura de turismo sexual, rede de meninos de rua, pessoas de todas as origens, tudo combinado em apartamentos que vão das ultrami-niquitinetes aos nobres salões da atlântica.

o globo gira, os preconceitos vêm abaixo, não todos nem em todo o mundo, infelizmente. hoje não me imagino morando em outro local na vila de são sebastião. tal como gt*, que jamais se imaginou habitando longe de santa teresa e agora não se vê em outro lugar senão na mesma siqueira campos, junto à praça. porém, voltando ao assunto, apesar de nordestina e amante dos animais, não consigo ver clarice saindo do leme, atravessando metade de copacabana, para dar comida aos pombos na ser-zedelo. o pombal do leme faria greve de fome com certeza. en-tretanto, repito, em ficção tudo é possível, mesmo o mais in-verossímil. não queiram, por favor, utilizar seus critérios de veracidade neste território cediço.

longo tempo hesitei em voltar a ter uma empregada em casa. inúmeras são as criadas nas crônicas de clarice. o termo criada é dela, que mereceria um estudo comparado com as bonnes de genet, deixo em reserva. minha culpa social era imensa, antes mesmo de morar na europa rejeitava as relações promíscuas e absolutamente servis entre patrões e empregados no brasil, fruto de uma das últimas sociedades escravocratas do ocidente. (se é que a escravidão em formas muito sutis não continua exis-tindo em toda parte, mesmo no chamado primeiro mundo, o filme crash – no limite, apesar de muito mediano, mostra bem isso.) nunca compreendi que um ser humano deixe de ter sua própria vida, como félicité, na história um coração singelo, de flaubert, e passe a morar com outra família, somente para ser-vi-la. se isso se tornou raro nas metrópoles do mundo, resquí-cios existem aos montes nas capitais brasileiras e sobretudo no interior.

não tive nenhum problema de adaptação na europa, pois já no rio havia muito me virava sozinho, não sem dificuldades, pois a estrutura de vida não é a mesma. "lá" há muitos serviços faci-litadores que nem sempre se encontram por "cá". de modo que quando voltei à pátria, depois do acrilírico exílio de cinco anos na frança, fiquei durante muito tempo sem uma simples faxineira. continuava fazendo todo o serviço, embora as atividades se multiplicassem. até que uma amiga me chamou a atenção dizendo que contratar alguém era reduzir em parte nossa dívida social. apenas meio convencido, acertei com p*, a inefável, que um dia levou a história de maria esther maciel, o livro de zenóbia, e nunca mais devolveu – fundiu-se com ele e sumiu, em parte por causa de minhas indecisões.

até que, mudando para um quarto-e-sala em copacabana, vi que não conseguiria dar conta da limpeza, com viagens, aulas e conferências para preparar, além dos livros. foi quando veio trabalhar comigo a doce m*, cuja história daria mais um romance dentro do romance. sempre me indaguei por que nossos empregados, sobretudo os descendentes africanos, são tão suaves. o espanto quando viajamos à europa e a outros lugares vem disso. na frança cada servidor é rei no território que ocupa, daí a falsa aspereza que ostentam, como quem não quer se curvar a hierarquia nenhuma, pois na verdade ali, na cozinha, na limpeza, nas vendas, ele é quem manda.

compreendi perfeitamente isso com uma afro-descendente que trabalhava na recepção da école des hautes études en sciences sociales. no brasil ela seria ou muito humilde ou completamente desnorteada em suas funções, por um condicionamento que nada tem de natural, mas é fruto de longas eras de sujeição. lá não, comportava-se de uma maneira completamente desenvolta, que em princípio me pareceu rude. com o tempo percebi que ela, como tantas e tantos outros, estava apenas sinalizando: atenção! a despeito das aparências sociais, que me colocam supostamente num lugar de inferioridade, nada me distingue do senhor/da senhora. tenho a mesma dignidade, os mesmos direitos, mereço a mesma solidariedade que os senhores têm por seus pares. esse discurso "inaudível" é pronunciado alto e bom som das mais diversas maneiras, somos todos colocados o tempo inteiro em nossos devidos lugares, o dos direitos iguais. forma de falar adequada e simples como as boas maneiras, se devidamente interpretadas e não reduzidas a um protocolo de subserviência. sem nenhuma fingida cordialidade, tão nossa.

com m* aprendi a combinar meu impulso natural de rejeitar a tradição escravocrata com a exigência de dignidade dos trabalhadores europeus. não sei se dou conta, porém nossa convivência é muito mais satisfatória que com qualquer outra pessoa que tenha trabalhado em casa. temos sempre nossos momentos de intimidade e entendimento mútuo, procuro dar um mínimo de ordens, mais uma forma de orientação que comando propriamente dito. nem sempre é assim, sofro, tento corrigir, por vezes decerto fracasso, porém gosto cada vez mais de sua presença. ouço as histórias da rocinha, comento, rimos juntos, tento ajudá-la a esclarecer algumas coisas como percebo. mas sobretudo ouço, com isenção. por exemplo, achei muito interessante seus comentários sobre o atual presidente. segundo ela, todos na dita comunidade estavam esperando uma revolução com a chegada dos trabalhistas ao poder. (sorrio internamente, porque ouvir um discurso dessa natureza era o sonho dos guerrilheiros dos anos 60.) ela é que nunca acreditou, sabia que não haveria diferença, político é a mesma coisa, mas seus amigos e conhecidos não, estes estavam preparados para a convocação geral.

coisas sutis que mal comento. um dia ela chegou espantada porque sua ex-patroa, atualmente morando em lyon, com marido empresário, tem um filho de seis anos que domina perfeitamente a linguagem da informática. comparou com seu filho mais velho, de catorze anos, e se deu conta do fosso. meu coração gela, que fazer, esse é o brasil bem brasileiro, em que a mulata não é mesmo a tal, ao contrário do que propala a grande cadeia de televisão a cada folia momesca. tudo o que pude foi ajudar a providenciar um pc para o garoto. atualmente ele já está num curso de computação.

literatura e pobreza, pobreza e literatura, existências miúdas, maltratadas. vida má, literatura um pouco melhor. macabéa se identificava a capim, via provavelmente ali um projeto de existir. associo-me ao gosto dela, observando o mundo à lupa, em suas microtexturas. quando novo, sentia-me mais próximo dos primos, que eram menos empolgantes que meus irmãos, estes um sucesso social, mais tarde retumbante fracasso. todavia o sentimento vem de longe, da origem dos pais, ambos pobres.

conheceram-se num lugarejo que era apenas povoado, corredor de casas, meu pequeno camacã. o pai se fez na vida, em vinte anos construiu vasto patrimônio. para isso, trabalhou desde os oito, sustentando os irmãos, e morreu aos cinqüenta e seis, riquíssimo e exausto, por causa da intrépida vida. a mãe tinha mesma e outra origem, vinha de mais ao norte da bahia. apaixonaram-se e cresceram juntos. mais tarde, como nos melhores dramas, veio o desamor, a seta preta do ciúme. cresci como filho de pai abastado, mas perdemos tudo dois anos depois de sua morte, tanto por causa da inépcia do tio quanto por descaso. tinha dezoito anos quando o pior se deu, depois até certo ponto remediado. estará assim explicada a solidariedade (deveras insuficiente) com os pobres, empregados, mortos de fome, no país e no planeta? certamente não, é preciso mais que palavras. caberia mais ação, intervenção mais aguda no que nos cerca, na esquina, no bairro, na cidade, no continente, no azul desta esfera.

queria um dia escrever um ensaio de literatura comparada, se fosse afim de comparativismos. representações do "outro" na literatura européia. há muito sou fascinado pela négresse anônima do poema o cisne, de baudelaire, que chora lembrando através da neblina os coqueiros de sua áfrica soberba. já fiz dois ensaios sobre esse texto, mas poderia voltar a ele infinitas vezes, teria sempre mais a dizer acerca de todos os exilados que habitam nessa ilha de edição. sobretudo me encanta o poeta vendo a si como um cisne, uma viúva e uma negra no coração da capital do século 19. paris muda, mas nada em minha melancolia se transforma! spleen de paris, ainda hoje espalhado nos halles, no quartier latin, em montmartre ou em barbès. há também a nobre e avassaladora dame créole, de outro soneto baudelairiano.
recordo o professor do sul numa inteligente conferência falando da afro-descendente que aparece no quadro olympia, de edouard manet ele apontou aquele rosto semiborrado, em contraste com a exuberância da cortesã, dizendo que era um vestígio da passagem de manet pelos trópicos. quando aqui estivera, o pin-

tor ficara fascinado pelas baianas que vendiam quitutes na rua. fizera desenhos aos montes, que reaparecem na serviçal do famosíssimo quadro. o conferencista apontava a imagem dizendo, essa aqui somos nós, invadindo a placidez da tela. achei somente engraçado que ele, um típico descendente europeu, "branco" como olympia, falasse da négresse como "nós". certo e errado. enquanto nascido em continente americano era legítimo se incluir num "nós" genérico como outro da cultura européia e viril (tanto quanto num certo sentido a própria olympia detém traço de diferença, pois, apesar de "branca", é mulher e prostituta de luxo). errado, porque a meu ver, por tudo o que sei dele, não há praticamente identificação com a cultura do outro, quer dizer, "nossa". poucos conheço tão autenticamente europeus, viris, hegemônicos. mas não tenho competência para julgar comportamentos, talvez no dia-a-dia ele se solidarize totalmente com esses outros "borrados", submissos, escravizados, mas nem por isso anulados, sem voz ou vez, como querem alguns. defendo fundamentalmente a legitimidade das vidas enquanto tais, embora sustente ao mesmo tempo a necessidade também radical de melhorar a qualidade de suas existências, a começar com a afirmação incondicional de sua singularidade. tal o negro gato arrepiado que aparece num canto do mesmo quadro de manet.

o que me encanta na novela um coração singelo, de flaubert, é a empatia do narrador por seu personagem, félicité, cujo nome remete à bem-aventurança religiosa ou, no plural e com uso mais literário, aos prazeres e às alegrias que alguém ou alguma coisa proporcionam. bonheur é hoje a palavra corrente para a felicidade. mas os dois termos são bastante convergentes, daí não ser inaceitável a opção do tradutor brasileiro por chamar o personagem de "felicidade", embora eu prefira manter félicité. a ironia está em que o destino da criada de mme. aubain vai ser um tanto diferente daquilo que seu nome evoca. não diria que seja o oposto, pois não se trata propriamente de uma completa miserável. félicité ficou órfã cedo e acabou como empregada permanente da viúva, que vivia com os dois filhos por meio de rendas, após a morte do marido. o grupo familiar se torna a razão da vida da protagonista, além de um sobrinho que a visita de vez em quando, victor. porém este morre de febre amarela quando viaja aos trópicos.

félicité terá como consolação posterior um papagaio que vem de "lá", onde faleceu seu sobrinho. a ave foi um presente entregue por um afro-descendente, de mesma origem além-mar, cujos patrões resolvem deixar a região da normandia, onde se passa a história. logo depois dessa grande perda, será a vez da jovem virginie, filha de mme. aubain também morrer. um dos momentos mais delicados é quando, tendo félicité solicitado um chapéu de virginie como souvenir, as duas mulheres acabam por se abraçar, a ponto de romper a barreira do afeto entre mestra e serva: fixaram-se mutuamente, os olhos repletos de lágrimas. enfim a patroa abriu os braços, nos quais a serviçal se lançou; estreitaram-se, aliviando a dor num beijo que as igualava, diz o narrador.

até que o próprio papagaio veio a falecer, constipado. depois de algum tempo félicité terá seu companheiro de volta, empalhado. o final dela própria será em estado de semi-abandono, contemplando sua querida ave e confundindo-a em delírio com o espírito santo. essa fusão da imagem da pomba cristã com o papagaio de flaubert é um dos elementos mais humorísticos e corrosivos do texto. embora seja francesa, a protagonista é assimilada ao distante e exótico, que o papagaio e o escravo simbolizam. a força do texto está em mostrar as relações de dependência entre patrões e subalternos, mestres e servos. como em machado de assis, o próprio valor do humano, em plena europa humanista, é colocado em questão quando félicité compara a morte de victor à de virginie, para indignação da patroa, que fala dele como um guex, um indigente, um pária. nem todos os defuntos se valem socialmente, assim como há os bem-nascidos, há os bem-mortos...

julien barnes, no livro o papagaio de flaubert, reduz a figura da ave à própria voz do autor, convertendo a novela numa caixa de ressonâncias. faz sentido, mas é uma redução como qualquer outra. ao tornar sua história uma biografia (ou tentativa de) ficcional de flaubert, barnes está se alinhando ao maravilhoso legado mallarmé-blanchot-borges-vila-matas, com todas as diferenças entre esses autores. porém, como já disse, o que me fascina atualmente é passar por essa herança sem nela permanecer. acho mesmo excepcional que nem tudo acabe em literatura, que o universo não seja uma biblioteca, por mais diversificada, que a vida não transcorra para terminar num livro ainda e sempre por vir. não, o futuro não pode ser só das letras, nem se resumir a um condomínio privado de autores.

daí que me sinto mais próximo de michel tournier quando desvia a rota. aparentemente, em vendredi ou les limbes du pacifique, ele está apenas retomando a história de robinson crusoé, tal como daniel defoe a escreveu no século 18, para evidenciar aspectos inexplorados. porém, se fosse assim, teríamos uma simples recaída no mal de blanchot, e a literatura por si mesma venceria mais uma vez. contudo não. os deslocamentos que tournier propõe vão além. ao transformar sexta-feira em algo diferente de um simples coadjuvante da história, ele está desferindo mais que uma inversão. se o afro-descendente cativo vai se tornar o paradigma para o europeu é porque este nunca mais será como antes. a sua memória hipercultural sofrerá pane naquele contato da ilha. em vez de um corpo virtualizado, capaz de reconstituir toda a vivência anterior por meio da memória, advém um corpo sensual, desdobrado em suores e desejos, por sexta-feira, pela ilha, pelas cabras, pela floresta.

a partir de então a europa nunca mais será a mesma. a cultura do livro a que todos pertencemos se vê colocada em seu lugar, uma cultura como qualquer outra. se quiserem, um outro modo de ser da natureza. nem mesmo há como falar de um livro natural, como já tratavam os gregos. o livro se torna mais um "produto" do natural. tal como o homem. porque na ordem transtornada que o volume de tournier encena já não há mais simples oposição entre cultura e natureza. uma é a dobra da outra. a folha de papel imita a folha natural, porque o papel vem da casca da árvore, a matéria é a mesma, com variados destinos. hylé, hiléia. o homem é o mesmo bicho que a dita natureza engendrou e que a modifica, como, aliás, qualquer outro bicho em elemento natural. o que volta na história de tournier é o outro do par cultura-natureza, digamos assim uma natureza cheia de manhas e artifícios, truques e inspirações. natureza ama se ocultar. retorna sem recalques, de uma só vez, o homem natural e civilizado. diz robinson-tournier: speranza não é mais a terra inculta, que farei frutificar, sexta-feira não é mais o selvagem que deverei educar. um e outra requerem toda a minha atenção, uma atenção contemplativa, uma vigilância maravilhada, pois me parece – não, estou certo disso – que os descubro pela primeira vez, e nada obscurece jamais sua mágica novidade.

apesar de todo o refinamento do livro de barnes, que merecidamente recebeu vários troféus, inclusive o prêmio médicis na frança, o ataque contra flaubert constitui uma prisão imaginativa, o desejo do mesmo que o amarra estritamente à europa e o faz um contemporâneo do borges europeizado. é maravilhoso corroer os mitos em torno da figura do autor, sobretudo do escritor que deixou incompleto um dos livros mais humorísticos e irônicos do ocidente, o já citado bouvard et pécuchet, com o famoso sottisier, besteirol onde estão catalogadas as asnices da humanidade. barnes volta de maneira magistral o ferro da ironia flaubertiana contra flaubert: o antiburguês aparece como um burguês acabado, félicité teria sido inspirada por seu suposto caso com a governanta inglesa, o papagaio que servira de modelo na verdade são vários, todos parecidíssimos e empalhados. e assim por diante.

mas ficar nisso não basta. é morrer na praia do mal de montano ou do mal de vila-matas. esses são os náufragos da literatura-robinson-crusoe, aquela que traz a memória de toda a cultura ocidental sem acréscimo. sinto-me infinitamente mais próximo de flaubert que de barnes, valha a ironia da ironia (barnes) da ironia (flaubert). flaubert tem toda a habilidade literária, possui a biblioteca das grandes obras, mas escreve um texto estupendo sobre aquilo que ele não compreende muito bem. tal como montaigne, com apoio nos relatos de jean de léry, no final do século 16 escrevendo sobre nossos índios e defendendo-os sem conhecê-los, flaubert fala do papagaio da amazônia, trazido pelas mãos de um servo afro-descendente. não que não haja idealização por parte desses autores quando tratam de tais assuntos. mas prefiro uma idealização sensível a uma ironia cínica que nada inventa de fato. é deveras interessante que barnes associe o afeto do escritor realista a sua possível paixão por uma empregada doméstica. tanto melhor se essa paixão real, jamais comprovada, engendrou a paixão literária como todo o amor que sustenta a história de félicité.

o fato é que, realismo ou não, idealização ou não, o papagaio, o "negro" escravo e a "branca" félicité irrompem nas páginas da literatura francesa como o diferente ao mesmo tempo submisso e indomado, arrepiado como o gato de manet. o outro próximo e distante, que exige por todos os motivos ser compreendido em sua diferença. noutras palavras, não ser entendido de pronto nos códigos da tradição. passar a ser visto já é um começo, saindo dessa zona de invisibilidade que os servos ocidentais mantêm em relação a seus mestres. o olhar irônico de flaubert sobre a empregada e seu amor pela ave é afetuoso, vital. o olhar irônico de barnes sobre flaubert e suas invenções é sarcástico, no fundo redutor, triunfante. claro que essa opinião é "minha", outros podem dar outras nessa cadeia livremente associativa de olhares. diria apenas que o deboche de barnes só é realmente criativo se usado de maneira pontual. recorrente de um lado a outro do livro, resulta em encerrar-se num paradigma moderno demasiado moderno: barnes é mais um autor da tradição *que ironiza.*

flaubert é um autor de hoje, porque ajuda a reintroduzir a história no tecido literário, fingindo ingenuidade (singeleza) mas cheio de astúcias questionadoras de sua própria cultura, eurocêntrica. barnes figura como um neocolonizador da cultura literária. flaubert já a corroía em pleno século positivista, rasgando outra via. fascinante seria associá-lo a esse outro papagaio que incomoda nossa modernidade literária, o papagaio de macunaíma. porém esse é mais um tomo de literatura comparada

que os convidaria a escrever. a ará de iracema pode também
esvoaçar por essas mesmas e diferentes folhas.

p.s.: apenas quando o humilhado e ofendido começa a reescre-
ver sua história é que pode deixar sua condição de vítima. jus-
tiça seria então o nome para essa mudança de posição, modi-
ficando quem sabe o curso previsível das histórias e da história.

(28.I.06)

* * *

se não acredito em hierarquias, tampouco aceito o achatamento
de valores como propõem alguns. não, nem tudo é igual, nem
todas as posições se equivalem. o problema é que nos habitua-
mos a conceber o valor como oposição. para mim, o interessan-
te da cultura é sua topografia, são seus relevos, vales, monta-
nhas, curvas, túneis, pontes e abismos que temos de atravessar
para chegar a um outro lugar. por vezes de maneira tranqüila,
por outras em meio a tormentas, obstáculos infranqueáveis.
mas quando falo em concavidades e protuberâncias não estou
inconscientemente recuperando o sistema patriarcal que tanto
nos pesa nas costas. a depender do momento, a planície é o que
almejo, nem mais abaixo, nem mais acima. o topo, metaforica-
mente falando, pode estar onde menos se espera. o êxtase não
depende do cume para existir, inúmeras vezes se dá num bu-
raco, o vasto vão que nos abriga.
salvador é cidade cheia de morros e conseqüentemente repleta
de depressões. uma de minhas mais fortes lembranças, em to-
dos os sentidos corporais, é o vale do canela. ali sorvi delicado
mel, mas também experimentei a cica mais áspera. algumas
vezes separadamente, outras de forma misturada, coquetel de
emoções.

foi platão quem começou com essa história de morte disso, final
daquilo, pois tentou assassinar a poesia, expulsando-a do paraíso
filosófico, sua república ideal. bem mais tarde veio hegel de-

cretando o fim da filosofia e da história, juntas. na verdade o autor da filosofia da história e da fenomenologia do espírito imaginou a si mesmo como o estuário de toda uma tradição de pensamento e conseqüentemente de tudo o que de importante acontecera ao longo de séculos da civilização dita ocidental. um tanto quanto egocêntrico, convenhamos, o filósofo da dialética espiritual. com ele morria também a grande arte romântica, ou a arte simplesmente, já que foram os românticos que inventaram a forma idealizada da Arte. ainda no século 19, mallarmé decretou por antecipação a morte do autor, tese esta que será retomada por diversos seguidores no século seguinte. mas nietzsche também deu sua contribuição, decretando a morte de deus, sob forma de paródia: os deuses pagãos morreram de rir diante da pretensão de um deus único e todo-poderoso ocupar a cena principal da fé.

já na década de 60, foucault, seguindo a trilha aberta pelos ancestrais mallarmé e nietzsche, decretará a morte do homem, num ato bastante controverso. na conclusão de as palavras e as coisas, o rosto humano se torna uma mera inscrição na areia, que um dia o mar se incumbirá de dissipar. barthes logo depois propagará, em nome dos mesmos avós de foucault, a morte do autor. tudo com a bênção do pai blanchot. no final da década de 80, será a vez do economista politicamente conservador fukuyama misturar essas mortes todas no liquidificador e anunciar uma novidade absoluta: a morte ou o fim da história, por causa da queda do muro de berlim, do término da guerra fria e do advento da nova ordem mundial, mais conhecida como pax americana. isso vai redundar no 11 de setembro de 2001, com o retorno brutal da história, justamente no território onde ela parecia ter acabado. sofremos até hoje as conseqüências da boa nova do digníssimo professor da johns hopkins university. e a literatura, perguntará o curiosíssimo público, em que momento principiou a morrer? bem, acho que a história começou lá com platão, depois veio hegel, em seguida mallarmé, até que um dia...

(20.V.06)

* * *

– você conhece o procedimento da água-forte...

– claro. consiste numa técnica de gravura na qual se utiliza a ação corrosiva do ácido nítrico sobre as partes postas a descoberto na superfície de uma placa metálica revestida de camada protetora (como, por exemplo, de cera).

– sim, através de um processo abrasivo do qual só ficam os sinais da passagem do líquido.

– pois então, a literatura para mim é isso, uma substância sem essência que penetra tecidos, peles, papéis, ossos, pêlos, todo tipo de matéria, corroendo e imprimindo sulcos de natureza múltipla.

– gostei da definição. uma técnica muito antiga e a cada vez renovada, em constante metamorfose.

– amo sobretudo o anacronismo dessa fatura, um desfazimento que refaz os tecidos-papéis de outro modo.

– o resultado pode ser excepcional ou medíocre...

– tudo depende da habilidade de quem faz e de quem lê também.

– por isso ela é onipresente e diáfana, em toda parte e em lugar algum.

– anacrônica, totalmente anacrônica, fora do tempo e do espaço em que existimos. todavia sempre atual. capaz de misturar todos os períodos, referências e lugares.

– inalcançável, e à mão.

– caro, isso está me parecendo teologia negativa...

– (risos)

– ou teologia da libertação..

– (risos) pode ser, pode não ser. como o sertão, o deserto, o mar, a vida, a morte, em toda parte. a literatura está em toda parte.

– porém, se é assim, talvez ela não exista, confundindo-se com o próprio mundo.

– existe sim, esteja certo. só não se define de maneira absoluta. a melhor literatura são águas-fortes. reais, virtuais e fortes. além de singulares.

– quem sabe você tem razão. vou pensar.

– pense bem. as escritoras e os escritores podem sempre dizer: a literatura sou eu, sou eu a literatura, meu amor.

– pois é. flaubert mais uma vez teria acertado... o conto, o poema, o ensaio se confundem com o corpo que escreve e se oferece. um corpo em mutação, que jamais coincide consigo mesmo, nem no tempo nem no espaço...

– ... sim, um corpo mais parecido com um copo de cólera. palavras em pura fúria. (pausa) lembro ainda que o dicionário refere um sentido figurado para o manuseio da técnica de água-forte. é o dito incisivo, incontornável, ferinte, preciso...

– ... e irremediável. a literatura é sem remédio. não oferece cura, nem para si mesma.

– mas abre caminhos, dá a respirar, e prossegue... enquanto há tempo, mas agora é demasiado tarde... é sempre tarde...

– ... é, é tarde...

– fui...

– fomos.

* * *

dos papéis historicamente reservados aos escritores – intelectual, esteta, burocrata, iluminado, místico, político, todos duvidosos – prefiro um só. receptáculo. escrever seria transformar-se num recipiente que tudo acolhe, de dentro e de fora, sendo desprovido de qualquer natureza. o transcritor seleciona, processa, encaminha, aflora, mas não impõe a voz única, o sermão autoritário. daí que pode receber até o inaproveitável, *o lixo do lixo*, que não exclui a beleza, muito ao contrário:

6- restos

reescrever é cortar na imprópria carne,
acrescentando sempre o pormenor,
quer dizer, o essencial

o a(u)tor

sucata
(retalhos)

contraluz
matéria plástica
de osso cavidades
maçãs tecidos fios
montes – *o rosto*
subjacentes
as mãos,

sereno

e o resto
o inomeável
o inaproveitável
o detrito não o inclassificável
mas a série-que-não-cola-nem-bricola?
numa palavra o *lixo* (entendam as you like it)
panos canos atacado no varejo miudezas bazar
hortomercado livre-feira tutti-fruti,
desserialização de coleções inventários arquivos
baús tendas armários porta-retrato estereoscopia eticoscopia
macroscopia, olhos olhos olhos
substantivos abstratos concretos
anescopia os nomes-coisas as coisas-nomes
leitores editores livreiros tradutores críticos fazedores
mar-adentro advérbio adjetivo – *além*
onde guardo o arroto o peido a indiscrição:
sob tapete na gaveta no cofre-porquinho?
e a moeda paga com a mesma,
e a ingratidão, o ressentimento a dor?
onde consignar, onde selar procurar em que balcão de serviços?
recepção contêineres mediatecas bibliografias
páginas rotas calendários

folhas da estrada, maltraçado caminho
a linha pássara o risco contrito –
viver com os mortos nos ossos superviver
albatroz formiga falcão campo aberto
lugares de pôr de conservar de congelar:
forno freezer refrigerador
usina nuclear
imagem de imagens reflexos
simulação de sombras
onde ficam, aqui ali acoli
onde onde onde?!

digam rápido, aquela tranca aquele autocarro
perdido tarde demais, onde a lição de metafísica
de patafísica a comédia o drama
– onde ainda os gêneros transgêneros
a gestação a genealogia a geração o gerânio? a literatura?
e a jia o jumento a jugular, a jungle e o invisível o córtex as datas
a nanospectria as fusões e as fissões nucleares? bacantes
palavras em debandada não em liberdade,
as supernovas supervelhas
o esqueleto o cadáver os dentes
podres o relicário
o tempo do onça
a reza da tia velha
o cr'em-deus-pai?
oratório sem portas
e as botas do avô as bolas
murchas do tio-avô as interrogações????
a dentadura da vovó a patente do irmão supino
o definitivo artigo masculino feminino singular plural
ad infinitum indefinido?
e o que se fazia e hoje não se diz nos matos no riacho
na moita na casa em construção e já nos arruína
endividados que somos por todos os sempres que hão de vir
amém

em todas as cidades togos mudos mundos?
e o primeiro amor a primeira festa a primeira aresta?

onde o bric-à-brac confuso as exclamações!!!! os aros de bicicleta
os pneus de caminhão a bacia o choro convulso, primeiras que-
das primeiras perdas primeira espinha na goela na cara vêm
então o buço e a paquera bendita azaração, tem também os le-
gumes as hortaliças as frutas no pé o dendê, os quero-queros os
macucos os jaguaretês, listagem sem tino ou sentido vero não-
senso mas algum há de ter, as incontornáveis jibóias os jabutis
as jaçanãs o cão-javali os búzios e as bolas de gude as contas os
contos os coquinhos a cornucópia voraz do espacitempo quan-
do quando quando? as aulas de geografia a serra da mantiqueira
o estreito de gibraltar o golfo do méxico e o mar negro o bálti-
co o basalto o tucuruvi a bocaiúva, pico disso maciço daquilo o
jaboatão tantos geográficos acidentes a só vertigem, e as aulas
de história mentirosas sobre o dia-do-fico-que-não-deu-em-nada,
da princesinha branca que libertou os negros escravos, imagi-
nem, da guerra paraguaia orgulho nacional e as paradas sete de
setembro quinze de novembro, meses de monção até que enfim
as férias, hora de esquecer o que não se aprendeu a retórica a
gramática a tabuada a palmatória? e onde fica mesmo o índio
genocídio nunca narrado, a diáspora negra ensombrecida à luz
dos grandes feitos dos heróis da pátria em tinturas de pedro
américo e a professorinha exigindo o dever de casa a regurgi-
tação do falso, onde o edicétera, nunca mais? nunca mais,

e há ainda as doenças cabeludas o sarampo a catapora a co-
queluche a bronquite o futuro câncer a asma a íngua as temí-
veis e as nada venerandas venéreas a perna quebrada o braço
idem os tersóis as convulsões do amigo as taquicardias o medo
da morte que não deixa de ser o temor de viver, os frios suores
as gripes sem fim as sezões as noites em claro a mãe acordada
unicamente ela ao pé do leito, o leite materno para sempre sem
choro derramado quem viu quem quem? e as lavadeiras cujas
coxas as lavandeiras cujo casaco os louva-a-deus cujo trilo e os

359

surubins miúdos, a jaguatirica a graúna a nhambu o nheengatu
o assum preto assum branco assum cinza, o açude onde o ôni-
bus na viagem cujo fim a deus pertence? o primeiro beijo gosto
de carne crua porque a carne é fresca e felizmente alegre, le-
víssima, abençoado o pão que alimenta a fome o vinho que des-
sedenta a água que embriaga o mijo que alivia, os livros que não
li trazem de volta a vida, a roda-gigante o carrossel o cavalinho
de plástico destruído pelo irmão os bambolês o não dito ainda
ainda mais ainda? e tem tempo de pião de gude de triângulo
tudo divertido mas tem muito mais também, se tem,

e os volumes que pude tocar dão a vida em dobro, via literatura,
seu vero duplo, traduzindo-a tão ou melhor que sua outra sósia,
a morte, mas haveria uma sem as outras, vida sem letra letra
sem morte morte sem fala falha falta inscrição? (lacuna) as
coisas-nomes quem sabe giram em torno de um desmesurado
poço, vindo à superfície, porque nascer é tudo, desabrochar des-
pertar aflorar protuberar de qualquer ventre ou terra, de terras-
ventre, surgir e destinar mensagem no impróprio corpo, código
genético escrito na pele, sem saber o pouso final a concha de
recepção o decifrador de sinais, mas os que primeiro habitaram
neste brasil brasil deixaram vestígios-ruína, nunca estudados em
primária instância, rito de alfabetização, esquecidos dos primi-
tivos que fomos e somos, como se civilização germinasse do
nada ou por oficial transplante apenas, e aí fica faltando lugar
para a lindíssima pedra do ingá, a serra da capivara, tais altami-
ras belas vistas lascaux, e outras sistinas capelas da humana
idade prima, onde paraísos apocalípticos foram também arqui-
tetados para o bem dos desumanos humanos, isso é qualquer
fonte ou a humanidade chorando lá fora?! talvez o choro e o riso
efusivos batam aqui no peito, e tem a impávida ressurreição
prometida desde prometeu, o do fogo sagrado, que um dia pen-
sou antes e viu o nascimento do mundo como a mais bem lavra-
da obra de arte, só rivalizando com o bendito fim do mesmíssi-
mo mundo, viver viver viver para quê, sim elementar meu caro
walt pois o término e o princípio de toda metafísica são mes-
mo um único, nossa canção da estrada aberta, de par em par,

remember? suave amor de homem por companheiro, a atração de amigo por amigo, de esposamantes, de filhos por pais, de cidade por cidades, de terra por terras, a suma das súmulas o suprassumo amor amor amor,

e essa mãe que corre pelas ruas, quem a vê, quem, essa mãe franzina com um bitelo nas costas que há pouco, viram? ingeria querosene deixado pela empregada num copinho de beber, e o infante bebê não fala, vem em busca da mãe que canta feliz e costura, debruçado sobre o fino tecido um vulto de mulher, geme soluçando o veneno no estupor, e a mãe desabala revolvendo o pó, rasgando as vestes para salvar o menino, e a vez do médico urrar, foi querosene?! foi foi foi! e a cidadezinha vai ficando para trás evanescente evaporante vaporosa, era uma vez, eva, o médico some, a mãe some, a trágica tarde some, um cromo, só sobra radiando flama a lamparina, estelar, quem te viu bem te vê, sofrer é embrutecedor, e somente resolve a dor a arte conceitual de extrair os cálculos, desenvolver equação, daí ser preciso brunir o candeeiro, o aladdin, deixar luzir a vela de latour de louise ou de iole em desvelamentos veladuras velas duras, singrarrrrrr

(...... e as páginas amadinas veríssimas adonianas gracilianas zelinianas millerianas em algumas pratiquei certas vezes a leitura com uma só mão, cassandra ai cacilda!, como atingir a pucumã dos inalcançáveis tetos e os autênticos nomes autóctones ressoando a pedra da província itapoã itabaporana itaimbé itaimbibi itabela itabuna itajubá itacaré itacuruçá itagimirim itapebi itaúnas itaocara itapetinga itapetininga itamaraju itaparica itacoatiara resquícios de culturas que agonizam e se eternizam na lápide-sem-nome ......)

e sem justificar o texto como se versos, onde os diários as cadernetas o poste o lampadário a marmota os jornaizinhos os fanzines os sítios pornôs ou não as salas de bate-papo as sessões de cinema o arf arf arf a reunião a multidão o atropelo e os passeios as cascatinhas o barquinho e o aviãozinho de

papel a prumo o mastro as brincadeiras de conde-de-monte-
cristo marquês-de-sade juiz o médico e o monstro, memento
sem miolos uma lauda sem memória o ativo do passivo livro de
ouro de contabilidade de razão sem-razão de entradas e saídas
os primeiros pentelhos,, vírgulas de vírgulas,, e a umidade
relativa do ar a mão fervorosa em torno do pau numa fé que
nada nem ninguém a alegria jorrada aos borbotões vontade de
quero-mais, onde me digam urgente de bem-me-quer, antes que
a enchente as vagas moto contínuo a larva toque fogo em tudo?
e o pênsil pencil crayon bridges canyons o pênis a pino signos
de leão a luz a estrada outra vez outras vias o vasto amor a
vocação de ser feliz muito embora todavia contudo, verbetes do
esplendor meu ambulante glossário amarcord meu pequeno e
inútil camacã, tribo dos camacãs que debret ainda ontem
irresistivelmente desenhou, hein hein hein?

e onde botar a colcha da mãe o coração partido em finíssimo
patchwork, o dicionário com palavras lúbricas masturbação pe-
derastia pubescência gala reto colhões testículos púbis e toda a
maravilhosa sinonímia de rola e xota, quem diria o luxuriante
léxico, essa basta lixúria, a descoberta com a priminha um ani-
nho mais nova da microdiferença sexual, o espanto alumbrado,
o inefável, e tomem-lhe brincadeiras detrás do sofá da cerca do
muro debaixo da chuva, a tempestade, o raio, e a enciclopédia
delta larousse com imagens imponderáveis, o regalo do olho, o
nunca visto, a promessa jamais cumprida nem um vigentésimo
de tudo ler e saber, o multiverso, compulsar e pulsar pulsar
pulsar bem mais tarde a batida funk a batida rap a batida soul
a batida samba a batida axé a batida frevo a batida techno a
batida house, as imperfeitas batidas em busca da batida perfeita,
que só deus numa rave party, o imperfeito o imprevisível o ina-
dequado feito nós, em técnica mista, desfere, e o nem o ão o hã
o arf o hein o oh o ah o ih o hi hi o há há o tsc o xi o xó o to o uh
o ei o ê o pum o priii o pá o toctoc o tectec o tintim o tá o dó o
chi o sss o fiuuu o zzz o glgl o hum o ahá o hê hê o fé o guê o ji o
lê o mê o nê o rê o si e por aí vai onde botar onde onde? adonde

e os carimbos com rosto de gato com pés de pato de lua de mão de lâmpada e os carimbos-nome os carimbos-assinatura os carimbos-selo os carimbos-frase como só mais tarde na arte de leyla danziger, e as vogais abertas o dialeto baianês o som anasalado em que caixinha escaninho cantinho deixar? os carimbossinete os carimbos-sina nordestino traçado no embaralhado carteado, daí novo retraço mil outras oportunidades régua sem compasso? e as figurinhas de bater de admirar de rever como filme mental todas hiperclassificadas em séries inauditas o coração pro alto impossível horda de animais imaginários de povos híbridos de bichos mecânicos hipocentauros como os da lygia até que um dia veio a figurinha premiada – a única – incomensurado o desvelo da bicicleta em folha o brinde que o novilho velocípede ainda não podia montar a roda o guidão o pedal e o menino via os outros brincarem até que um dia montou de si por si, *quase* sem ajuda, e de que ponta aguda saiu o tiro estampido que mortalmente feriu os vizinhos amantes, os guris no quintal na rua no parque só ouviram o tumulto os silvos o silêncio congelando a cena do nunca mais? em ecooo, e as vírgulas as vírgulas as vírgulas ,,,,,,,, escamas no corpo do peixe vivo, lúbrico pescado um deslizar de lâminas; e o ponto e vírgula e o ponto mesmo onde ponho onde devo apor a pontuação? segundo qual regra prático manual ou amorfa sintaxe, de acordo com que orquestração se não há mais maestro nem mestre-escola nem vigia? como como como pontuar a oblíqua vida a desintegração corporal a ventania matutina o sopro vital em voltas e voltas, desfolhados papéis e jornais, à volúpia do noroeste, e o tártaro o cabelo nas ventas as verrugas a cera no ouvido o braço quebrado, a foda, é, a boa e a má educação, a má é muitas vezes a boa, sim ou não,

onde assentar essa montada igual e totalmente diferente da outra no dorso cavalo sem rédeas o galho à frente ui ui ui, e escapou da funesta destinação para jamais ficar a cavaleiro da vida, tombando de vez em quando para aprumar se soltar rumar e torar, para onde onde onde, indaga novamente o eco e ninguém responde onde onde onde, talvez em cápsulas do espacitempo onde andy metia tudo confeitos de bolo empadinhas de casamento champanhe balão casca de noz o universo dentro e fora cabendo descabidamente descabeladamente mente mente mente a monstruosa invaginação, o interior que não se contém e tudo põe pra fora mesmo o nunca visto, a parte maior que o todo, o inconcebido mesmo a alucinação de olympia e suas bonecas pelas ruas de ouro preto, o dioniso no corpo como atravessou o último século, olympia e seu bastão com badulaques bilboquês a infinda peregrinação e as difamadas histórias de homens-areia outros objetos trecos cacarecos tarecos a carcaria, o bispo arthur e seu rosário de histórias fotomontadas e bordadas num manto sem fim, barquinhos de papel e lona, como os caqueiros da mãe vasos da mesopotâmia tudo abduzido e redescoberto em tempos selvagemente nenhures lugares onde mesmo quando, quede, cadê? onde estão, serão serões sertão, tão ser, tão tão, tao e tais

e o pai sempre no centro da mesa, reproduzindo a ceia santa que o artista "primitivo" lavrou ainda nos longínquos anos 50, antes bem antes de tudo existir, pré-história do eu, a delicada composição sobreposta por outras tintas, texturas, rachaduras, respingos //// \\\\ tornando a parede-tela inda mais bela e rivalizando tropicalmente o original no refeitório milanês dos frades, a ordenação leonarda como pude assistir a vivas cores quer dizer num fading desbotado pela aguarrás do tempo manchas sobre manchas, no fundo hipermoderno, mas o que fica mesmo da pincelada do gênio, d'ali, que no inexato momento desfez a generarquia e instaurou a folia na casa paterna, derroendo a lavoura arcaica que tanto nos pesa atando pés, ai ai ai, e assim da vinci o devasso o obsessivo lascivo, pai degenerado de todos nós, o devoto místico sem deus, baco baco baco deu vez à bendita prole dos bem mal ditos, no fundo muito normais dentro e além da norma, pois é, teve também a história da assinatura da escritura que tudo verteu mas essa conto depois, noutra era e vez, tanta tinta vertida e os bezerros no desmame, marta ou márcia x, as epístolas familiares eternamente proibidas, como dar conta se o livro de ponto garroteado, onde está? onde estão? onde estamos? onde

a foto de marinheiro na cadeira metálica tomando tento o olho pasmo boquiaberto, a memória que não coleta e nem recolhe, menos ainda coleciona, mas derrama sempre mais, sem ter de onde tirar nem pôr, desmemória do que não se contém que nada retém nem salva ou depura lixo de lixo sem luxo algum em cambulhada, lixo lixo lixo o romance sem ciclo o drama em pedaços a poesia sem forma ideal o teratológico o taradológico o tratológico, os ensaios decerto, a narrativa sem fio-pavio a paisagem sem figura o figurativo abstrato a desmaterialização no ato a concretude da idéia, essa incontida arte gestual que onde pinga fica pica consigna sem correção nem revisão ou co-pidesque, *a vida não se corrige nunca*, e porém mas muito embora a poda exista a lima a lixa, oh e o rodo! arrastando tudo um furacão tornamoinho um redemoinho dentro de mim e fora o mais íntimo terremoto rasgando a superfície a íris a cutícula nada escapa tudo junto misturado aglutinado e entretanto dis-tinto – nestas ficções do ínterim da vala do vão – tudo datado tatuado ferrado estampado selado carimbado marcado e assi-nado embaixo por cima de lado em toda parte, e a estupenda rubrica que tanto significa o sinete quanto os comentários do a(u)tor as ditas indicações de cena, palavra rica que aprendi muito cedo a juntar letra com letra e a refazer assinaturas desde o nascedouro, a desl e t r a r soletrando, em aço, e o acidente do irmão no limite do auto-atentado, *o suicídio seria uma assina-tura às avessas*, pois sim, pois não, encurtada resenha, que todos assinam coletivamente, em nome de um, correspondentes irres-ponsáveis, e os ruídos do córrego meninas e meninos despidos a destravada algaravia, súbito a enchente tudo tolda vêm junto piabas que não são piranhas mas cujos dentes afiados, aos bor-botões, ouve-se o grito e um pinto mordido, a minhoquinha mandioquinha, muitos risos rs rs rs, onde? e aí

depois há os cartões-postais tão pudicos anônimos ofertados estereotipados "retrô" e absolutamente indecifráveis, o próprio foro íntimo que os carteiros, os leitores, os colecionadores, os professores finalmente passam de mão em mão, com os olhos sim vendados, esses cartões-fachada com chafarizes estátuas pontos turísticos e a grande viagem da família no coração do país em brasa, passando pela bahia cangaço de glauber rocha seixo pedregulho petrolina xique-xique, meu sertão vitória da conquista poções, esquecendo já outros estados belmonte prado trancoso o seguro porto onde dizem tudo começou, será, canavieiras itabuna ilhéus itacaré de novo prado até jequié de onde o sailormoon navegou para o mundo, será será, picando enfim para belos horizontes gerais passando por terras onde se comiam e exportavam cavalos enjôo toda a vida, a toada estranha, no coração de pampulhas e parques centrais, chegando por último ao deslumbrante rio rio de meu rio, aí o cartão enviado hiperbacana às pressas para atravessar desertos oásis grotões lagoas até o fundo da mata atlântica semivirgem semimorta, será será será, e depois e depois, o que vem depois? senão, adispois...

peraí, as letras banhadas em ouro e cobalto numa relevância que nada atenua somos nós nus batendo o queixo trincando dentes unindo línguas e os líquidos escorrem pelas reentrâncias, emborcamos o duplo cálice da fantasia ninguém detém somos niños em desdém sem desdita, mais o cortejo das pequenas taras do vezo espúrio da mão suavemente perversa ali onde não devia, ai de nós, vida adulta, e o hiato conduzindo tudo a beância a bocaberta a boceta a buceta o santo ofício do orifício, no intervalo está o segredo o entredito que gera o sentido, ninguém nos ouça, o sopro e o soro vêm dali da fenda da frincha do buraco na parede como rasgo de fontana por onde jorrava a luz o som do cinema vizinho, dormir ao lado de um filme em projeção só numa pequena cidade cujo cine camacã, paradiso sem nostalgia a história de lampião rei do cangaço os mandamentos de b. de mille que nunca segui, impressos no cócics na espádua no crânio, ben-hur e tarzan jerry lewis jérri lévis tudo leve louco no fundo pouco muito mouco pouquíssimo, um livro cinético com legendas e imagens em plena movência, tais os filmes de greenaway este outro pedro pedreira estrela da inteira vida repartida, e a nave vai, e vamos todos juntos desconjuntados desmembrados, num ritmo báquico de atabaques em terreiro, evoé! epahei!, nossa miscige/nação desvairada, quando quando quando?

e o restolho as sobras das obras a erva daninha o chá maldito o peiote a profecia os zumbis os coronéis os lobisomens os vingadores a triste acauãããã este nome autenticamente índio e nós bugres nesta silva de todas as cidades a cidade, os verdadeiros incivilizados bárbaros que molestam desventram massacram da periferia aos campos dos campos às vilas, cosmópolis devastada injuriada extorquida partida, estranha civilização que é venenoso remédio dito curare, tudo depende da dose e muitas vezes passamos da medida, overdose de cal e susto, a película imprópria para menores, babilônia babilônia babilônia! ninhos-armadilha, uauuuuuuuuu, quem o xibungo quem o inassimilado? quem vai virar o *inter*vertido? quem o desalienado alienígena estrangeiro entre estranhos, o machofeminil? o infamiliar? mais uma levada e outra e outra, tome outra,

minhas transverdades são travessias de través, de viés, ou travestimentas, eu que nunca fiquei onde brotei, rebento partindo desde o nascimento, sempre atravessando a caatinga o sertão o mar o órgão das serras, não por fugas contudo também por meio delas bachianamente, por que não, mas sobretudo em busca do poema ou não, da palavra e do nome do outro, que ignoro completamente depois do morro, sem pedir poética licença, daí essa vontade enviesada de pegar o largo, prendre le large, o azul o azul o azul, prosseguir, ir adiante antipoematicamente ou seja anticonstitucionalissimamente, o palavrão, ao encontro do nada que é tudo, do vazio que me plenifica, do fantasma que me desvela enfim sem rosto, antiperipléia ou odisséia às avessas, atravessada, sideways palavra inglesa meio intraduzível, de lado, por todos os lados e por tabela, sem fronteiras nem definitivas paragens, minha ode antimarítima camacaense, antiode antes atlântica da mata virgem e de iracema, da ará, da serra das araras, dos bichos cabeludos, dos trabalhadores suados, do cacau e seus bagos no secador, outros bagos do louco no chão de cimento, ri ri ri, canto não não canto do oceano mas também dele hoooooo, talvez a única meta seja a da versão oblíqua de um atalho, sempre a senda mais curta para lugar algum, posto nenhum, parada sem sossego sobretudo se for a paz dos mortos, o único gozo é mesmo viajar, circular, transpor, para poder voltar, a ida como condição do retorno à morada do lar transtornado de fora para dentro, a irrupção do fora, eu transgênero de mim transespécie também, assim o objeto-sujeito ou a coisa-ser aqui siderados nunca serão empíricos nem transcendentais, nem concretos nem abstratos, nem reais nem fictícios, mais provável entre os dois, entredois, eis a palavra estranhada entranhada, no abrir do milênio e sem programa cerrado, a coisa / o objeto / o pensar / o sujeito são e não são a *mesmíssima* coisa, daí daí daí a microviagem feita com o pai, com a família, mas indo além do álbum familiar, ter se transformado na metáfora-metonímia de todas as contraviagens possíveis, a contra-aléia, daí o impulso, daí a vigília, daí o albergue, impulso vigília e albergue são itens indispensáveis em toda boa bagagem de-rota, nunca dormir a céu aberto na lomba da floresta à bela estrela candente cadente muito embora, inda mais em roteiro de longo curso, percurso sem fins, objetivo nem término, lindíssimo hotel terminus hoje ironicamente extinto na praça da república, são paulo, daí, meu deus, se há, houve, haverá, haveria-de, se, mas não ah não, a dúvida é do demo e a dádiva é de deus, os dois somos nós escrevendo, vivertendo o jato, a bordo à beira sem eiras nem estribeiras, aí

pés de tamarindo pés de abiu pés de araçá pés de manga o único fruto realmente proibido, amor, bandejas sob seios nus, testículos macios, eis o macho, bananeira e cacho, e há mais e mahler fazendo a música emergir de dentro da música como não-música, ciciando o som do silêncio, e vêm as manhãs sempre elas em que cavalguei alados corcéis de fogo, e mergulhei lagoas de lodo e súlfur, só ou com j.-p.* que lia a abundante biografia para nós do grande maestro sem mestria, talvez o maior do menor, ali na linha estreita entre um acorde e um desacorde onde mais é mesmo mais, por vezes menos, e a combustão se faz na epiderme, na fronte, nos fios de cabelo, gustav pontuou minha vida inteira de canções da terra, crianças mortas, kindertotenlieder, sinfonias 1, 2, 3... 9 ou 10 numa série que não deveria acabar nunca nunca nunca, nunca mais, por amor ao amor, esses hinos essas cisões, destinos, essas eças, paixões, que também tresouvi no além-da-música de cage, com seus perturbadores ruídos, nos sétimos dias de stockhausen, e na elétrico-eletrônica acústica antecipadamente de boulez, com tantos e tontos outros que me ajudaram a entortar o ouvido de voz e vez,

cadê cadê cadê as crianças dando cangapés na correnteza, num bailado improvisado dessimétrico e atonal, em córregos ribeiros arroios corjas levadas regatos riachos ribeirões sangas veias caudais correntes flumes torrentes uades valões, o rio pardo o panelão o d'ouro o minho o cachoeira o tocantins o velho chico o araguaia nossos ais o amazônico amazonas o rhône o drac o tigre o eufrates o reno o sena o arno o tâmisa o além do nilo, o rio depois do rio, rio de minha infância, o romance-rio, rs rs rs, o cangapé é a capoeira d'água, deixando trilha e esteira, em que se cambiam pés coxas antecoxas quadris, e tem dança, em cardumes aéreos um corpo de baile, oh de ó, mas o que fazer, me digam, das crianças mortas na praia de olivença, eram quantas mesmo, dez vinte quarenta, e essa outra mãe que o oceano não detém, e se debulha em lascas nacos estigmatas? a perdida inocência antes mesmo de ser, o projeto parado no ar, projétil na onda que engoliu tudo peitos e vísceras, o de-dentro e o de-fora, calcanhares e sopros sentimentos e náuseas de cambulhada, aos camburões, o mar o mar o mar devorou sem boca ou garras, só a líquida voragem, do súbito, o nefando, minha reportagem visual, mental, aos pedaços, ou cega, the blind boy, página revirada do jardim sem infância, ali quando pela primeira vez morri com os outros, eu que parti muito cedo para longe de mim, nesta recorrência de males sem remate, só me salvam a corrente e a folha corrida, aquela que prende e solta, liberta na prisão, sonhos de encarcerado para além da enquadratura, esquadros, desenquadro só risos, fibrilhas de pensamento, os sulcos dos cangapés impressos na alma nas dobras nos ossos nas pregas são minha mais dociamara lembrança em escrínio escrivaninha escritório, éramos ali, nós, quede, quêde, quedê, cadê? o quê? e o vigésimo segundo século ainda por vir, bendito seja nessa fé com muita razão, ou mesmo sem, ou ainda sem qu'inda, ou ou, depois da explosão do sol,

daí o diferir, a discrepância esta palavra que me retorna de alguém, a língua que não é mesmo minha e que todavia me habita bem mais que nela moro, a língua me expatria desde dentro, põe pra fora o que não queria dizer, lamento, só vale comparar o que discrepa, o grande erro comparante é exigir a homologia a analogia a similitude, nas escolas só caberia comparar o incomparável ou se quiserem o incomensurável o intratável tratado, o que diverge em tudo e por tudo exceto por um ponto em que se enlaça e desenlaça, enreda e desenreda como num transe, a terra toda girando, girando, spinning around como na canção, a transa é o transe, além da bossa, pós-tropical, e o pesadelo soturno se resolve em dia c l a r o rútilo rubi, rubras ruas debruadas em marfim, nas britas *todas as datas são falsas*, performar a contrapoesia em ato é autenticar todas as datas, sem britá-las, verbo que diz tanta coisa reativa, britar britar britar, manhã iluminada por um vento solar com que navega o veleiro também solar em direção ao planeta louro, à matriz motriz da cor, rasgando o sistema de alto a baixo, e vamos que vamos,

e a magia da apóstrofe, o momento em que dirigindo-se a um outro, que o escuta ou lê, o a(u)tor interrompe a própria fala, dizendo "a seguir, leitor(a) amigo(a), contarei a história tal como sucedeu", essa apostrofação está na base de todo poema ou não, de toda canção, de todo relato ou drama, ensaio, ou, quando tudo falta, no interstício mesmo do que se diz, em toda parte, tem sempre um dedo indicando o caminho, mostrando, vejam isto assim se deu a coisa e a não-coisa, o erro e o acerto, o acerto do erro, aonde desviados do rumo, muitas vezes sem prumo, fomos dar, a aventura inglória a farpa no pé o tapa na cara, bah, a má palavra, mas também a ventura, a boa, sorrisos, a acolhida calorosa o encontro inesperado o coração aos saltos, mas para acontecer é preciso expor e se expor romper senda, trilhar e continuar desbravando reverso, ida e regresso a um ponto mais alto, sempre acima, ziguezague, na outra margem, rival, rente e quente, até cair de vez maduro ao rés do chão, à entrada de uma cidade, como essa linda palavra própolis, a soleira, o umbral, o portal virtual, onde se têm indicadas com todas as setas e flechas para o coração as direções, e aí mesmo é que me perco na entrada das megalópolis, adentrando ou saindo, por qualquer picada, achando qualquer atalho, seguindo qualquer deriva, nesse imenso fluxo exterior, mar aberto maralto mar remoto revolto, em caótica numeração, num polilóquio de vozes que não são minhas, todas impostadas quer dizer alteradas, para todo o sempre do irremediável nunca mais, renitente, rrrrrr

mas quem assina mesmo este falso e doido diário? quem guarda este arquivo desde sempre arrombado, corroído pela falta de medida, a ausência de fronteiras entre o conteúdo e o continente (o fora é aqui dentro e o que está dentro também se encontra fora)? os dejetos de lembranças que nenhuma memória conserva, antes apaga trai distorce o sido e o vivido? quem enuncia esta fala, qual narrador personagem eu lírico colírico translírico acrilírico? em verdade vos digo quem salva ou perde para sempre um arquivo e seus males são sempre os leitores, atentos desatentos superatentos, sem norte outro a não ser avançar cortar copiar colar recuperar e desfazer a tarefa infinda de reviver as tralhas alheias, como "eu" como "nós" como como, nós-autores-leitores-de-mim-e-todos, pois o eu individual pode valer por todos os eus coletivos, esses nós de "mim" que me invocam desde eras, nós e eus entrelaçados numa impossível identidade há quanto tempo perdida, a parte que vale e é mais que o todo, o todo que se deixa defenestrar pelas partes em todo lugar e onde menos se espera, a verdade escorre das frestas e o barco está furado, ó capitão, meu capitão, a quem de direito possa, ou então, que fim levou o travesseirinho com penas de ganso, e as penas e o ganso afogado em lágrimas esporros iras bravatas? que fim levou, ou que começo, a hora do pôr-do-sol na torre-fazenda, ou a mesma hora de outros dias perscrutando a baía da bahia, meu são salvador vindo me valer, o elevador, anunciação de tantas outras torres mirantes minaretes belvederes visitados de manhãzinha ou ao justo meio-dia, não se embriaga duas vezes desta meia-luz total, destes poentes, destas auroras repentinas, e que fim levou a cabra-cega cega tateando os próprios cornos, o esconde-esconde o troca-troca na troca de guardas que tanta confusão traria muito depois, e só seria concertadamente concertada quem sabe demasiado tarde em decúbito dorsal ou nu frontal? quem trocou de mal e depois ficou de bem, quem *inter*verteu os papéis foi ele fui eu foi ela ou fomos nós, quem fomos de verdade ali no escuro onde o pomo luzia, luzia? quem pôs a melhor máscara nos jogos sexuais da infância da puberdade da maturidade desde cedo apodrecida pois é no pé que o fruto começa a carcomer, a fruta pelo bem pelo mal mil vezes derruída a cidra a cicuta o licor o travo a borra no fundo da taça quem sorveu eles ou nós, mais dia menos dia tudo acontecia e realmente aconteceu num repente rompante de caco e fóssil, sempre quando menos espera sobrepairam uns clarões retinindo matizes de calma e alucinação, como esta outra luz vadia ao cair da tarde tristonha, serena no cacaual, e o notebook vai despetalando fosforescências numa transcendente imanência, o livro de notas em que não há refúgio nem subterfúgio, eis minha ode nada nada triunfal, sem ódio a ver navios, sensações incontornáveis de ressaca e saciedade, quem há de, esse chove chove chove e não umedece, um aguaceiro que ao contrário resseca, e a água escorre nas bicas nas picas nas palafitas nos ralos nos vasos em "mim", ai de ti, ai de nós copacabana não me engana, a doída lembrança que esbarra na barra entorta a moura torta o saci-pererê a cuca vem pegá doidas miragens e o silêncio depois o vozerio o extenso charabiá de vivas vozes amortalhadas, a espinhela caída as meias furadas o sombrio febrão, ah luz mais luz, antes da hora, esta,

e o mais-querer nos guia cegos, rija bengala, dizendo quando
vê a coisa a cena a cópula eu-também-quero! tudo no mundo
começou com um grito um berro um surto de inveja, uma
alucinada vontade de imitação, eu-também-quero! uma
imitação ferida e diferida, assim assim depois vieram
outros, saturados de lágrima e baba e lodo e e e e e
e porra e nódoa, onde ocultar o que eternamente já está
escondido insaturável como fazer não vir como como como?
e a alegria onde cabe o excesso o que-não-se-retém a
empolgação a santíssima felicidade do encontro furtivo
declarado público privado em suma o ressumo do entusiasmo?
o tabu totemizado, e a delicadeza dos afetos, o exato e
injusto amor sempre inadequado em si? o desalmado amor
da humanidade, o *quase* impossível? uma vaga gigantesca
de gentes conversas a impura beleza rebenta varandas
manhãs frias mornas quentes todos os tons monets jardins
ninféias ou régias vitórias nos banhos de rio onde os
primos e as primas nus o que faço
o que o que o quê? o quê?!
a enxurrada
o desejo
o
.

(03.II.05, e bem mais além)

... e que esta terra nos seja cada vez mais leve, suavíssima

o a(u)tor,
pouco antes de partir

making of
(pós-escritos)

restos vitais
nítidos despojos
de hematita & coral
com voz ausente
o a(u)tor se distancia

para sempre em off

performance
high-tech
bardos em
technicollor
poemaking of
da capo
cinemascope
in sussuround
dolby stereo
bem na fita
cd-roms e dvds
a mancheias
ecstasy puro
tomada após
tomada passa
(ação câmeras
em slow motion
tempos mortos)
a caravana
limusine cinza
bombardeiro
nuclear ou
casamata
casas vivas

a autoproteção
se desfaz
com risco
de soverter
o incontido grito
– eia, vamos
retroceder!
urra o contramestre

tarde demais,
talvez tentativa
de recuperar
o perdido
começa então
a ópera póstuma
menor poesia
ou *quase*
o pontilhado
pergaminho
s/ fim.........
....

p.s.: não se iludam
meus caros tenho
dito e repito
viver reescrever
é veramente inconciso

(10.II.05, continua...)

traduções
(epígrafes)

Sempre que não houver indicação, as traduções abaixo são do autor. Os colchetes indicam pequenas mudanças nas versões citadas.

p. 5: ... *[pois] é a mim mesmo que pinto.* Michel de Montaigne, *Ensaios*, tradução Sérgio Milliet, 2. ed. São Paulo: Abril Cultural, 1980, p. 7. Col. Os Pensadores.

p. 16: *Quando vejo algo de extraordinário, encho-me de uma grande sensação de inveja e ciúme.* Peter Greenaway, Entrevista.

p. 22: ... *pois o teatro não é outra coisa senão uma experiência humana mais concentrada do que habitualmente vivenciamos na 'verdadeira' vida.* Peter Brook, Entrevista.

p. 30: *Disse-lhes que não acreditava na arte, acreditava na fotografia.* Andy Warhol, Entrevista.

p. 34: *Menos é mais.* Robert Browning segundo Donald Judd.

p. 43: *Les Bouffes du Nord são verdadeiramente o espaço-camaleão com que sonhava, um espaço a um só tempo interior e exterior, estimulando e liberando a imaginação do espectador.* Peter Brook, Entrevista.

p. 74: *Te leva a águia de entre as flores/ Com um ar meio enamorado,/ Sem gestos bruscos, suas asas/ Parecem querer-te bem longe.* Paul Verlaine. Sobre uma estátua de Ganimedes. In: *Para ser caluniado*, tradução Heloisa Jahn. São Paulo: Brasiliense, 1985, p. 67.

p. 101: *Vim, vi e venci.* Júlio César.

p. 130: *Nada mais absurdo que o Progresso, já que o homem, como o prova a vida cotidiana, é sempre parecido e igual ao homem, ou seja, sempre em estado selvagem.* Baudelaire, *Journaux intimes*.

p. 134: *Por mim passam vozes proibidas,/ Vozes dos sexos e luxúria ... vozes veladas, e eu removo o véu,/ Vozes indecentes esclarecidas e transformadas por mim.* Walt Whitman, Canção de mim mesmo, *Folhas da relva*, tradução Rodrigo Garcia Lopes. São Paulo: Iluminuras, 2006, p. 77.

p. 238: *Interpretar as interpretações dá mais trabalho do que interpretar a própria coisa, [e] escrevemos mais livros sobre livros do que sobre os assuntos mesmos; [apenas nos entreglosamos].* Michel de Montaigne, *Ensaios*, tradução Sérgio Milliet, 2. ed. São Paulo: Abril Cultural, 1980, p. 479. Col. Os Pensadores.

p. 257: *O canto quer ser luz./ No escuro o canto tem/ fios de fósforo e lua./ A luz não sabe o que quer./ Em seus limites de opala,/ encontra-se consigo mesma/ e volta.* Federico García Lorca, *O canto quer ser luz*, tradução William Agel de Mello. São Paulo: Martins Fontes, 1999, p. 271.

p. 278: *O destruir e o construir são iguais em importância; ambos exigem almas. Mas construir agrada mais ao meu espírito. Ó felicíssimo Eupalinos!* Paul Valéry, *Eupalinos ou O arquiteto*, tradução Olga Reggiani, 2. ed. São Paulo: Ed. 34, 1999, p. 31.

p. 290: *Não nos afligimos por ter muitos filhos,/ Quando são belos, bem feitos e grandes,/ Além de luzidios na aparência;/ Mas se um deles é fraco, ou não fala,/ Acaba desprezado, insultado, escarnecido:/ No entanto, por vezes é esse garotinho/ Que trará felicidade a toda a família.* Charles Perrault, *O Pequeno Polegar*.

p. 299: *Siboney, eu te quero/ eu morro por teu amor./ Siboney, em tua boca/ o mel pôs seu dulçor.* Ernesto Lecuona, *Siboney*.

Este livro foi composto na tipologia Swift, em corpo 9,5/13,
e impresso em papel off-white 80g/m²
no Sistema Cameron da Divisão Gráfica da Distribuidora Record

Seja um Leitor Preferencial Record
e receba informações sobre nossos lançamentos.
Escreva para
RP Record
Caixa Postal 23.052
Rio de Janeiro, RJ – CEP 20922-970
dando seu nome e endereço
e tenha acesso a nossas ofertas especiais.

Válido somente no Brasil.

Ou visite a nossa *home page*:
http://www.record.com.br